U0562943

上海研究院
智库报告系列 | 丛书主编 李培林

上海文化消费调查
方法、数据和应用

荣跃明 包亚明 主编

上海人民出版社　上海书店出版社

目　录

上海市居民文化消费状况调查报告

一　引言	001
二　调查样本的基本情况	003
三　市民文化消费的基本状况	008
四　文化消费差异化	030
五　结论	048

上海文化消费调查·问卷资料集

黄浦江两岸滨江公共空间及上海全市文化消费设施空间分布数据	050
上海节庆文化消费调研数据	070
上海居民电影消费调查数据	088
上海居民电影消费调查分析报告	110
上海市公共文化服务机构文化产品消费调研数据	226
上海市农民工文化消费状况调研数据	245
上海市外来常住人员文化消费状况调研	250

上海网络视听文化消费调研数据 ··· 265
上海市文化消费抽样调查·158坊调查问卷数据 ······················ 276
上海网络游戏产业之文化价值引导研究调研问卷设计方案及实施情况 ······279

上海市居民文化消费状况调查报告

一 引言

中共中央《关于制定国民经济和社会发展第十三个五年规划的建议》指出,深化文化体制改革,实施重大文化工程,完善公共文化服务体系、文化产业体系、文化市场体系,推动基本公共文化服务标准化、均等化发展,创新公共文化服务方式,保障人民基本文化权益。推动文化产业结构优化升级,发展骨干文化企业和创意文化产业,培育新型文化业态,扩大和引导文化消费。

由此可见,随着社会经济的转型与发展,以文化消费为核心的文化产业日益成为经济净增长的重要引擎,或者说是推动国民经济增长支柱性产业。推动文化产业发展最直接也是最核心的内生动力就是提升国民的文化消费。且从道德文明来看,文化消费与精神文明发展密切相连;从国民素质来看,文化消费与公民素质提升紧密相关;从民生民计来看,文化消费也将进一步推动人民群众的幸福指数。随着社会发展的转型,居民收入的增加,我国居民文化消费支出占居民总消费支出的比重逐渐增加,消费类型开始转变。著名消费经济学家尹世杰教授曾指出:"文化消费乃是第一消费力"。文化开始从高层次的精神产品,转变成为普通大众日常生活消费品,文化消费正在提高中国人的生活品质,在成为新的经济增长点,推动经济进步的同时,社会文明也随之进一步发展。可以说,文化消费的健康与否,反映了一个社会经济发展与价值导向。故而当今社会,文化消费成与文化产业成为新一轮竞争的"必争之地"。

作为我国最大的经济文化中心城市,常住人口超过2 300万的特大型城市,上海一直把建设国际性大都市作为自己的战略目标。但是有着深厚文化底蕴的上海却因为文化产业起步较晚、发展缓慢的原因,在国际上的文化影响力低于巴黎、纽约、伦敦等城市。可以说,上海文化产业的发展、居民文化消费水平的提升对上海自身乃至全国的发展都有着至关重要的作用,研究上海市居民文化消费状况迫在眉睫,具有重要现实意义。

基于此背景,上海社会科学院文学研究所、上海大学社会学院、上海大学上海社会科学调查中心决定联合成立课题组开展上海市民文化消费的大型问卷调查,旨在分析上海市居民文化消费状况,以期提高上海市居民文化消费水平,推动文化产业发展,提升和调整产业结构,转变经济发展方式,促进经济进一步繁荣发展。

二
调查样本的基本情况

（一）调查设计及样本分布

上海市近些年经历着迅速地旧城改造和新城扩建。传统的老城区和新城区在人口特征分布上显著不同。为提高样本的代表性，本次调查采用分层抽样的原则。其中新城区包括：宝山、奉贤、嘉定、金山、青浦、松江、闵行；老城区包括：长宁、虹口、黄浦、静安、普陀、浦东、徐汇、杨浦。根据上海2013统计用区划代码和城乡划分代码，以上市辖区中共有88个新城区街镇，111个老城区街镇。考虑到新城区人口规模少，人口密度低，我们相应减少了新城区的居委会入样权数，最终在初级抽样单位（PSU）街镇中，我们在新城区中抽取10个，老城区中抽取15个。

然后对新老城区分别抽样。其中市辖区组成第一层的抽样框。为了提高经济水平和流动人口的样本代表性，本次调查对第一阶段抽样框进行排序。首先，对每个市辖区内的街镇，按照非户籍（外来）人口比例进行降序排列，由此获得每个市辖区的街镇（PSU）抽样框列表；然后依据各个街镇的总人口规模进行PPS系统抽样，抽取街道。然后在第二阶段，在抽中的25个街镇内，包含各个居委总户数统计的居委名单成为我们第二阶段的抽样框列表，根据户籍人口数进行PPS系统抽样，在每个街镇抽取2个居委会（SSU）。

调查末端样本（TSU）为家庭户。对所有居委会样本，采用地图地址法建立末端抽样框。所获得的抽样框为居委会行政区划排除了空址、商用地址后，有人口居住的居住地址列表，根据这一列表，按照随机起点的循环等距抽样方式,抽取一个固定大小的样本家庭户地址。在这一阶段,需要做的工作包括:准确界定每一个SSU抽样单元的行政边界,获取基图或绘制参考底图,绘制调查地图;二是制作住户清单列表,此时需要做的工作包括给每一个居委会里的所有住宅建筑物编号,列出所有的住宅和住户信息。最后,在每个抽取的家庭,利用KISH表进行实地抽样,随机抽取一人进行访问,最终获得有效调查样本1 007份。

(二)调查样本的社会人口信息

居住区分布:在本次受访的1 007位上海市民中,67.5%的受访者居住的社区类型是普通商品房小区,12.0%的受访者居住社区类型为单一或混合的单位社区,10.9%的受访者居住社区类型为未经改造的老城区(街坊型社区),居住在别墅区或高级住宅区的受访者有1.9%,0.4%的受访者居住在保障性住房社区,还有0.3%的受访者居住在新近由农村社区转变过来的城市社区(村改居、村居合并或"城中村")。此外,96.7%受访者的户型为家庭户,3.3%为集体户。

性别分布:44.10%为男性,55.90%为女性。

年龄分布:受访市民的平均年龄为46.77岁,标准差为15.71,最小年龄为16岁,最大年龄为69岁。

户籍分布:在户籍方面,54.10%为非农户口,13.60%为农业户口;32.00%为居民户口,0.2%为集体户口,还有0.10%境外人士接受了我们的访问,其中上海本地户口受访者有79.10%,20.90%为外地户口受访者。

教育程度分布:本次调查的受访者群体遍及了不同的文化程度,1.10%的受访者"从未上过学",4.30%的受访者受教育程度为"小学",24.90%受访者的受教育水平为"初中",20.30%受访者为"高中"学历,6.30%受访者为"中专","职高技校"学历受访者为2.50%,15.90%受访者的受教育程度为"大学专科",20.90%受访者的受教育程度为"大学本科",另外还有4.00%的受访者为"研究生"学历(详见表1)。

调查样本的基本情况

表1 个人信息的描述性统计结果

变量	样本统计		变量	样本统计	
性别(%)	男性	44.10	受教育程度分组	小学及以下	5.40
	女性	55.90		初中	24.90
户籍(%)	农业户口	13.60		高中/中专/技校	29.10
	非农户口	54.10		大学专科	15.90
	居民户口	32.00		大学本科	20.90
年龄	46.77（15.71）			研究生	4.00
民族状况(%)	汉	98.30	婚姻状况(%)	未婚	19.30
	蒙	0.10		同居	0.60
	满	0.20		初婚有配偶	71.80
	回	1.00		再婚有配偶	0.40
	壮	0.20		离婚	4.00
	其他	0.20		丧偶	3.80
宗教信仰状况(%)	无宗教信仰	92.80	就业身份(%)	不清楚/不愿透露	0.20
	基督教	1.60		有固定雇主/单位雇员/工薪收入者	91.60
	天主教	0.50		雇主/老板	2.00
	伊斯兰教	0.40		自营劳动者	2.40
	道教	0.10		家庭帮工(为自家的企业工作,但不是老板)	0.20
	佛教	3.90		自由职业者	1.20
	民间信仰	0.60		劳务工/劳务派遣人员	1.10
	其他	0.20		无固定雇主的零工、散工	1.00
政治面貌(%)	中共党员	15.70	收入(%)	2万元以下	5.80
	共青团员	6.80		2万—4万	21.20
	民主党员	0.60		4万—6万	27.60
	群众	76.70		6万—10万	20.20
	其他	0.30		10万—20万	13.30
样本量		1 007		20万以上	12.00

民族状况：在受访者民族状况方面，有98.30%的受访者民族为汉族。

婚姻状况：就婚姻状况而言，19.30%的受访者"未婚"，0.60%为"同居"，72.20%的受访者为"已婚"状况，4.00%的受访者处于"离婚"状态，3.80%的受访者"丧偶"。

宗教信仰：92.80%的受访者表示无宗教信仰，3.90%的受访者表示信仰佛教，1.60%的受访者信仰基督教，有民间信仰的受访者市民有0.60%，0.50%的受访者信仰天主教，0.40%的受访者信仰伊斯兰教，还有0.10%的受访者表示信仰道教，剩下0.30%的受访者市民信仰其他宗教。

就业身份：在就业身份方面，91.60%为"有固定雇主/单位雇员/工薪收入者"，2.00%受访者就业身份为"雇主/老板"，2.40%受访者为"自营劳动者"，0.20%是就业身份为"家庭帮工"的受访者，1.20%的受访者就业身份为"自由职业者"，1.00%的受访者为"无固定雇主的零工、散工"，1.10%的受访者就业身份为"劳务工/劳务派遣人员"，另外还有0.50%的受访者就业身份为不变分类的"其他"。

收入水平分布：5.80%的受访者个人年总收入在"2万元以下"，21.20%的受访者个人年总收入在"2万—4万元"，27.60%的受访者个人年总收入在"4万—6万元"，20.20%的受访者个人年总收入在"6万—10万元"，13.30%的受访者个人年总收入在"10万—20万元"，个人年总收入在"20万元以上"的受访者有12.00%。

政治身份：在政治面貌方面，15.70%的受访者为"中共党员"，0.60%为"民主党派"，6.80%为"共青团员"，76.70%的受访者为"群众"身份，还有0.30%为"其他"。

家庭年收入及支出的分布：在家庭年收入方面，受访者家庭的平均年收入为17.58万元，家庭年支出的平均值为4.12万元，其中外出就餐年支出的平均值为0.90万元，教育开支年总支出的平均值为1.25万元，文化娱乐年总支出平均值为0.23万元，体育健身年总支出平均值为0.14万元，国内外旅游年总支出平均值为1.34万元。

社会地位的自我地位：在有关社会地位的自我评价中，多数受访者认为自己处于"中层地位"，其中，有45.80%的受访者认为个人职业地位处于中层，40.30%的受访者认为个人经济地位处于中层，39.30%的受访者认为自己处于中层文化消费阶段，而对于综合地位则是有49.50%的受访者认为处于中层地位。认为自己处于"下层或者中下层地位"的受访者多于"上层或中上层地位"的受访者，其中，在职业地位的自我评价中，0.70%的受访者认为自己处于上层，9.20%的受访者认为自己处于中上层，29.40%的受访者自认为处于中下层，14.90%则自认为处于下层；在个人经济收入的自我评价中，0.30%的受访者认为自己处于上层，6.10%的受访者认为自己处于中上层，35.50%的受访者自认为处于中下层，18.10%认为自己处于下层；在个人文化消费自我评价中，1.30%的受访者认为自己处于上层，10.40%的受访者认为自己处于中上层，30.80%的受访者自认为处于中下层，18.20%的受访者自认为处于下层；在个人综合地位的自我评价中，0.50%的受访者认为自己处于上层，7.60%的受访者自认为处于中上层，28.80%的受访者自认为处于中下层，13.60%的受访者认为自己处于下层。由此可见对于个人地位的评价中，大部分的受访者综合认为自己处于社会中层往下的群体中，少数市民认为自己处于社会上层群体（详见表2）。

表2　受访者对个人地位的评价统计表（%）

地　位	个人职业地位	个人经济收入	个人文化消费	个人综合地位
上　层	0.70	0.30	1.30	0.50
中上层	9.20	6.10	10.40	7.60
中　层	45.80	40.30	39.30	49.50
中下层	29.40	35.30	30.80	28.80
下　层	14.90	18.10	18.20	13.60
合　计	100.0	100.0	100.0	100.0

三
市民文化消费的基本状况

上海由于其自身的城市经济和社会发展优势,城市文化基础设施相对较为完善,对于社会文化发展的动态可以更快地感知,科技发展和社会进步也可以迅速地在文化消费领域得以体现。

本节从市民文化消费行为,包括日常生活文化消费、节假日文化消费、文化学习类文化消费、运动休闲(旅游)文化消费、艺术修养文化消费、网络文化消费等方面分析。

(一)文化场馆和文化消费行为的选择偏好

本次调查发现,市民经常去的文化场所为公园(48.4%)和电影院(31.5%),其次为文化广场(16.5%)、书店(16.4%)、体育馆(14.8%)和图书馆(12.5%)等文化场所(详见图1)。至于经常进行的文化消费行为中,居于第一

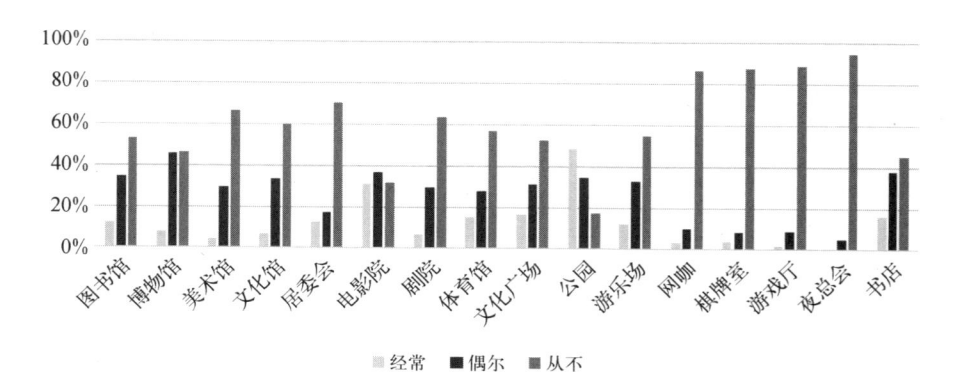

图1 市民对文化场所的选择偏好

位的选择是"网上买书"(15.9%),其次为"通过网络付费观看影视"(13.4%)和"去实体书店买书"(12.6%),仅有0.4%的受访者经常"到现场观看电子竞技类赛事"(详见图2)。

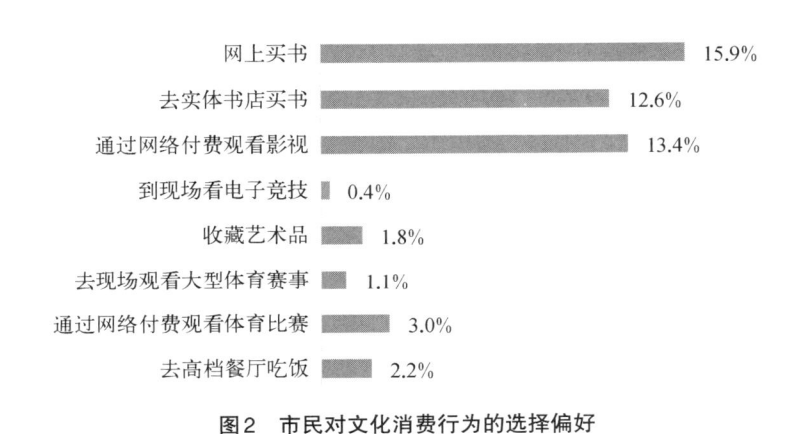

类别	比例
网上买书	15.9%
去实体书店买书	12.6%
通过网络付费观看影视	13.4%
到现场看电子竞技	0.4%
收藏艺术品	1.8%
去现场观看大型体育赛事	1.1%
通过网络付费观看体育比赛	3.0%
去高档餐厅吃饭	2.2%

图2 市民对文化消费行为的选择偏好

由此可见,上海市民目前的文化消费结构仍停留在传统的文化产品上,而对较高层次的文化消费活动的参与度和关注度相对较低。从表3的统计结果可以发现,对于文化场所提供的文化产品来说,52.20%的受访者并不知道文化场馆提供哪些文化产品,27.2%知道文化场馆提供什么类型的文化产品的类型,15.40%听说过文化场馆提供什么文化产品,仅有5.20%很了解文化场馆提供的文化产品。关于了解文化产品的渠道,52.80%表示通过媒体宣传了解,35.10%表示通过微信公众号了解,32.60%表示通过朋友推荐了解,通过实地参访或观看展览了解文化产品情况的占21.00%,通过微博或官方APP了解文化产品情况的占11.00%,仅有9.10%的受访者通过场馆官网了解。

在购买过文化产品的受访者中,有34.70%购买过特展门票,19.40%购买过机构商店提供的文化衍生产品,12.50%购买过讲座或导览等活动产品,9%购买过公共教育课程或其他公众号活动产品,还有48.90%没有购买过文化产品。在购买过文化产品的受访者中,有53.40%通过场馆实地购买,29.60%通

表3 市民对于文化产品的了解和购买情况(%)

变量		统计结果	变量		统计结果
是否知道文化场馆提供文化产品(%)	很了解	5.2	购买过的文化产品(%)	特展门票	34.7
	知道	27.2		讲座或导览等活动	12.5
	听说过	15.4		公共教育课程或其他公众活动	9
	不知道	52.2		机构商店提供的文化衍生产品	19.4
通过何种途径了解文化产品(%)	媒体宣传	52.8		没有购买过	48.9
	实地参观或观看展览	21	通过什么方式购买文化产品(%)	场馆实地	53.4
	朋友推荐	32.6		这些场馆的官网或官方APP	29.6
	场馆官网	9.1		文化产品交易会等相关会展活动	3.2
	微信公众号	35.1		淘宝等第三方购买平台	13.8
	微博或官方APP	11	决定购买文化产品的原因(%)	收藏价值	11.7
对单一文化产品价格的可接受范围(%)	50元以下	23.3		美观	26.2
	50—100元	26.6		创意	25
	101—200元	17.0		时尚	8.1
	201—500元	11.5		实用	25.4
	501—1000元	4.6		品牌	7.7
	1000元以上	1.3		质量	11.3
	价格不重要,喜欢就好	15.7		有相关场馆或活动的特色	44.8

过场馆官网或官方APP购买,13.80%通过淘宝第三方购买平台购买,3.20%通过文化产品交易会等相关会展活动购买。促使市民决定购买文化产品

的原因分别是因为产品本身具有相关场馆或活动的特色(44.80%)、美观(26.20%)、实用(25.40%)、创意(25%)、收藏价值(11.70%)、质量(11.30%)、时尚(8.10%)和品牌(7.70%)等。

市民每年购买文化产品的支出在200元以下的有22.60%,200元到500元之间和500元到1 000元之间的均有31%,1 000元到2 000元之间的有8.90%,2 000元以上的有6.50%(参见表4)。此外对于受访者对单一文化产品的可接受价格,23.30%的受访者认为应该在50元以下,26.60%认为在50元到100元,17.%认为在101元到200元,11.50%认为在201元到500元之间,认为在501元到1 000元之间的占4.60%,认为在1 000元以上的仅占1.30%,还有15.70%的受访者认为价格不重要、喜欢就好。可见,文化产品的价格影响着市民的文化消费,价格越高,市民文化消费越低。

表4 受访者在上海文化场馆中每年购买文化产品的支出频次表

	频 率	有效百分比
200元以下	56	22.6
200—500元	77	31.0
500—1 000元	77	31.0
1 000—2 000元	22	8.9
2 000元以上	16	6.5
合　计	248	100.0

(二)影视节目类的文化消费

在调查中得知,市民的日常居住场所几乎覆盖诸如电脑(台式或笔记本)、平板电脑、智能手机、数字电视以及网络等所有电子设备,仅有1.1%的受访者居住场所无电子设备(参见表5),因此也更方便市民进行文化消费。

表5 受访者居住地方拥有电子设备情况频次表（%）

	频 数	有效百分比
电脑（台式、笔记本）	848	84.20
平板电脑	682	67.70
智能手机	954	94.70
数字电视	909	90.30
网络（有线、无线）	927	92.70
以上都没有	11	1.10

关于影视节目类文化消费品的调查显示，66.8%的受访者最喜欢的电视节目为新闻类，55.4%的受访者最喜欢娱乐类电视节目，而喜欢体育类电视节目的受访者占33.4%，其余依次为教育类电视节目（20%）、军事类电视节目（19.5%）、财经类电视节目（17.9%）以及服务类电视节目（10.7%）（详见图3）。此外，对于市民最喜欢的电影类型的调查结果显示，最受市民喜欢的电影类型为"喜剧类型"（42%）和"战争类型"（13.9%），市民对其余类型电影的喜欢程度大约相同（见图4）。

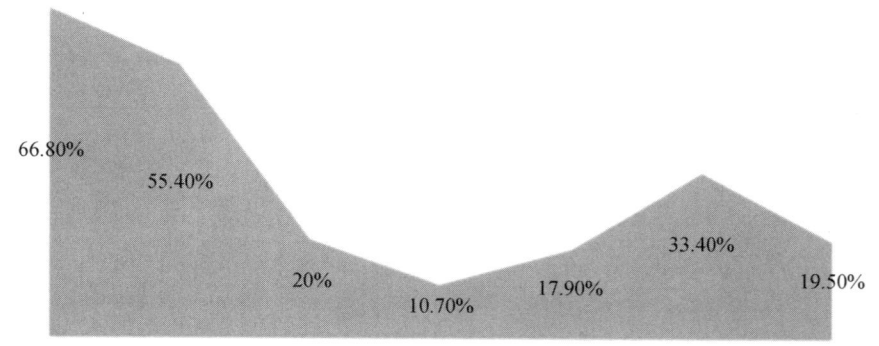

图3 市民最喜欢的电视节目类型

市民文化消费的基本状况

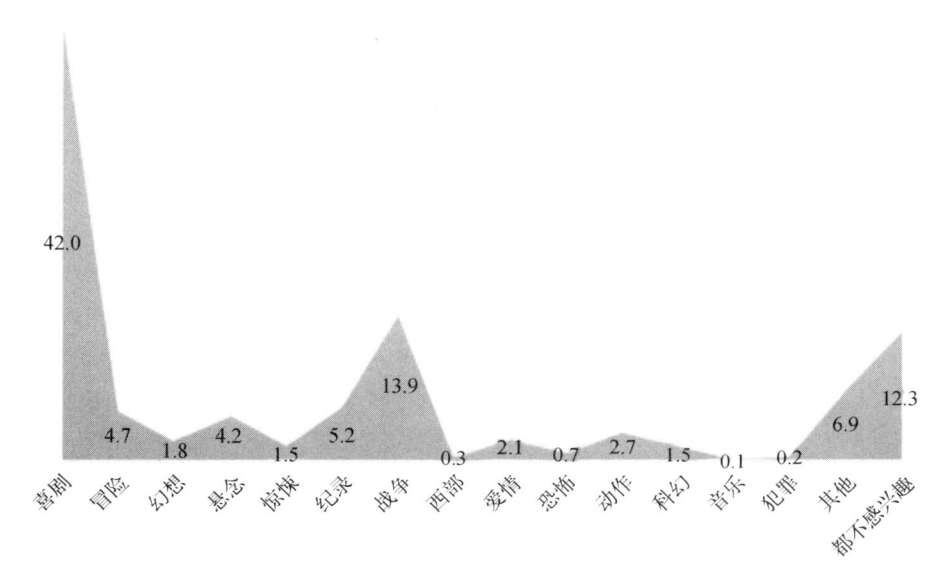

图中数据:
喜剧 42.0、冒险 4.7、幻想 1.8、悬念 4.2、惊悚 1.5、纪录 5.2、战争 13.9、西部 0.3、爱情 2.1、恐怖 0.7、动作 2.7、科幻 1.5、音乐 0.1、犯罪 0.2、其他 6.9、都不感兴趣 12.3

图4 市民最喜欢的电影类型

（三）文化学习类的文化消费

对于学习类型的文化消费行为和产品的调查涉及关于书籍和付费培训的情况。42%的受访者表示喜欢看"纸质书"，24%表示喜欢看"电子书"，12%的受访者表示"两者都喜欢"，还有22%表示"两者都不看"（详见图5）。

对于书籍类型的喜欢程度的评价中，有35%的受访者喜欢"中外经典名著"，20%表示喜欢"生活指南类书籍"，16%表示喜欢"人文社科类书籍"，另外的喜欢比例依次为"科幻与科学类书籍"（8%）、"专业与考试类书籍"（6%）、"动漫

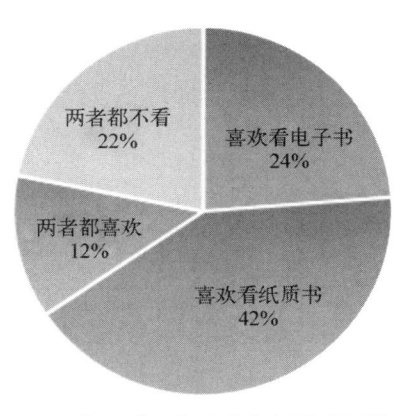

图5饼图数据：
- 喜欢看电子书 24%
- 两者都喜欢 12%
- 喜欢看纸质书 42%
- 两者都不看 22%

图5 市民对于电子书和纸质书的选择偏好

上海文化消费调查：方法、数据和应用

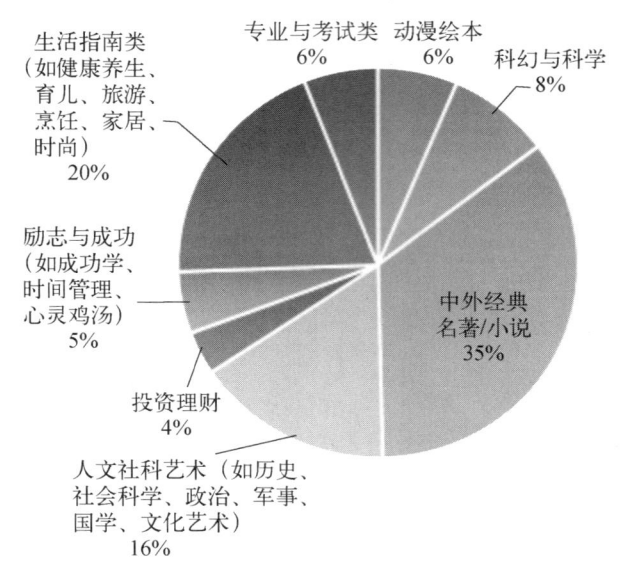

图6 市民对于书籍类型的选择偏好

饼图内容：
- 生活指南类（如健康养生、育儿、旅游、烹饪、家居、时尚）20%
- 专业与考试类 6%
- 动漫绘本 6%
- 科幻与科学 8%
- 中外经典名著/小说 35%
- 人文社科艺术（如历史、社会科学、政治、军事、国学、文化艺术）16%
- 投资理财 4%
- 励志与成功（如成功学、时间管理、心灵鸡汤）5%

绘本"（6%）、"励志与成功类书籍"（5%）以及"投资理财类书籍"（4%）。（详见图6）

此外，对于提升自我知识和能力的学习类文化消费，有68.40%的受访者表示没有参加过任何培训，13.70%参加过健身类培训，5.00%参加过瑜伽类培训，4.70%参加过绘画类培训，4.60%参加过舞蹈类培训，4.20%参加过音乐类的培训，2.40%参加过歌唱类培训，2.30%参加过摄影类培训，2.00%参加过手工艺类培训，1.40%参加过写作类培训，0.40%受访者参加过话剧类培训（详见图7）。

而对于为孩子自费参加培训的调查结果显示，44.90%的受访者表示自己的孩子未曾自费参加过任何培训，26.60%的受访者的孩子自费参加过文化课

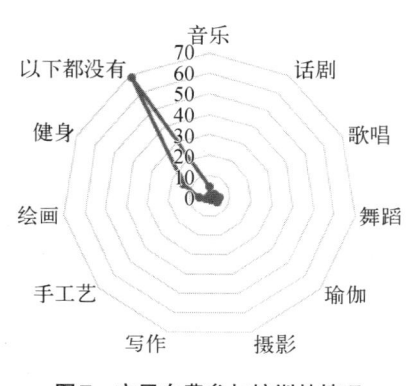

图7 市民自费参加培训的情况

的培训，18.30%的受访者的孩子参加过绘画培训，14.90%的受访者的孩子自费参加过音乐类型培训课，13.50%的受访者的孩子自费参加过舞蹈类型培训课，6.30%的受访者的孩子自费参加过写作类型培训课，5.10%的受访者的孩子自费参加过歌唱类型培训课，4.50%的受访者的孩子自费参加过跆拳道类型培训课，3.20%的受访者的孩子自费参加过手工艺类型培训课(详见图8)。在快速的工作节奏以及生活的高压下，人们觉得下一代的受教育一定是最重要的，因此愿意花更多的钱让孩子受到更好的教育包括课外培训。但也从一定程度上在时间上和金钱方面挤压了其他的文化消费支出。

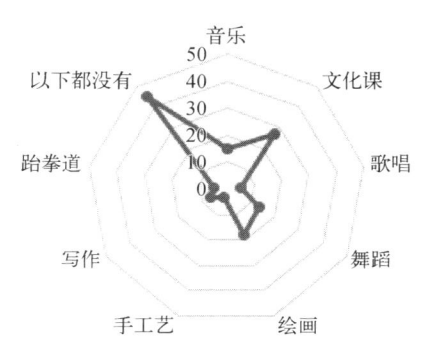

图8 市民自费给孩子参加培训情况

（四）运动休闲（旅游）类的文化消费

文化消费是一种精神消费，指在文学、艺术、教育、科学等方面的支出。在文化消费中，人们的休闲运动活动消费占了很大的比例。在本次调查中，列举了广场舞、跑步、散步、徒步、自行车、登山、探险、漂流、骑马、游泳、高尔夫、乒乓球、羽毛球、网球、篮球、足球等16项休闲运动项目。受访市民从这16休闲运动项目中选择最常做的项目，可以多选。

根据图9可知，在选择的休闲运动项目偏好中，以散步、跑步、羽毛球、自行车、游泳、乒乓球等活动受到普通市民的而偏爱，而相对花费较高的登山、骑马、探险、高尔夫等项目则较少被市民选择。由此可见，市民休闲运动活动主要集中在简便易行、花费低廉的项目上。

此外，旅游是几年来我国新的消费热点，2017年，我国出境旅游人数13 051万人次，比上年同期增长7.0%。根据本次调查可知，从未到国外旅

上海文化消费调查：方法、数据和应用

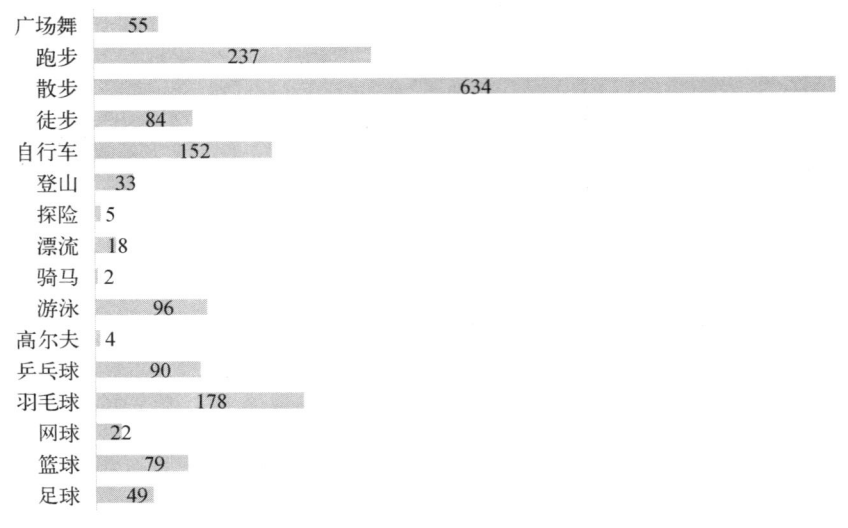

项目	数值
广场舞	55
跑步	237
散步	634
徒步	84
自行车	152
登山	33
探险	5
漂流	18
骑马	2
游泳	96
高尔夫	4
乒乓球	90
羽毛球	178
网球	22
篮球	79
足球	49

图9 市民对休闲运动项目的选择偏好

游过的受访者占54.38%，市民去过1—10个国家的受访者占42.63%，去过11个国家以上的占12.9%；从未去过港澳台的受访者占65.7%，国外旅游过的受访者占54.38%，去过港澳台的1—10次的占33.6%；未到省外旅游的市民占8.4%，占去过1—10个国内省/直辖市/自治区的受访者占73.6%（详见图10）。

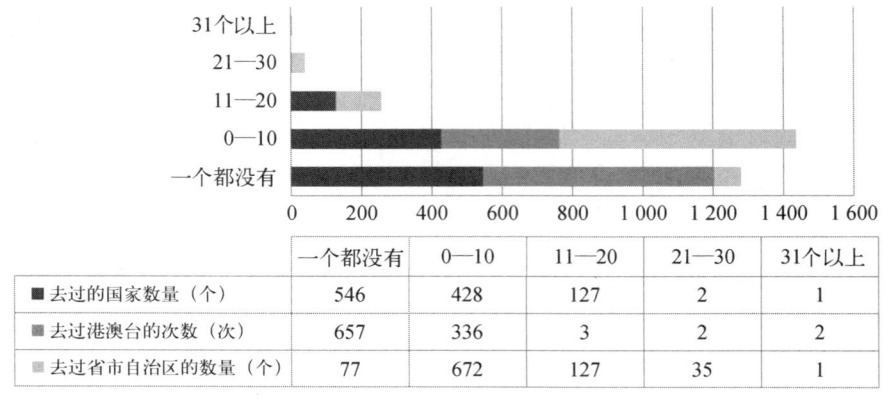

	一个都没有	0—10	11—20	21—30	31个以上
去过的国家数量（个）	546	428	127	2	1
去过港澳台的次数（次）	657	336	3	2	2
去过省市自治区的数量（个）	77	672	127	35	1

图10 市民国内外旅游频次

（五）艺术类的文化消费

关于艺术类文化消费行为的调查中，多数居民（62.2%）选择不去现场欣赏音乐，在选择去现场听音乐的受访者中，最受市民喜欢的音乐类型是流行音乐（13.8%）和古典音乐类型（9.60%）。

关于艺术品的喜爱程度，约一半的市民（42.4%）不喜欢艺术品，有24.2%的市民喜欢"艺术摄影类作品"，16.6%的市民喜欢"书法篆刻作品"，15.4%的市民喜欢"工艺美术类作品"，还有8%的市民和7.9%的市民分别喜欢"雕塑雕刻类作品"和"装置艺术类作品"（详见图11和图12）。

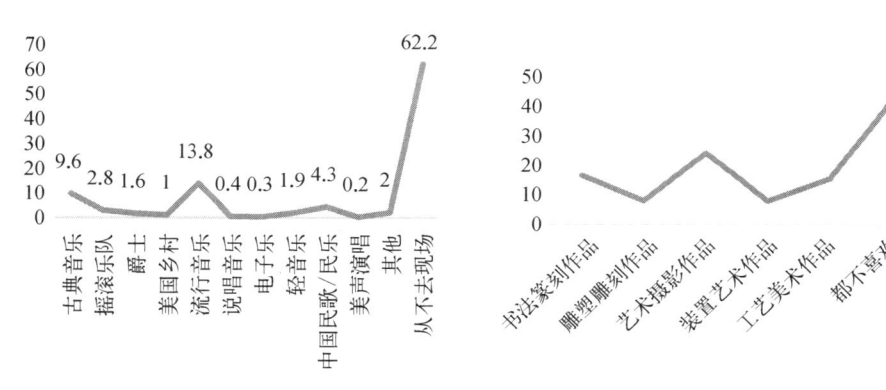

图11 市民对现场音乐的选择偏好

图12 市民对艺术品收藏的选择偏好

（六）外出就餐文化消费

根据本次调查中关于市民外出就餐情况的结果显示（见表6），36.3%的受访者经常到酒店、餐厅、咖啡厅、酒吧等场所就餐，51%的受访者偶尔去，12.6%的受访者从不到酒店、餐厅、咖啡厅、酒吧等场所就餐。日常选择外出就餐的时间主要在周末或节假日（75.30%），而选择工作日的休息时间则相对较少（24.70%）。

表6 市民外出就餐情况统计表(%)

变量	统计结果		变量	统计结果	
外出就餐是否会专门进行穿衣打扮	总是	30.90	平时主要和谁一起外出就餐	自己	3.20
	偶尔	36.60		同事	12.00
	从不	32.50		家人	56.40
平时需要提前多长时间来决定外出就餐	碰巧路过	22.2		同学	4.40
	一个小时之内	34.4		朋友	23.00
	2—3天左右	29.9		其他	0.90
	一周左右	9.5	外出就餐时更喜欢的场所	高档酒店	1.6
	几周左右	4.0		中餐厅	77.5
外出就餐的原因	重要的时间或场合	23.5		西餐厅	7.7
	社会交往	54.5		中式快餐	5.3
	节约时间	7.8		西式快餐	1.8
	更多的口味选择	25.5		其他	5.7
	不愿在家里做饭	29.2		都不喜欢	.3
外出就餐选择地点的主要因素	食物口味	71.7	日常选择外出就餐时间	工作日的休息时间	24.7
	商家品牌	17.0		周末或假日	75.3
	装修风格	14.4		少于1小时	7.5
	服务水平	22.0		1—2小时之间	66.4
	性价比	41.4		多于2小时	26.1
	周边环境	19.4	饭菜打包情况	经常	36.4
	交通便利	29.3		偶尔或从不	63.6

在外出就餐时,30.90%的受访者会专门的穿衣打扮,36.60%的受访者偶尔穿衣打扮,32.50%的从不专门穿衣打扮。在选择和谁同行外出就餐时,大多数选择家人(56.40%)和朋友(23%)。在决定是否进行外出就餐时,多数受访者都是在一个小时内决定(34.40%),2—3天的有29.90%,碰巧路过的有22.20%,还有9.50%选择"一周左右"和4%选择"几周左右"决定是否外出就餐。在外出就餐时,更多的市民选择去中餐厅(77.50%),就餐时间约为1到

市民文化消费的基本状况

2个小时（66.40%）。选择外出就餐的主要原因则是为了社会交往（54.5%）、更多口味的选择（25.50%）和为了重要时间或场所（23.50%），而多数市民外出就餐地点选择的主要影响因素则是食物的口味（71.70%），在外出就餐结束后，36.40%的受访者表示会将剩余饭菜打包（详见表6）。

（七）网络文化消费

关于网络文化消费的调查结果显示，84.80%的受访者平时使用互联网，每天工作之余的上网时间约3.25个小时。根据图13可知，市民每天使用互联网所进行的活动中，频率最多的是使用微信或微博（90.20%），其次是浏览新闻（68%）和查找资料（44.10%），收听下载音乐有30.60%，24.60%为观看影视剧，16.70%为玩网络游戏，其余为看体育比赛（10.10%），看网络直播（9.20%），网上投资（8.30%）、购物（7.40%）以及预约展览（0.60%）。

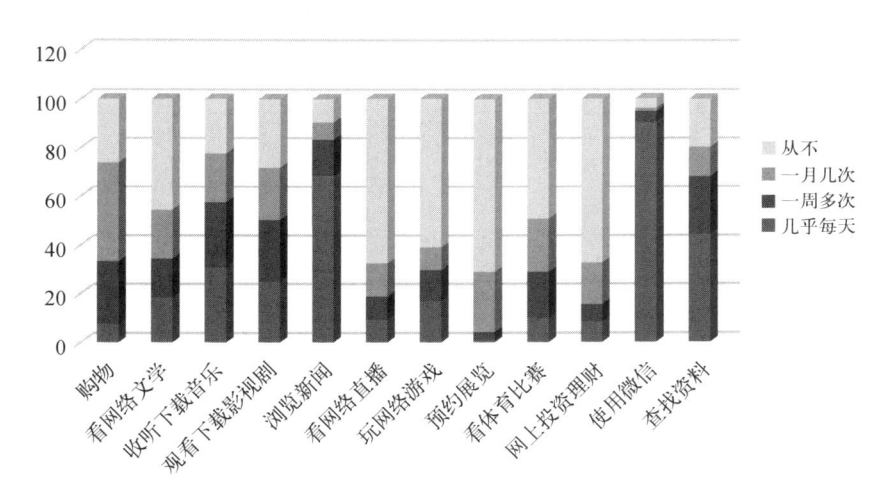

图13　市民网络文化消费活动情况

网络游戏越来越成为市民日常工作之余的娱乐活动，尤其是年轻群体。因此本次调查也将网络游戏纳入其中。在关于网络游戏消费的调查中发现，受访者平时主要通过手机（27.40%）和网络PC端（11.90%）打网络游戏，使用网页游戏和家庭游戏机的受访者分别有2.80%和2%，另外67.20%的受访者表示从不打网络游戏。

从表7中可以看出，在打网络游戏的受访者中，66.30%的受访者表示通过家人朋友推荐获得网络游戏信息，29.50%表示通过各类广告获得网络游戏信息，16.90%表示通过点评网站（包括公众号）获得网络游戏信息，还有7.80%表示通过与网友交流有关的书籍、影视剧获得网络游戏信息。

表7 市民对网络游戏的选择偏好（%）

变量	统计结果		变量	统计结果	
平时通过哪种途径打网络游戏	手机	27.4	通过何种途径获得网络游戏信息	与网游有关的书籍、影视剧	7.8
	网络PC端	11.9		各类广告	29.5
	网页游戏	2.8		家人朋友推荐	66.3
	家庭游戏机	2		点评网站（包括公众号的推荐）	16.9
	从不打网络游戏	67.2	最受吸引网络游戏中的文化元素	中国传统文化元素	31.9
偏好网络游戏类型情况	模拟经营	3.9		日韩文化元素	5.7
	动作类	20.8		欧美文化元素	6.6
	冒险类	7.6		综合性文化场景体验	27.7
	角色扮演	19	对现在网络游戏传达的价值观念怎么看	正面积极的价值导向是主流	20.8
	休闲类（消除类、棋牌类）	42.9		负面影响因素太大，需要整治	13.9
	其他	5.7		说不清，网络游戏中的价值观没有体现出来	65.3

对于网络游戏类型的选择偏好中，大多数受访者喜爱休闲类（消除类、棋牌类）（42.90%）、动作类（20.80%）和角色扮演类网络游戏（19%），少数喜欢冒

险类(7.60%)和模拟经营类网络游戏(3.90%)。对于网络游戏所表达的价值观念,20.80%的受访者表示正面积极的价值导向是现在网游的主流,13.90%的受访者表示网游负面影响因素太大,需要整治,还有65.30%的受访者认为说不清,或者网络游戏中的价值观念并没有体现出来。除此之外,网络游戏中最吸引受访者的文化因素是中国传统文化元素(31.90%)。

(八)郊野公园文化消费

上海市政府曾颁布《关于本市郊野公园建设管理的意见》,提出上海要以郊区基本农田、生态片林、水系湿地、自然村落、历史风貌等现有生态人文资源为基础建设郊野公园体系,并规划在郊区选址布局,建设一批具有较大规模、自然条件较好、公共交通便利的郊野公园,进一步优化郊区农村生活、生产、生态格局,逐步形成与城市发展相适应的大都市游憩空间环境,成为上海的后花园、市民休闲游乐的好去处。因此本次调查也将纳入对郊野公园的考察。

在本次调查中,有26.50%的受访者表示从未听说过郊野公园,25.90%表示听说过但从未去过,去过1至2个郊野公园的占28.40%,去过3到5个的占

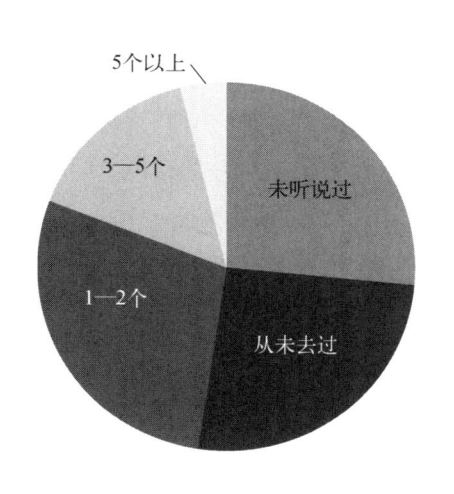

图14 市民去过郊野公园频次图　　图15 郊野公园特点

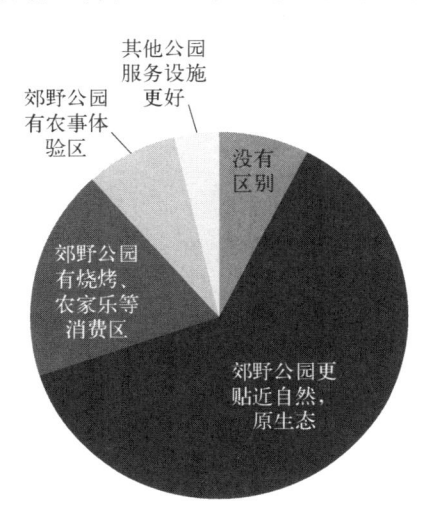

图16 市民在郊野公园进行的活动

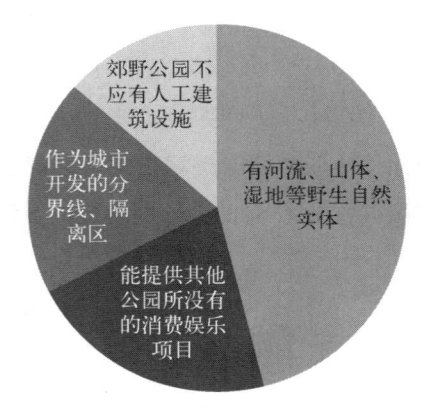

图17 郊野公园最大的特色

15.30%，去过5个以上郊野公园的占3.90%。在去过郊野公园的受访者当中，70.50%表示在郊野公园经常做的项目是远足、徒步、骑行等户外运动，30.80%表示在郊野公园经常露营、野餐、垂钓等，22.80%表示经常进行动植物等自然知识的科普活动，还有10.70%表示经常在郊野公园进行吃野味等消费活动。对于郊野公园与其他公园的区别，81.80%的受访者表示郊野公园更贴近自然、原生态，24.20%的受访者认为郊野公园有烧烤、农家乐等消费项目，10.40%认为以郊野公园有农事体验、与其他公园有区别，还有5%的受访者表示郊野公园的服务设施差于其他公园，10.20%的受访者表示没有区别。此外，有40.50%的受访者认为郊野公园最大的特色是有河流、山体、湿地等野生自然实体，18.80%认为郊野公园最大的特色是能提供其他公园所没有的消费娱乐项目，16.70%认为郊野公园最大的特色是作为城市开发的分界线、隔离区，11.90%认为郊野公园最大的特色是不应有人工建筑设施。

（九）节假日文化消费

节假日可以说是市民文化消费的"一个主战场"，了解节假日市民文化消费情况对于提高文化产值具有重要意义。但在本次调查中，市民对文化市场消费品供给的满意程度较高,但仍存在不满意、不了解的情况。首先,市民对中国传统佳节和现代节假日最为了解,上海地方民俗节日和西方节日次之,对会展节庆活动了解较少(详见表8)。

表8 受访者对以下节庆日的了解程度情况频次表(%)

节　　日	非常了解	一　般	不　了　解
中国传统佳节	67.40	31.10	1.50
上海地方民俗	25.90	44.50	29.60
西方节日	23.90	51.70	24.30
现代节假日	60.60	35.30	4.20
会展节庆活动	14.60	48.20	37.20

同时,在本次调查中,测量市民对"中国传统佳节""上海民俗节日""西方节日""现代节假日"和"会展节庆活动"等节假日文化市场提供的文化消费品的满意程度。结果显示多数市民对节假日提供的文化消费品表示满意,但仍有市民表示不满意。其中以对"西方节日"(不满意的市民有19.50%)和"会展节庆活动"(不满意的市民有19.40%)不满意的最多,此外,还有约6%的市民对"上海地方民俗节日""西方节日"、和"会展节庆活动"不了解或不参加(详见表9)。总的来说,市民文化消费最多的节日为春节(90.50%),在文化消费最大的节假日中,有12.60%的受访者消费金额最高为10 000元以上,占13.20%的受访者消费金额为5 000元到10 000元,18.60%的受访者消费金额为3 000元到5 000元,22.20%的受访者消费金额为1 000元到3 000元,13.40%的受访者消费金额为500元到1 000元,还有8.60%的受访者消费200元以下(详见图18和图19)。

表9 市民对文化市场消费品的满意程度(%)

项目	非常满意	比较满意	不满意	一般	无所谓	不了解/不参加
中国传统佳节	27.30	63.50	7.50	0.40	0.30	1.10
上海地方民俗	15.00	62.90	15.40	0.30	0.30	6.10

(续表)

项目	非常满意	比较满意	不满意	一般	无所谓	不了解/不参加
西方节日	12.30	61.20	19.50	0.20	0.30	6.50
现代节假日	19.30	66.10	11.50	0.20	0.30	2.60
会展节庆活动	12.40	61.60	19.40	0.20	0.20	6.20

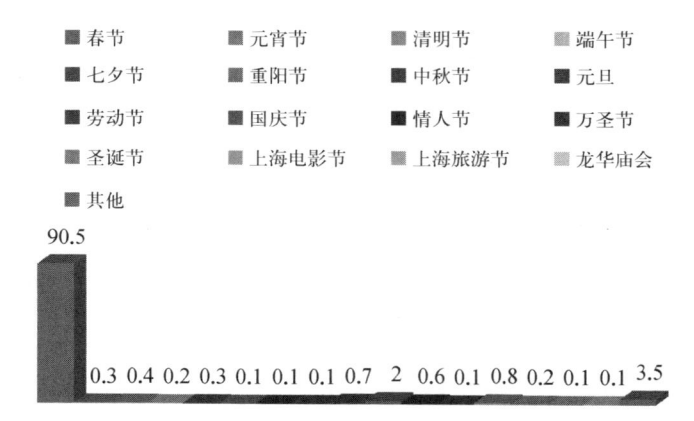

■ 春节　■ 元宵节　■ 清明节　■ 端午节
■ 七夕节　■ 重阳节　■ 中秋节　■ 元旦
■ 劳动节　■ 国庆节　■ 情人节　■ 万圣节
■ 圣诞节　■ 上海电影节　■ 上海旅游节　■ 龙华庙会
■ 其他

90.5　0.3　0.4　0.2　0.3　0.1　0.1　0.1　0.7　2　0.6　0.1　0.8　0.2　0.1　0.1　3.5

图18　市民文化消费支出最多的节假日

■ 200元以下　■ 200—500元　■ 500—1 000元　■ 1 000—3 000元
■ 3 000—5 000元　■ 5 000—10 000元　■ 10 000元以上

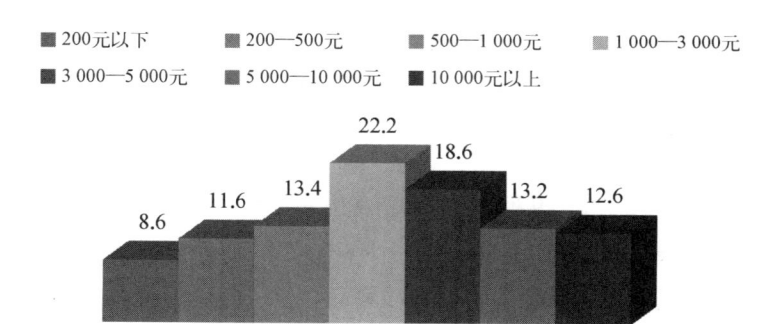

8.6　11.6　13.4　22.2　18.6　13.2　12.6

图19　市民文化消费最多节日消费金额

具体而言，就市民了解程度最高的中国传统佳节和现代节假日来说，在传统佳节市民的主要文化消费形式依次为祭祖家庭团聚、旅游休闲、看电视、逛街购物、看电影、逛庙会等民俗活动、购买民俗文化产品、观看演出、看书买

图20 传统佳节市民文化消费主要形式

图21 传统佳节市民文化消费主要形式

书、打游戏以及参观展览展示等；而现代节假日市民的文化消费主要形式依次为旅游休闲、逛街购物、看电视、看电影、看书买书、打游戏、观看晚会以及参观展览展示等（详见图20和图21）。

对于文化产品了解程度仅次于中国传统佳节和现代节日的上海民俗节日和西方节日而言，市民在西方节日文化消费的主要形式依次是看电视、逛街购物、看电影、去高档餐厅用餐、旅游休闲、打游戏、看书买书、观看演出、参加主题活动、参观展览展示以及去教堂参加活动等（详见图22）。对于上海民俗节庆，43.20%的受访者表示"不愿意参加"，24.70%表示"愿意参加"，7.40%表示"非常愿意参加"，"不一定"和"看情况是否参加"的受访者分别占11.50%和13.20%（详见图23）。

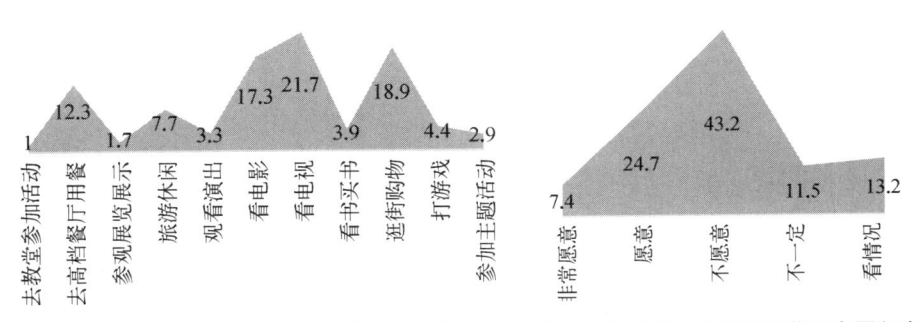

图22 西方节日市民文化消费主要形式

图23 市民参加上海民俗节日意愿程度

最后，对于了解程度最低同时也是不满意程度最高的会展类节庆而言，39.80%的受访者表示"不愿意参加"，27.70%表示"愿意参加"，8.10%表示"非常愿意参加""不一定"和"看情况是否参加"的受访者分别占10.50%和13.80%（详见图24）。有0.40%的受访者表示参加过10次以上的会展类节日，0.10%表示参加过8次到10次的会展类节日，0.80%的受访者表示参加过5次到8次的会展类节日，参加过3次到5次的占3.80%，3次以下的占15.40%，还有79.50%表示没有参加过任何会展类活动（详见图25）。

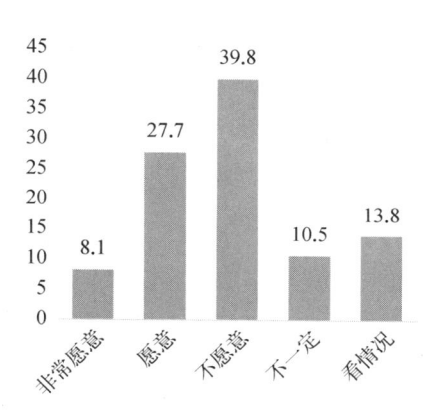

图24 市民参加会展节庆的意愿程度

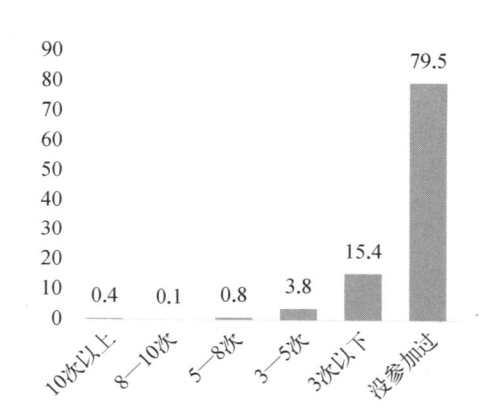

图25 市民参加会展节庆的次数

（十）文化消费观念

每个消费者都有自己独特的消费观念，这是消费者在长期的工作与生活中逐渐形成的，与其经济社会地位和生活方式密切相关。而文化消费的观念也逐渐作为一种新的消费观念被消费者接受。在本次调查中，在被问及有关文化消费的观念中，对于"由于具有较高的社会保障水平，我可以放心地进行文化消费"的说法，15.10%的市民表示"非常同意"，41.00%表示"比较同意"，换言之，约有55%的受访者认为较高社会保障水平能够促进文化消费的发展，但仍有17.70%对"现有的公共文化设施并不能有效地满足人们的需求"表示"非常同意",36.70%表示"比较同意",表明目前上海市现有的公共文化设施不能完全满足市民的需求。对于"不同经济社会的人应当具有截然不同的文化消费",22.10%的受访市民表示"非常同意",42.60%表示"比较同意",22.10%的受访者对"文化消费应当基于自身的经济能力量力而行,而不是过度消费"表示"非常同意",42.60%表示"比较同意",19.40%的受访市民对"个人文化消费风格与其社会经济地位是一致的"表示"非常同意",48.30%表示"比较同意",如果将"非常同意"和"比较同意"认为是"同意"的话,那么大多数市民认为"文化消费应该根据自身能力进行,不应该过度消费"。受访市民对于"个人的餐饮、服饰等消费,在很大程度上受到同事、同学等人的影响""个人的文化消费更当更加彰显个性"和"个人的文化消费应当同大众潮流保持一致"的态度大约持平。此外,14.20%的受访市民对"由于平时的工作时间段不是很合理,我很难有闲下来进行文化消费"表示"非常同意",27.80%表示"比较同意",即工作时间影响着市民的文化消费(详见表10)。由此可见市民消费观念较为统一,均认为文化消费行为应该与自身能力一致。

表10 市民对文化消费观念的认同程度(%)

说　　法	非常同意	比较同意	一般	不太同意	非常不同意
由于具有较高的社会保障水平,我可以放心地进行文化消费	15.10	41.00	23.00	16.50	4.40
不同经济社会的人应当具有截然不同的文化消费	22.10	42.60	15.90	17.00	2.40
文化消费应当基于自身的经济能力量力而行,而不是过度消费	52.10	39.00	5.70	2.80	0.40
现有的公共文化设施并不能有效地满足人们的需求	17.70	36.70	26.70	17.60	1.40
个人的餐饮、服饰等消费,在很大程度上受到同事、同学等人的影响	11.20	31.80	20.80	29.80	6.50
个人的文化消费更当彰显个性	14.20	36.80	25.80	20.20	3.00

(续表)

说　　　　法	非常同意	比较同意	一般	不太同意	非常不同意
个人的文化消费应当同大众潮流保持一致	4.90	26.30	23.50	38.10	7.30
个人文化消费风格与其社会经济地位是一致的	19.40	48.30	17.30	13.00	2.00
到商场购物或到高档餐厅就餐是一种享受	17.60	33.70	25.00	19.30	4.40
由于平时的工作时间段不是很合理,我很难有闲下来进行文化消费	14.20	27.80	25.50	26.50	6.00

（十一）文化消费支出

由上文可知,受访者个人年均总收入主要集中在4万元到6万元间,而在家庭年收入方面,受访者家庭的平均年收入为17.58万元,家庭年支出的平均值为4.12万元,其中外出就餐年支出的平均值为0.90万元,教育开支年总支出的平均值为1.25万元,文化娱乐年总支出平均值为0.23万元,体育健身年总支出平均值为0.14万元,国内外旅游年总支出平均值为1.34万元（详见表11）。

表11　市民各项文化消费支出统计（元）

统计量	文化消费支出				
	外出就餐支出	教育支出	文化娱乐支出	体育健身支出	国内外旅游支出
均　　值	9 058.80	12 490.70	2 293.82	1 387.36	13 722.12
标准差	14 625.60	30 358.92	5 490.17	4 280.56	23 105.81
极大值	200 000	300 000	100 000	60 000	250 000
极小值	0	0	0	0	0
样本量	988	914	986	980	990

近年来,上海市政府对教育的投入呈现逐年上升的趋势,市民教育支出也随着政府对教育的投入增长也呈现出相应的增长。虽然从2006年上海开

始全面实行九年义务教育,居民的教育支出开始大幅下降,但总体仍然保持很高的支出水平,且从表11可以看出市民教育年支出占全年文化消费的比重仅次于外出旅游。且从极大值来看,教育支出最大值为300 000元,远高于其他项文化消费支出。受独生子女生育政策的影响,许多80后家庭中只有一个孩子,家长把所有的希望寄托在一个后代的身上,希望其各个方面都是最优秀的,因此不惜任何代价希望其受到更加全面的教育,学习各方面的知识,进而也就构成了文化消费中以教育消费为主的格局。此外还有些家长同时在学校以外,为孩子报各种培训班以加强巩固知识,发掘孩子的个人兴趣和个人潜能。由此导致教育消费的比重过大的现象,挤占了其他方面的文化消费支出,不管是在时间上还是金钱方面都在一定程度上挤压了其他的文化消费支出,不利于文化消费结构的合理发展。

四
文化消费差异化

（一）不同年龄层文化消费意愿差异较大

从上文可以得知，市民整体文化消费结构还停留在传统文化产品消费上，结构较为单一，但是各年龄层的文化消费活动却是各有差异。青年人经常选择网上付费观看影视（27.6%），中年人经常选择在网上买书（20.2%），而老年人则是选择去实体书店购买图书（10.0%）。同时，青年人相对于中年人和老年人来说，更倾向于选择或者尝试在网上进行文化消费活动，更多的选择到现场观看体育赛事或是电子竞技等较高层次的文化消费（详见图26）。

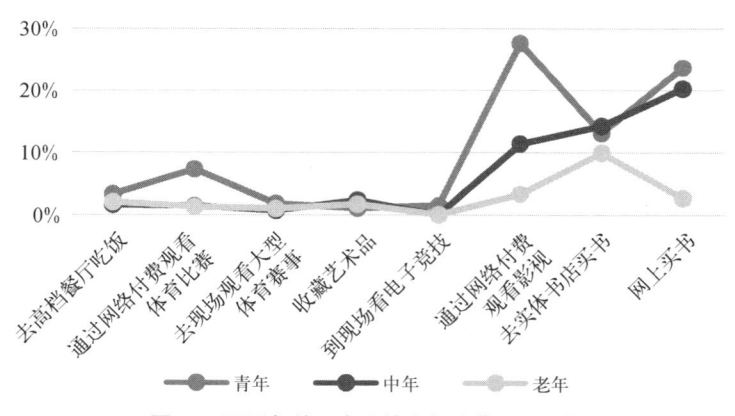

图26 不同年龄层市民的文化消费行为比较

此外，对于经常选择的文化场所而言，各个年龄阶层日常生活中较多选择去的文化场所大致相同，但是青年人对于美术馆、游戏厅、网咖、夜总会、剧

文化消费差异化

院等场所的选择偏好高于中老年人,可见青年人的文化消费需求最旺盛,文化消费行为更为多元化,实际发生的文化消费支出也较高(详见图27)。

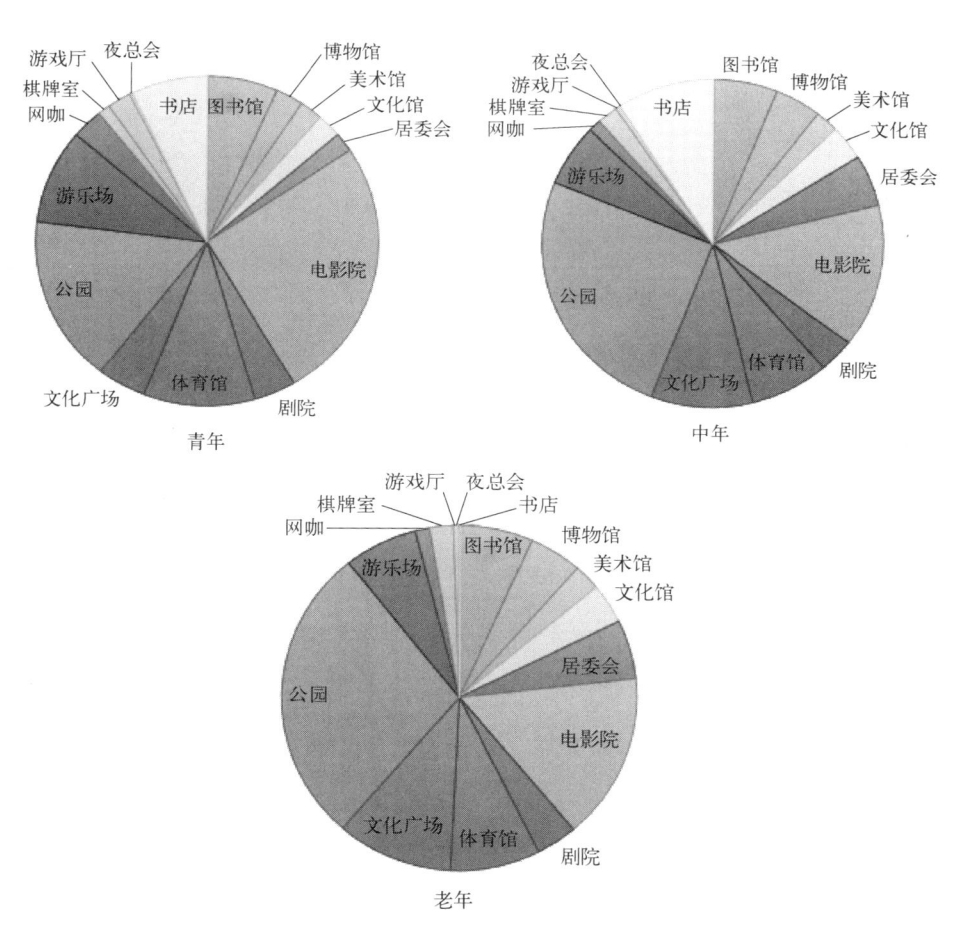

图27 不同年龄层市民经常去的文化场所比较

(二)不同性别的文化消费偏好不同

不同性别的受访市民的文化消费情况也不尽相同。就经常选择的文化场所和文化消费行为而言,除去体育馆之外,男性日常去文化场馆的频率均略低于女性(详见图28),但在日常选择的文化消费方面,男性除了到现场观看电子竞技、通过付费观看电影、去实体书店买书以及网上买书略低于女性外,其他文化消费行为的发生频率都高于女性(详见图29)。

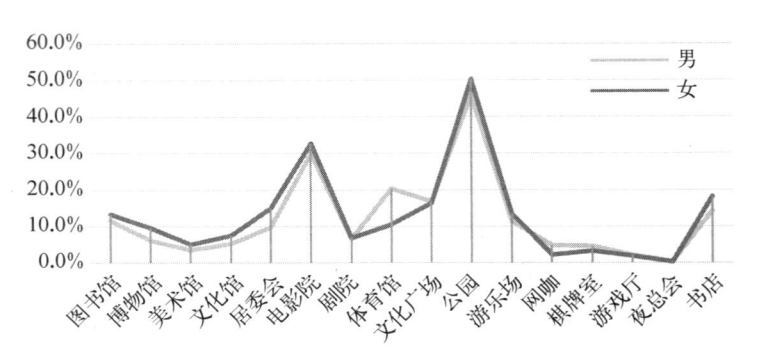

图28 不同性别经常去的文化场所

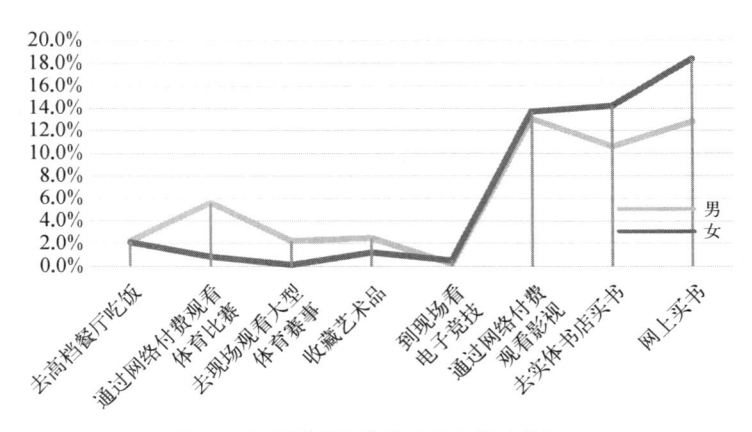

图29 不同性别经常发生的文化消费行为

此外,男性和女性在影视类文化消费方面的选择偏好也不尽相同。在电视节目类型的选择上,男性更偏好新闻类、军事类、体育类和财经类节目,而女性则倾向于娱乐类、教育类和服务类节目(详见图30),而在网络视频类型的选择上,男性在游戏电竞类、综艺娱乐类和户外活动类网络视频类型的选择比例上高于女性,而在影视衍生类、秀场直播类、知识教育类和人文艺术类网络视频类型的选择上少则低于女性(详见图31)。在电影类型的选择上,男性偏好科幻类、动作类、战争类、纪录类、西部类、恐怖类和幻想类,而女性则是偏好喜剧类、冒险类、悬念类、惊悚类、爱情类、音乐类和犯罪类(详见图32)。在书籍类别的选择上,相对于女性喜爱动漫绘本类、中外经典名著/小说、励志与成功类以及生活指南类书籍,男性更喜爱科幻与科学类、人文社科类、投资理财类和专业考试类书籍(详见图33)。

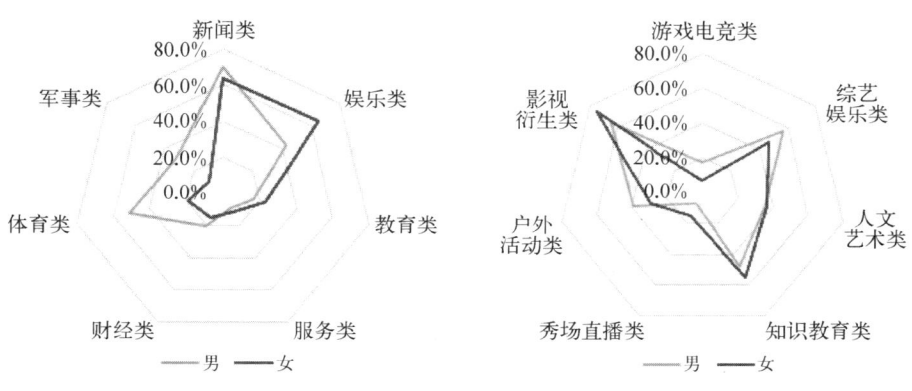

图30 不同性别电视节目类别选择偏好

图31 不同性别网络视频类型选择偏好

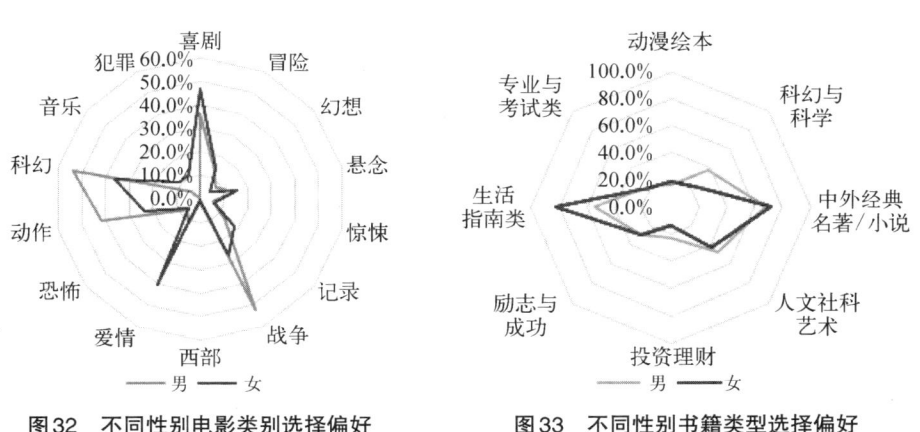

图32 不同性别电影类别选择偏好

图33 不同性别书籍类型选择偏好

至于节庆日的文化供给品,在满意程度为非常满意的层面上,男性对各个节庆日的文化供给品均低于女性。如果把"非常满意"和"比较满意"合并为"满意"的话,女性对会展类节庆日、现代节假日和上海地方民俗节庆日文化供给品的满意程度高于男性,而对西方节假日和中国传统佳节文化供给品的满意程度,男性和女性大致相同(详见图34)。可见,男性和女性在文化消费的选择上各有千秋。

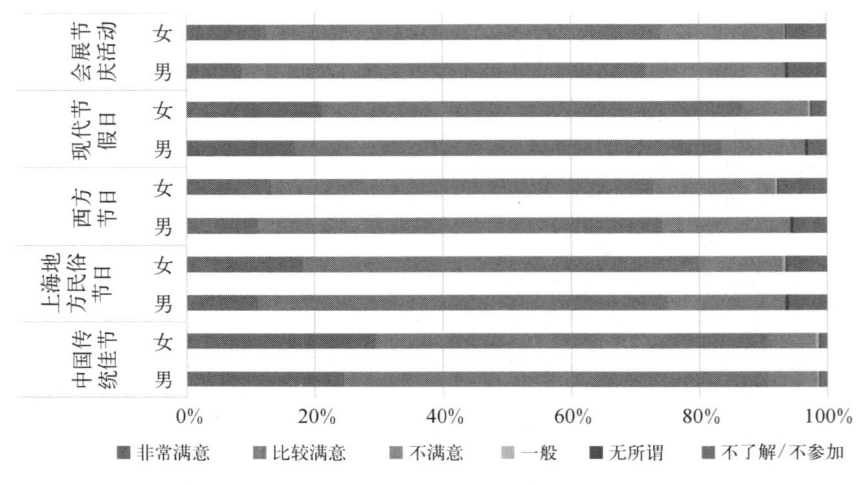

图34 不同性别对节庆日文化供给品的满意程度

(三)不同婚姻状况的市民文化消费支出不同

本次调查发现,婚姻状态影响着市民文化消费行为的选择。未婚状态的市民会经常去图书馆、电影院、体育馆、游戏厅、书店等场所,已婚市民更愿意选择去博物馆、居委会、公园、棋牌室、书店等场所,而离异或丧偶状态的市民则是选择去博物馆、文化馆、居委会、公园、棋牌室、书店等文化场所(详见图35)。

对于经常发生的文化消费行为,未婚市民相对于已婚或离异丧偶的市民来说,前者更多的通过网络付费观看体育比赛、去现场观看大型体育赛事、收藏艺术品、到现场观看电子竞技、通过网络付费观看影视以及网上买书等行为,而已婚的市民更倾向于发生去高档餐厅吃饭、去实体书店买书等行为,离异或丧偶的市民或是由于年龄或经济方面的原因,各种方式的文化消费行为

文化消费差异化

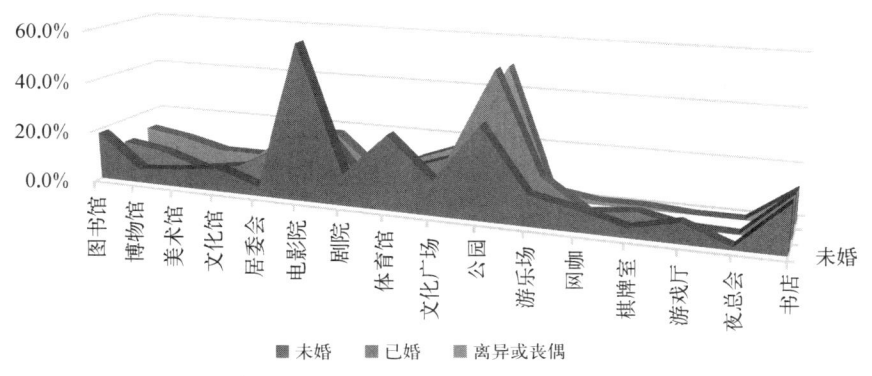

图35 不同婚姻状态经常去的文化场所

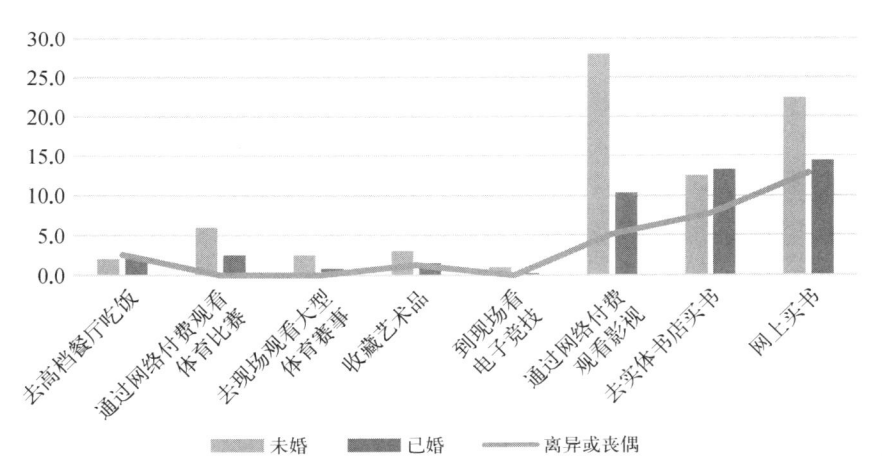

图36 不同婚姻状况的市民文化消费行为的差异

的发生频率均低于未婚或已婚的市民（详见图36）。

无论任何婚姻状态的市民在节假日的主要消费形式主要是旅游休闲、逛街购物、看电影、看电视以及打游戏。不同的是，未婚的市民更愿意旅游休闲、逛街购物、看电影以及打游戏等较多可能需要支付费用的消费行为，而已婚或离异丧偶的市民则是选择旅游休闲、逛街购物等产生费用的消费行为外，日常休闲活动则选择在家看电视这一无需外出或花费的消费行为，特别对于是离异或丧偶的市民尤其（详见图37）。

上海文化消费调查：方法、数据和应用

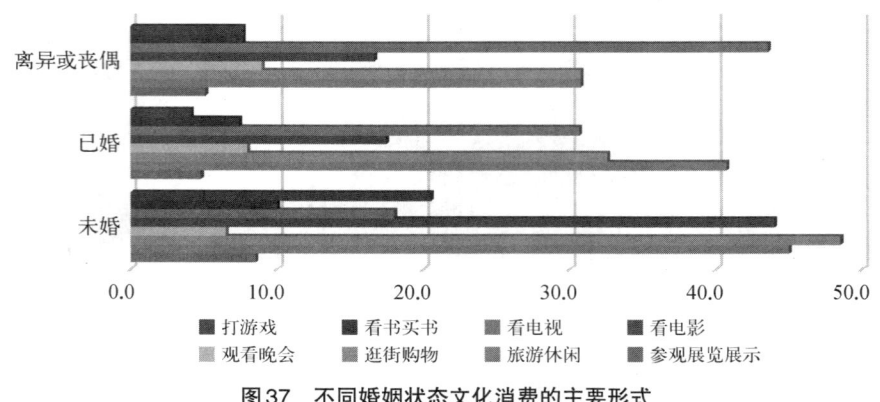

```
离异或丧偶 ├──────────────────────
已婚       ├──────────────────────
未婚       ├──────────────────────
         0.0    10.0    20.0    30.0    40.0    50.0
    ■ 打游戏      ■ 看书买书    ■ 看电视      ■ 看电影
    ■ 观看晚会    ■ 逛街购物    ■ 旅游休闲    ■ 参观展览展示
```

图37　不同婚姻状态文化消费的主要形式

在文化消费支出方面，未婚的市民和已婚的市民总支出大致相当。且远高于离异或丧偶的市民。在未婚市民的文化消费支出中，支出最高的是国内外旅游和外出就餐支出，在已婚和离异丧偶的市民的文化消费支出中，支出最高的是国内外旅游和教育支出（详见表12）。可见无论任何婚姻状况的市民在旅游消费上的支出都是较大的比重，且未婚的市民具有更大的文化消费潜力和文化消费意愿。

表12　婚姻状况年文化消费支出均值交叉表（%）

文化消费支出	未　婚	已　婚	离异或丧偶
外出就餐支出	12 086	8 723	4 648
教育支出	8 676	13 914	8 764
文化娱乐支出	3 353	2 136	1 166
体育健身支出	1 807	1 379	476
国内外旅游支出	15 174	14 055	7 324
总支出	43 674	42 588	22 894

（四）不同户籍市民的文化消费行为差异较大

上海作为我国经济中心，特有的海派文化吸引着国内外的人们来沪工作、居住和生活，上海本地非流动人口和非本地流动人口在文化消费方面上也有着各自的特点。在文化消费行为选择偏好上，不同于上海本地非流动人口，外地流动人口在高档餐厅吃饭、到现场观看大型体育赛事、到现场观看电子竞技、通过网络付费观看影视以及网上买书等文化消费行为的发生频率更高，而上海本地非流动人口在通过网络付费观看体育比赛、收藏艺术品以及去实体书店买书等文化消费行为发生频率更高（详见图38）。

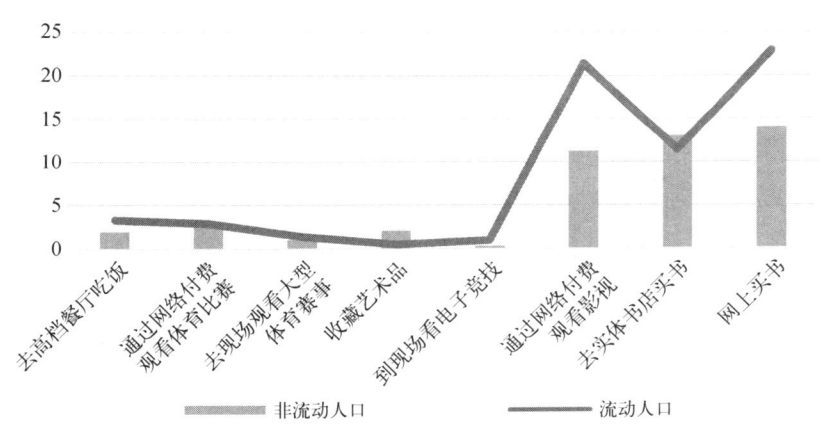

图38 不同户籍经常发生的文化消费行为

在选择经常去的文化场所中，外省市流动人口更青睐选择美术馆、游乐场、电影院、网咖、游戏厅以及夜总会等场所，上海本地非流动人口则是选择图书馆、博物馆、文化馆、居委会、体育馆等场所，而对于剧院、文化广场、公园等文化场所，流动人口和非流动人口的选择程度大致相同（详见图39）。此外，对于上海市节庆日文化供给品的满意程度而言，在满意程度为非常满意的层面上，除现代节假日外，上海本地非流动人口对各个节庆日的文化供给品均高于外地流动人口。如果把"非常满意"和"比较满意"合并为"满意"的话，除了对西方节日的文化供给品外，流动人口的满意程度高于非流动人口外，在其余节假日文化供给品的满意程度上，流动人口和非流动人口的满意程度大致相同（详见图40）。

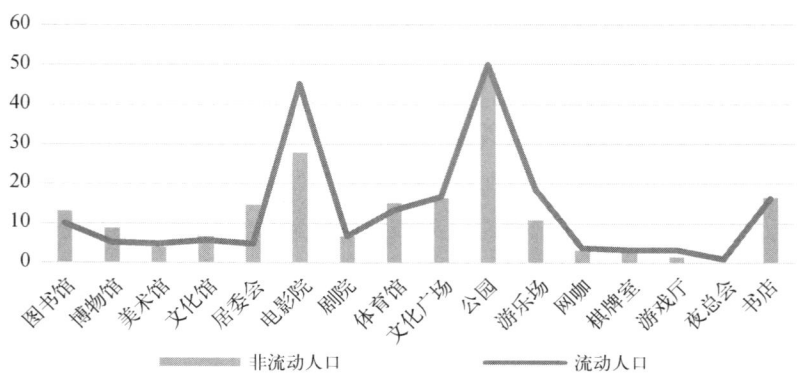

图39　不同户籍经常去的文化场所

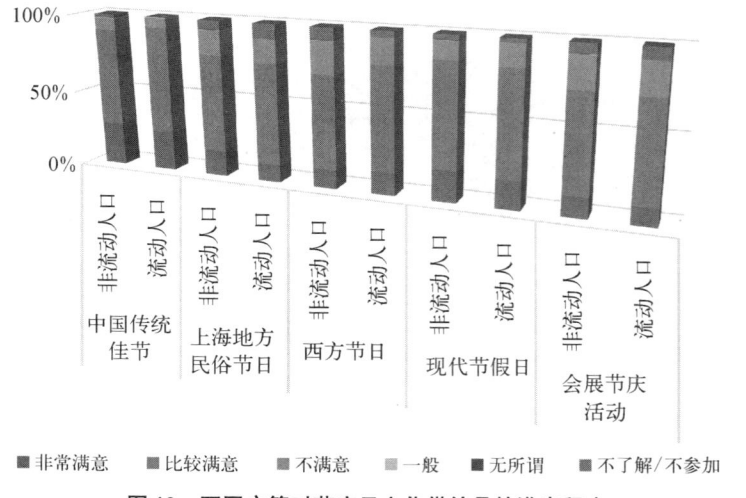

图40　不同户籍对节庆日文化供给品的满意程度

（五）收入水平影响市民的文化消费结构

居民的收入水平，特别是居民的可支配收入水平，直接影响了居民的文化消费能力。具体而言，居民的收入水平越高，文化消费的能力也就越大。只有人们的收入达到一定水平，满足基本的生活保障以后，才有可能考虑文化消费。从图41可以看出，以经济收入的视角分析文化消费时可以发现，去高档餐厅吃饭、通过网络付费观看影视和比赛以及到现场观看电子竞技和观看体育赛事等较高层次较高成本的文化消费活动中，市民收入和文化消费几乎呈正相关关系，也就是说，随着收入的增加，更有可能进行高层次和高成本的文化消费，同时高收入者的文化消费架构也更加多元化。这一结论也可以从图42中得出，随着收入的增加，市民更多的参加美术馆、文化馆、剧院、游乐场等可能存在高成本文化消费的场馆。由此可见，收入水平能够推动文化消

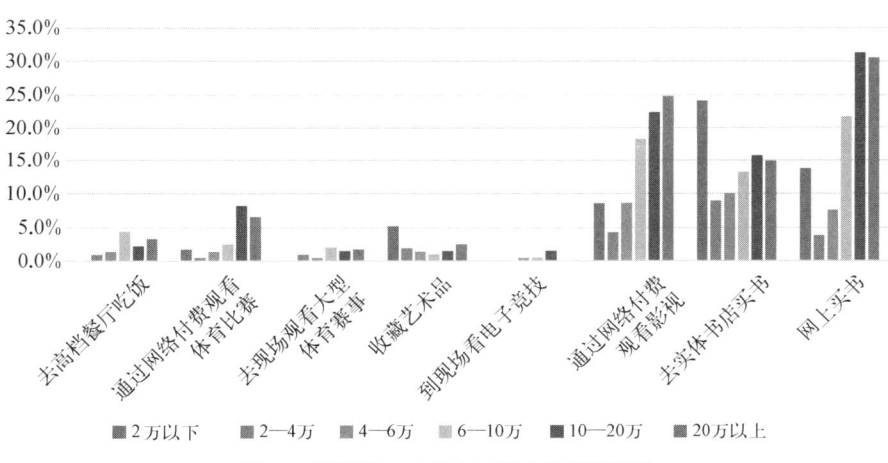

图41 不同收入水平市民的文化消费行为

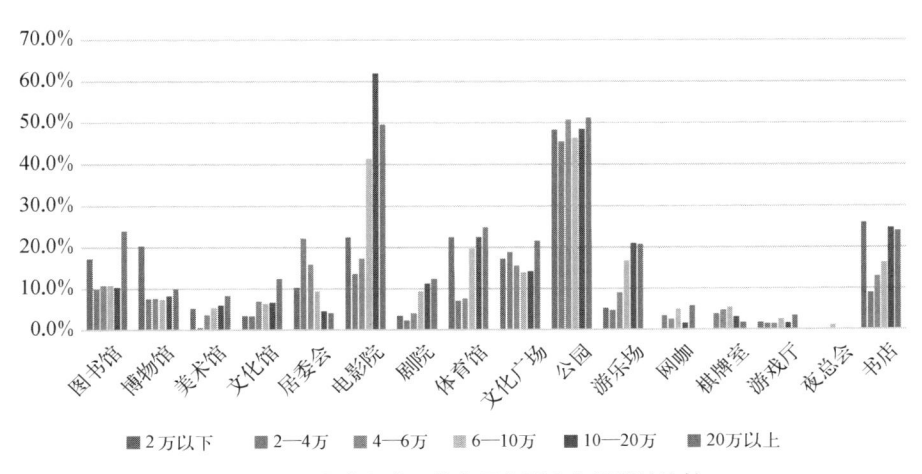

图42 不同收入水平的市民光顾文化场所的比较

费的发展,高收入的市民具有更高的文化消费能力。

(六)不同教育程度市民的文化消费存在差异化

将市民教育程度分为"小学及以下""初中""高中/中专/技校""大专""本科"和"研究生"6种教育程度,分别和市民选择经常去的文化场所差异性进行比较,可以发现教育程度对"图书馆""博物馆""美术馆""文化馆""剧院"和"书店"等较高层次的文化艺术类文化场所大致呈现出一种正相关关系。换言之,教育程度越高,市民就越倾向于选择经常去文化艺术类场所。而对于"居委会"组织的活动,则持呈现出一种反向相关的关系,此外,受教育程度对"文化广场""公园"和"棋牌室"等休闲娱乐类文化场所选择差异并没有太大影响(详见图43)。

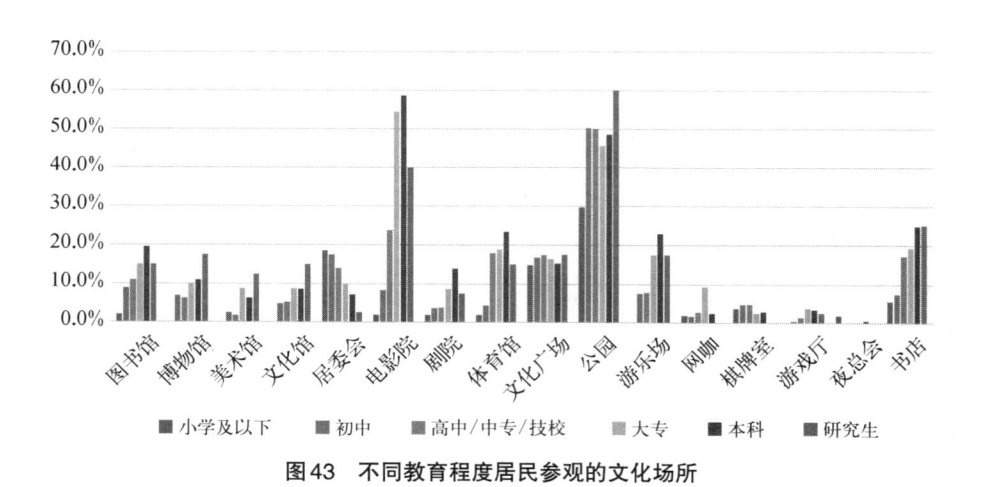

图43 不同教育程度居民参观的文化场所

上述结果说明,教育程度所造成的文化产品消费差异主要是文化产品的类型上的差异,如教育程度高的群体更偏爱去艺术类场所而非游戏厅等娱乐场所。在某种角度上可以认为,教育程度与文化活动的消费也呈现出正相关关系,且该关系随着文化活动消费层次提升而表现得更为显著,也即教育程度对高端的文化活动消费有正向的影响。

（七）中产阶层文化消费特点

在整个全球化的背景下，飞速发展的当代中国社会正处于前所未有的巨大变革和转型发展时期，政治、经济和文化等社会各个领域都在转型，产业结构和社会结构也相应发生变化，新的社会格局慢慢形成。在这一过程中，促进社会经济文化发展，维持社会稳定作用的中产阶层开始逐渐发展壮大，并日益成为人们讨论和研究的热点。可以说，中产阶层的发展对整个国家社会的发展有着重要的现实意义。基于此，本研究通过对比中产阶层和非中产阶层的文化消费状况，以探究上海市中产阶层的整体文化消费特征。

对于中产阶层的界定，本研究采用受访者主观认定和可观收入界定，分别划分出主观中产阶层和客观收入中产阶层。在受访者主观认定的中产阶层中，使用主观认定中产阶层和非中产阶层，分别与主观文化消费品位类进行交叉分析。结果显示，在有关影视艺术品位文化消费中，主观中产阶层与主观非中产阶层存在差异。其中，在电视节目选择上，主观中产阶层在新闻类、财经类和体育类节目的选择高于主观非中产阶层，其他节目的选择和主观非中产阶层大致相同（详见图44）；在电影节目的选择上，主观中产阶层相较于主观非中产阶层更偏好于喜剧类、纪录类、悬念类和冒险类电影（详见图45）；对比主观非中产阶层，主观中产阶层在选择去现场听音乐的类型上面，比主观非中产阶层更喜欢古典、流行、爵士和轻音乐（详见图46）；而在艺术品收藏方面，除雕塑雕刻艺术品外，主观中产阶层对其余艺术品种类的青睐均远高于主观非中产阶层（详见图47）。

在日常文化消费品位方面，主观中产阶层和非主管中产阶层同样存在差异。在日常穿衣风格方面，主管中产阶层更倾向于选择时尚、舒适，并且偏好一定的品牌，能够彰显独特的品位，而主管非中产阶层则是更喜欢便宜实惠、耐穿实用的穿衣风格（详见图48）；外出就餐时，主观中产阶层会偏好根据食物口味、商家品牌、装修风格和服务水平选择就餐地点，而主管非中产阶层则

上海文化消费调查：方法、数据和应用

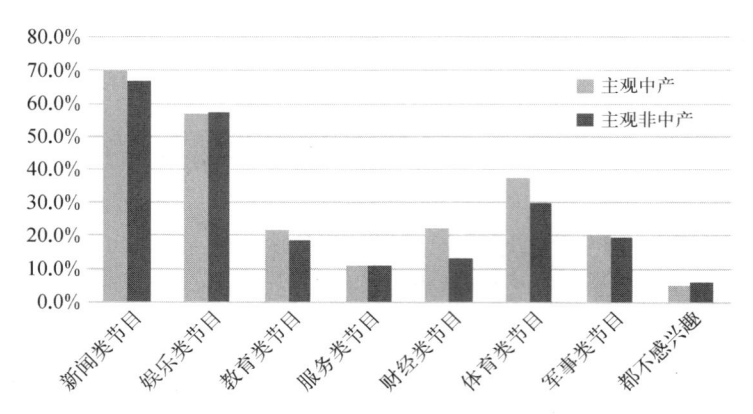

图44 不同阶层对电视节目的选择偏好

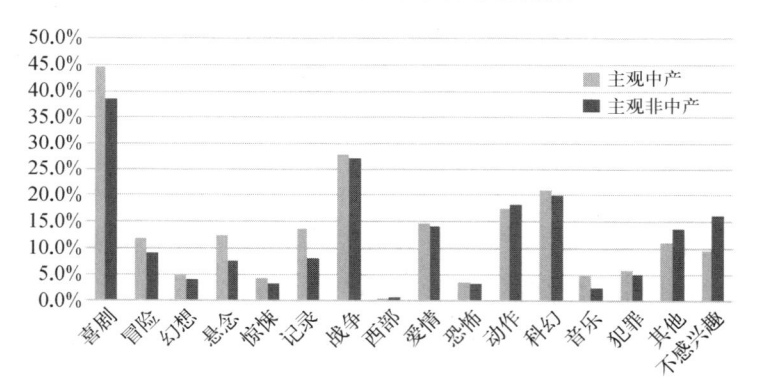

图45 不同阶层对电影类型的选择偏好

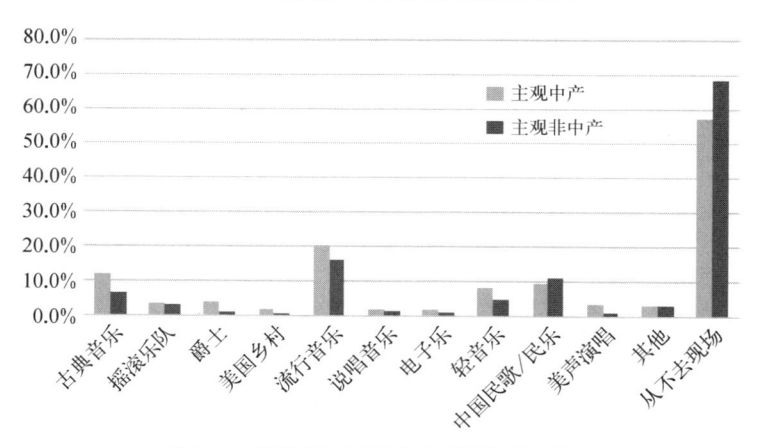

图46 不同阶层对现场音乐类型的选择偏好

文化消费差异化

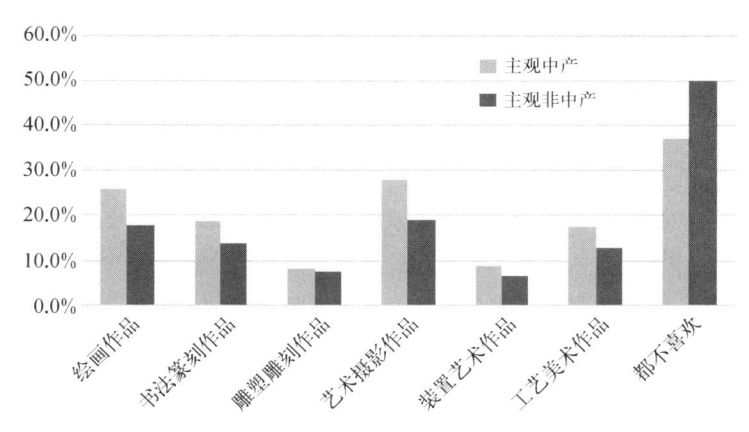

图47 不同阶层对艺术品收藏的选择偏好

是更多根据性价比和交通是否便利选择就餐地点（详见图49）；对于书本类型的选择，主观中产阶层对于电子书和纸质书的选择均高于主管非中产阶层（详见图50）；而在选择旅游地点时，主观中产阶层更关注旅游地的自然风光和文化底蕴，主管非中产阶层则关注的是旅游经费的开支（详见图51）。

在客观收入界定的收入中产阶层和收入非中产阶层的对比中，采用和客观价格类文化消费品进行交叉分析。结果显示，在经常性发生的文化消费行为中，收入非中产阶层行为发生频率均低于收入中产阶层，而从不发生的频

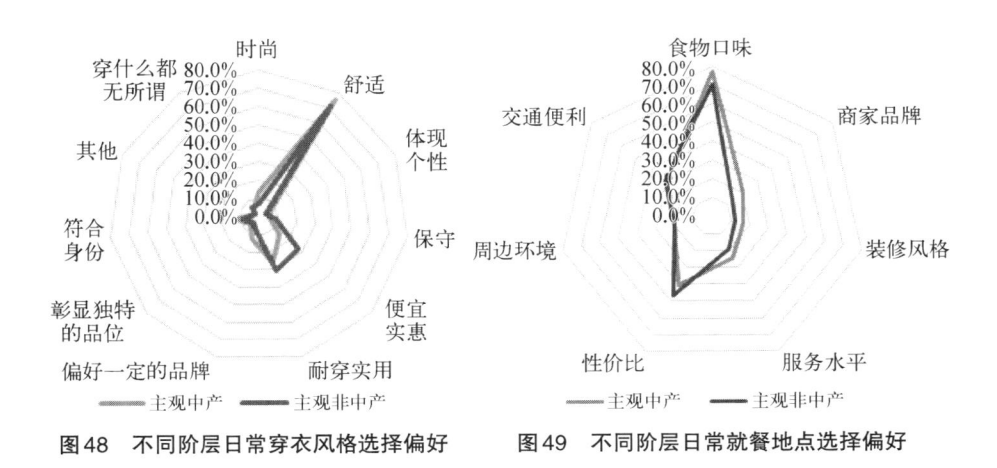

图48 不同阶层日常穿衣风格选择偏好　　图49 不同阶层日常就餐地点选择偏好

043

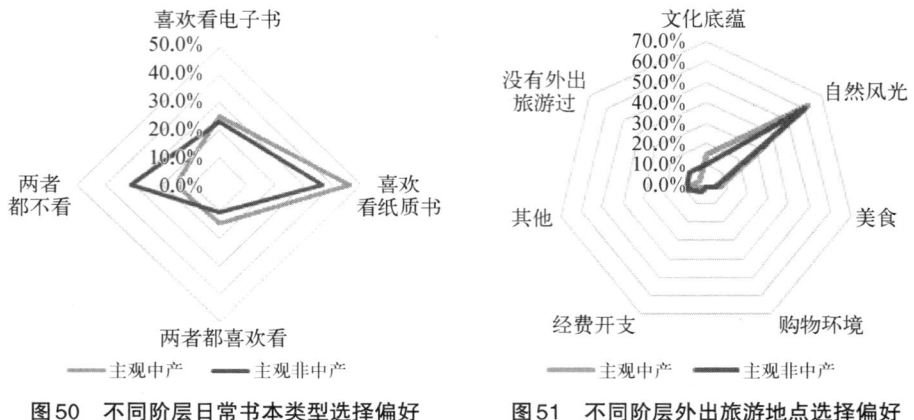

图50　不同阶层日常书本类型选择偏好　　图51　不同阶层外出旅游地点选择偏好

率则均高于收入中产阶层(详见表13)。

表13　不同阶层市民文化消费行为发生频次表(%)

文化消费	收入非中产阶层			收入中产阶层		
	经常	偶尔	从不	经常	偶尔	从不
去高档餐厅吃饭	1.5	46.6	51.9	4.0	71.6	24.5
通过网络付费观看体育比赛	1.4	7.3	91.3	6.1	18.3	75.5
去现场观看大型体育赛事	0.9	10.7	88.4	1.8	28.1	70.1
收藏艺术品	1.8	10.5	87.7	1.8	13.3	84.9
到现场看电子竞技	0.2	3.8	96.0	1.1	7.9	91.0
通过网络付费观看影视	8.4	16.5	75.2	23.0	29.9	47.1
去实体书店买书	11.1	39.4	49.5	16.5	61.2	22.3
网上买书	8.8	23.0	68.2	29.9	48.6	21.6

　　在运动项目的选择上,除去散步和广场舞外,收入中产阶层在其余项目上的选择均高于收入非中产阶层(详见图52);在旅游观光的国家数量上,收入中产阶层远高于收入非中产阶层(详见图53);在港澳台旅游次数方面,收入中产阶层同样远高于收入非中产阶层(详见图54);在单一文化产品可接受范围方面,收入非中产阶层倾向于100元以内,而收入中产阶层则更能接受高于100元的价格(详见图55)。

文化消费差异化

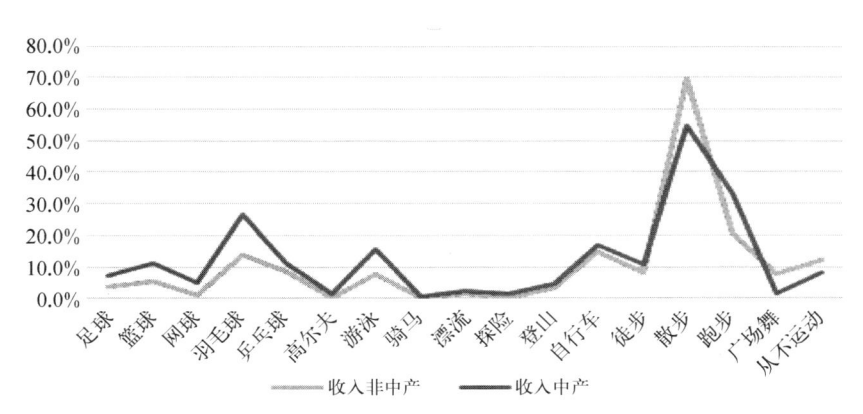

图52 不同阶层运动项目选择偏好

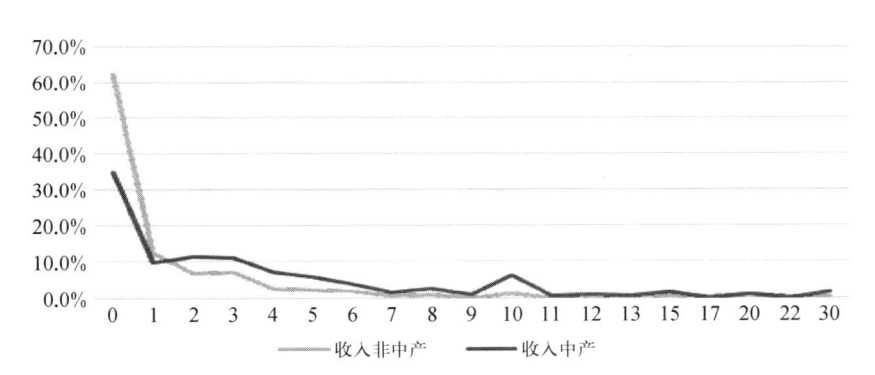

图53 不同阶层旅游过国家的次数

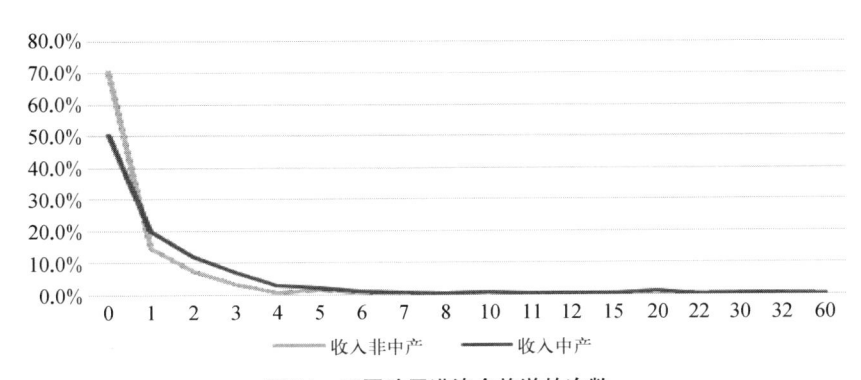

图54 不同阶层港澳台旅游的次数

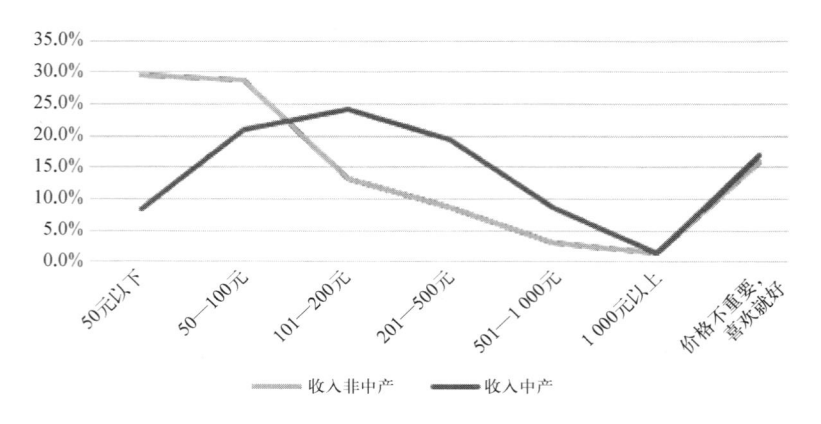

图55 不同阶层对文化产品价格接受范围

此外,在自费参加培训类文化消费方面,收入中产阶层在各种培训班的参加情况上均高于收入非中产阶层(详见图56);同样为自费为孩子报名的培训班也是相同的情况(详见图57);在定义奢侈品衣服的价位时,收入非中产阶层在可接受范围为500元内高于收入中产阶层,500元以外则远低于收入中产阶层(详见图58);在此价格定义之下,收入非中产阶层购买奢侈品的频率相对集中在几年买一件或者从不购买,而收入中产阶层则是较为频繁的购买(详见图59)。

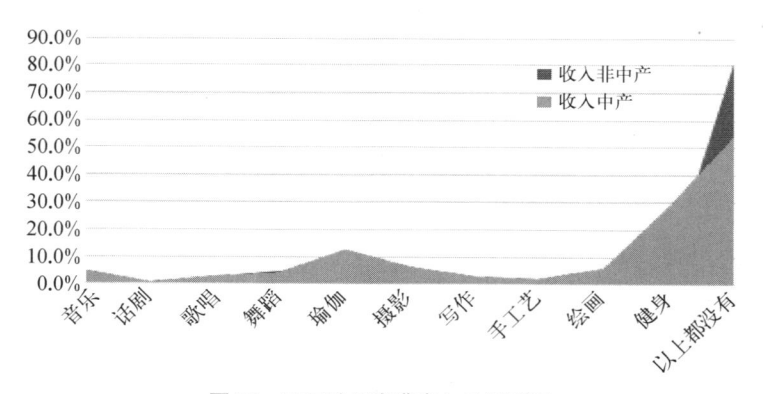

图56 不同阶层自费参加培训情况

综上可见,中产阶层和非中产阶层在文化消费方面各有千秋。中产阶层文化消费能力更高,对价格的接受度也高于非中产阶层,在消费时更在意的是彰显自己的消费品为而非是消费品的价格。

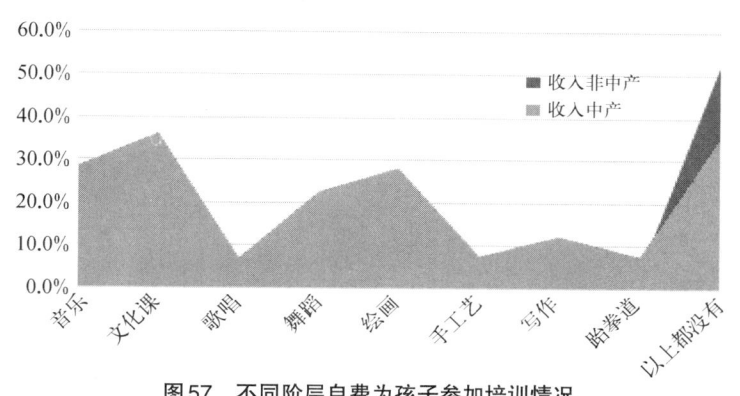

图57 不同阶层自费为孩子参加培训情况

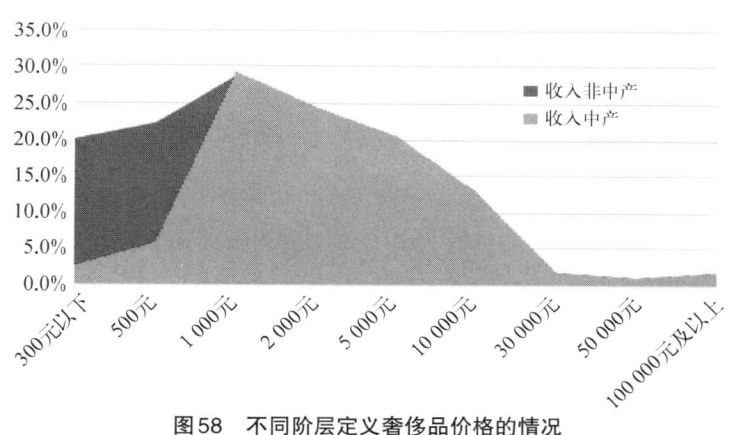

图58 不同阶层定义奢侈品价格的情况

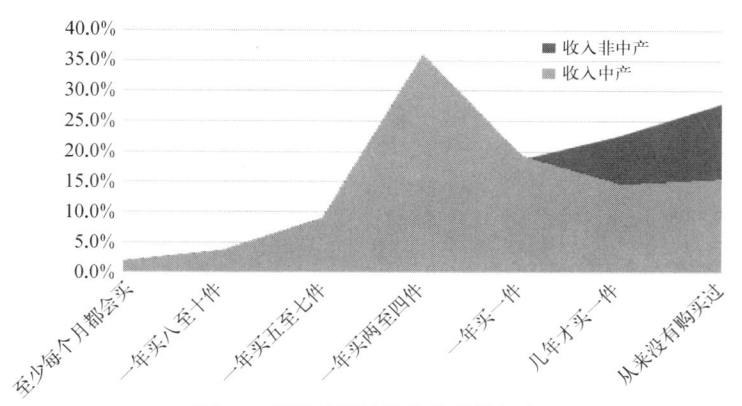

图59 不同阶层够没奢侈品的频率

五
结论

本研究发现,第一,总体而言,上海市居民文化消费结构单一,主要停留在普通层次的文化消费活动上。普通层次的文化消费多指居民日常生活中传统的文化消费活动,诸如看电视、听广播、看书等学习类同时还包括上网、看电影、逛公园、健身、画画等;而较高层次的文化消费则是观看文艺演出、去现场听演唱会、参观展览、观看或参与漫展活动等等;对于文化场馆和文化消费行为的选择以经济适用型为主。

第二,休闲运动项目的选择以简便易行、花费较低的项目为主,较少选择高支出的文化消费运动;虽然近年来上海市民的收入水平特别是可支配收入在稳步提升,但市民对于单一文化产品的价格接受程度仍然较低,且文化产品和文化消费活动的价格定位直接决定了市民的文化消费支出;市民网络文化消费形式同样也伴随着社会的发展而越来越丰富,但网络付费类型、消费形式仍然比较单一;市民旅游需求旺盛,旅游消费支出占比较高;同时,由于政府、社会等诸多方面的因素,市民文化消费结构中对教育消费的支出较为庞大;此外,对于上海市现有的节假日来说,市民对文化市场消费品供给满意程度的评价较高,但部分市民仍然对文化消费品的供给存在不满意、不了解情况。

第三,就文化消费的差异化而言,不同年龄层的文化消费结构与意愿差异性较大,青年人的文化消费需求更为旺盛,文化消费行为更为多元化,实际发生的文化消费支出也最高;不同性别的市民文化消费情况具有不同的特征;未婚的市民具有更大文化消费支出潜力和文化消费意愿;收入水平和受教育程度对市民文化消费的结构和行为选择影响较大;相对于非中产阶层,中产阶层的市民具有更高的文化消费能力和品位。同时,本研究还调查了对于文化市场产品供给的市民满意程度和市民的文化消费观念。结果表明,多数市民对文化市场的产品表示满意,且认为文化消费应该与自身能力保持一致。

第四,针对调查结果,本研究提出相应对策建议,(一)大力发展文化产业,丰富文化市场,为市民提供更为丰富的多元化的文化产品,以满足不同阶层、不同年龄、不同性别、不同收入水平的市民的差异需要;(二)控制文化产品价格,特别是满足市民基本文化需求的文化产品的价格;(三)引导市民树立正确的文化价值观念和文化消费理念,以文化消费促进市民文化素质的提高;(四)转变人们的子女教育理念,整顿与青少年素质教育无关的社会培训机构,将市民的文化消费真正转变到丰富市民精神生活、打造国际文化大都市的轨道上来;(五)提高居民可支配收入水平,提升市民文化消费的支付能力。

黄浦江两岸滨江公共空间及上海全市文化消费设施空间分布数据

一、概　　述

(一) 背景

上海依水而生,因水而兴。黄浦江是上海的母亲河,"水"天然地是上海城市发展与变迁的重要影响因素之一。2017年底,作为黄浦江的核心区段,浦江两岸杨浦大桥至徐浦大桥之间45千米、500多公顷的滨江岸线初步实现了全面贯通,形成了连贯的滨水空间。2018年1月公布的《上海市城市总体规划(2017—2035)》("上海2035"),则明确提出"创新、协调、绿色、开放、共享"的总体理念,提出"促进黄浦江、苏州河沿线用地转型,打通滨江、滨河公共空间通道,彰显世界级滨水区品质和活力"的空间发展策略。黄浦江滨江空间由是开始建立。但是浦江两岸滨水空间的理念规制,需要在实践中落地才能真正获得明确的内涵。由于按区分

黄浦江两岸滨江公共空间及上海全市文化消费设施空间分布数据

段建设,规划、设计、建设单位多种多样,有些地区还反复回炉重造,使浦江两岸滨水空间在形式上的贯通和统一之下,需要对其实际具有和应当具有的内涵的复杂性加以剖析。由此,我们的目光就不能仅仅局限在滨江空间之内,而应将它放置在上海全市的文化消费基本空间格局中加以审视。

在目前滨江空间的功能和利用方式中起主导作用的是在地的直接接触,它在根本上固然离不开"资源利用"这样一种直接的人对自然的加工和对自然所提供之物的消费;但即便是在这一层面上,也同样可以引导出文化的意义。例如,合理安排的慢交通系统,能够为自行车和行人创设和谐共处的通道,推广健康的生活方式;在通道上运动或休闲着的人本身就构成一道景观,它赋予原本匀质的空间以多重的节奏感。滨水空间现有的通道功能可以继续保留,融合到整个城市交通网络共享慢行系统中,成为它的一个区段,使之既发挥交通功能,也具有景观价值。而且,这种"有所为,有所不为"同样也体现在滨江空间自然资源的修复中。滨水空间对于人们的吸引力更多来自水,后期建筑的人工景观。在直观感受上,黄浦江两岸景观呈现出良好的"生态性"。浦东滨江世博公园、后滩公园、杨浦滨江,绿化带、花草植被和水泥地与工业设施相映衬。

而经过多年建设,黄浦江滨江区域这一公共空间,已初步实现了"慢行休闲网络"和"城市绿道"的功能,跑步道、漫步道、骑行道并行建设,体现出"贯通"的应有之意。而为使空间的功能进一步向着复合化的趋势发展,空间自身应具有尽可能高的包容性,同时也就意味着较低的结构性。事实上,如果我们把各种隔断视为空间结构化的方式,那么"贯通"实际上就是一场去结构化的"解构"行为,以貌似无序的方式为多重目标受众提供"共享"的机会,从规制的角度来说,它需要以疏导多于阻遏,从而激发空间活力。而这一切愿景及可能的相关措施着力的起点,无疑也在于对滨江空间的文化消费相关设施空间分布情况,及其全市范围内文化消费设施的基本面加以准确把握。

（二）数据来源和方法

为更好了解上海滨江空间建设及其周边配套设施布局，从而助力相关实际问题的解决，课题组成员在实地走访了各个滨江空间区块，对滨江设施建设的景观、绿化、设施及人群使用情况作了现场调研之外，还运用技术手段，进行了数据抓取和定量分析。我们结合运用卫星图像和地图软件的位置服务数据，加上人工对滨江步道、附近居民区边界线加以标注，通过Python语言和多种地理信息处理程序包，编写脚本进行定量统计和分析，最后使用MapBox制图。

具体在位置服务数据部分，我们对高德地图的19.4万条相关位置服务数据进行了聚类分析，并制成一组上海文化消费设施分布地图，和滨江空间周边文化、商业设施分布图。数据截止日期为2018年9月21日，位置服务信息包括文化、体育、购物、生活服务、餐饮、旅游景点共5大类的点位信息。艺术场馆方面，我们以artlinkart.com公开的场馆和活动数量进行统计，综合上海艺术活动总数为4 548条，数据范围为2010—2017年全年。

（三）数据分析

将滨江空间的上述情况放置在上海市总体的情况之下并进行比较，我们不难发现这样一些基本事实。上海的博物馆、展览馆（含美术馆、城市规划展示馆、各类艺术空间和带有展览空间的画廊等场所）基本都集中于中心城区之内，在此情况下，贯穿整个中心城区东侧的45千米滨江空间中，上述展览馆的数量、密度和活动场次数上都相形见绌。虽然有像上海当代艺术博物馆（PSA）这样重量级的公立美术馆，在其场馆内开展的上海双年展是中国大陆艺术双年展中历史最为悠久的之一，且已经彰显出城市品牌效应和特色，但仅凭其一家之力，尚难以带动整个滨江空间的艺术品质和气息。而在各级各类公共文化场馆方面，滨江空间因其动迁了绝大多数的居民，从而与这些公共服务设施距离也都较远。文化消费场所还包括最典型的书店和咖啡馆。

黄浦江两岸滨江公共空间及上海全市文化消费设施空间分布数据

在这两方面,滨江空间的分布更少。滨江空间周边1 000米范围内几乎没有书店,同范围内咖啡馆密度甚至低于全市的平均水平。而在购物中心中的文化消费方面,滨江空间的确已经建设了一批购物中心,但这些购物中心从内部的业态分布来说仍然偏重于通常的物质性消费,服务性的特别是文化相关领域的消费场所存在缺失。因而我们可以说,45千米滨江空间内的文化消费场所,无论是直接的消费还是通过政府购买服务等形式开展的间接消费,其基本条件还都不十分成熟。

具体来说,我们特别考察了艺术场馆、展示馆和艺术产业、书店等文化消费场所和文化设施的分布情况。滨江空间周边共有14家博物馆、31家美术馆。艺术馆方面。2010年到2017年,共有超过350场艺术展览、活动在滨江周边举办。这其中尤其以上海当代艺术博物馆、中华艺术宫和民生现代美术馆、上海外滩美术馆为主力,上述场馆共举办180场艺术展览。在徐汇西岸,余德耀美术馆与多个画廊联动,并与西岸艺术中心相呼应,构成了滨水空间南部的艺术片区。中段,外滩美术馆及周边画廊连点成面,并与拍卖行等艺术流通部门毗邻,显示出一定的集聚效应。但在虹口与杨浦段,艺术场馆明显缺位。

而其中,自2010年以来,徐汇滨江共举办了80余场艺术展览和活动,是同时间段内当前滨江空间周边最多的,表明该地块已经积累了较好的文化活动基础。不难看到,在滨江区域主要是徐汇滨江周边1 000米范围内的2家美术馆、3家画廊占据主导地位,而浦东的中华艺术宫、民生现代艺术馆有较强的吸引力。但是,当我们将滨江区域的艺术空间放置到上海市艺术场馆的总体版图中,不难发现,相较于产业集中的M50园区,或是相较于人民广场文化中心,滨江周边艺术场馆和相关产业活跃度并不高。而就上海市的整体情况而言,上海在艺术展览的国际化程度上仍占有优势,比北京高出5个百分点。在艺术展览活动数量下降、泡沫渐散的背景下,上海展览数量持续平稳,略超北京。展期方面,2017年上海平均展期为27.2天,短于北京的40.9天,表明场馆的高效运转和快速更新。

而从美术馆放大到文化场所方面,我们发现具有一定公共性质的文化场所(博物馆、文化馆、图书馆、展览馆等)在滨江周边较为零散,而特别集中于市中心腹地。在上海当代艺术博物馆附近,若干展览馆和街道文化活动场所连接成片,显示出黄浦滨江初步具备了承载文化功能的硬件条件。但其他区块文化场所分散、稀少,表明滨江文化功能承载能力还有很大的提升空间。并且在总体上,浦东的滨水空间文化设施不足,特别是临近地标建筑的滨江大道附近。新建设的沿江驿站主要用作图书阅览空间,并配有上海旅游的一些宣传册发放。而咖啡馆、书店等文化消费场所明显不足。黄浦滨江附近有咖啡馆,但利用情况并不理想。建议未来更多地加强文化设施的建设。

此外,在文化类场馆中,占绝大多数的实际上是各类业余体育培训机构、亲子教育机构和文化传播公司的活动场所。这些场所基本都不是为公众开放的非营利性机构。滨江周边区域内书店的分布也仍很不够。除了个别如建投书局这样名义上的书店,滨江空间的文化消费气息和场所都还有所不足。同咖啡馆在滨江区域的缺席相对应,文化消费与其他各类消费相复合的业态尚未形成,典型的"书店+咖啡厅"模式几乎没有在滨江区域出现。

数据还反映出,滨江空间的自然资源得到了较好的修复,其周边的交通硬件设施也已日臻完善。在步行可达性方面,滨江步道与黄浦江的平均距离浦东、浦西差距不大,浦东为49米,浦西为44米。但是在滨江步道与居民聚集区边界的平均距离方面,浦东为715米,浦西为322米,显示出较大差异。共有32个地铁站靠近滨江步道(距离在1 000米以内),最近的是龙耀路地铁站(13米)。

在商业设施方面,目前,滨江区域两岸均存在较多的购物中心设施,但是相关设施的辐射区域、人口密度和服务对象存在一定差异。西岸的购物中心大多位于商业密集地带,流动人口密度较大,综合性购物商场较多,销售商品涵盖低、中、高多个消费层次。东岸购物中心大多依托于居民区建立,居住

黄浦江两岸滨江公共空间及上海全市文化消费设施空间分布数据

人口密集程度较高、流动人口相对较少,购物商场多以服务于居民生活为主。滨江周边设施主要以服装店、专营店和大型市场为主。商业设施与滨江步道的平均距离基本大于滨江步道到居民聚集区边界的距离,表明这些商业设施更多服务于周边居民和滨江之外地区活动的人群。其中,滨江空间周边1 000米范围内综合购物中心共有87家,平均距离为474米。其中距离最近的为益丰·外滩源32米。完整的购物中心名单如下:

1) 益丰·外滩源
2) 上海梦中心(建设中)
3) 瑞虹坊
4) 皕灵楼
5) 豫园商城
6) 悦宾楼
7) 福佑商厦(福佑路店)
8) 福民商厦
9) 上海建发浦悦荟广场
10) 中海环宇荟
11) 上港邮轮城
12) 同济联合广场
13) 北外滩中心商场
14) 上海世博展览馆购物中心
15) 东阔生活广场
16) 外滩18号
17) 正大广场
18) 上海梅赛德斯奔驰文化中心(上海世博文化中心)
19) 陆家嘴滨江金融城—尚悦湾
20) 中原城市广场3座
21) 上海国金中心商场
22) 世博源1区
23) 福都商厦
24) 湖滨道
25) 惠罗商厦
26) 金茂时尚生活中心
27) 悦园商厦
28) 紫锦城百货
29) 首家商城
30) 半岛精品廊
31) 黄浦绿地缤纷城
32) 城隍庙第一购物中心(丽水路)
33) 旭辉Mall
34) 豫园鄂尔多斯广场
35) 上海城隍庙广场
36) 福源商厦(城隍庙店)
37) 上海环球金融中心商场(世纪大道)
38) 福佑门商厦
39) 金豫商厦
40) 汇暻生活广场
41) 上海湾

42）百联世纪购物中心
43）陆家嘴1885广场
44）合生汇
45）世博源
46）凯迪·新都汇
47）宝地广场C座
48）1088广场
49）览海国际广场
50）老介福家纺（福建中路店）
51）新世界大丸百货
52）宝地广场D座
53）中华土特产购物中心
54）金开利广场
55）宏伊国际广场（南京东路）
56）上海陆家嘴中心
57）上海第一八佰伴新世纪商厦
58）华润时代广场
59）新荟中心
60）恒基名人购物中心
61）上海文化商厦
62）百联集团新路达吉买盛（华泾路店）
63）范仕达生活广场
64）悦荟mosaIc
65）721广场（张杨路）
66）新大陆广场南楼
67）万轩有氧生活广场
68）紫荆广场（江浦路）
69）浦东食品城
70）天意婚纱广场
71）圣德娜商厦
72）世世全国土特产购物中心（大连路店）
73）百联临沂购物中心（临沂路店）
74）1933购物中心
75）名扬商场
76）麦·德龙生鲜购物中心
77）中信广场东区
78）上海置地广场
79）七浦兴旺服饰市场
80）保利·时光里
81）中信广场西区
82）正大乐城
83）浦商百货
84）曼克顿广场（海仓宾馆东）
85）易买购生活购物中心（北环路）
86）国洲城商业广场
87）巴黎春天（浦建店）

一个区域内餐饮服务类场所的分布密度往往能够综合反映其营商环境和人流量情况。我们发现，滨江区域内的各种餐饮类场所分布密度较之腹地都明显下降，这具体体现在从滨江空间出发找到最近的餐饮服务点的平均距离在各类餐饮服务距离滨江步道的平均距离普遍在300米以上，这一方面既表明从滨江空间出发就餐的不便；另一方面也可以说它是滨江空间人流量较少的表征。在具体的餐饮服务分类上，我们发现，甜品店、冷饮店、咖啡厅及其他休闲餐饮场所分布均较少，中餐厅以中式快餐（生煎、面食）为主，本地特色、品质质量、休闲元素均不突出。除了外国餐厅占比略大于全市平均之外，总体和平均情况持平，咖啡厅占比甚至低于平均水平。

最后，数据显示，滨江周边的游艇俱乐部等设施基本集中于外滩及对岸周边。2016年的分析报告指出，上海市目前拥有游艇俱乐部共26家，其中在建俱乐部2家，建成投入使用俱乐部24家。游艇俱乐部主要分布在黄浦江、淀山湖、苏州河、长江口及杭州湾等水域。其中分布在黄浦江畔的俱乐部数量14家，拥有泊位数为197，分别占全市总量的58.3%和79.8%，长期停靠的游艇数量不超过100艘。名称和数量如下：①

游艇俱乐部名称	泊 位 数
巴富仕游艇会	26
大都会游艇俱乐部	12
莱悦游艇俱乐部	3
外滩游艇会	3
亚廷游艇会	44
北外滩游艇俱乐部	80
佳豪国际游艇俱乐部	14
希仕会游艇俱乐部	10

截至2018年11月15日，目前上海有213家游艇俱乐部及相关行业的公司存续。其中最近1年内成立的有21家，1—5年的有85家，5—10年的有64家，10—15年有29家，15年以上有14家。34家经营异常。

---

① 丁桂花.上海游艇产业发展现状与思考[J].交通与港航,2016,3(4): 56—59+76.

二、上海文化场馆分布热力图

(一) 各级各类文化场馆

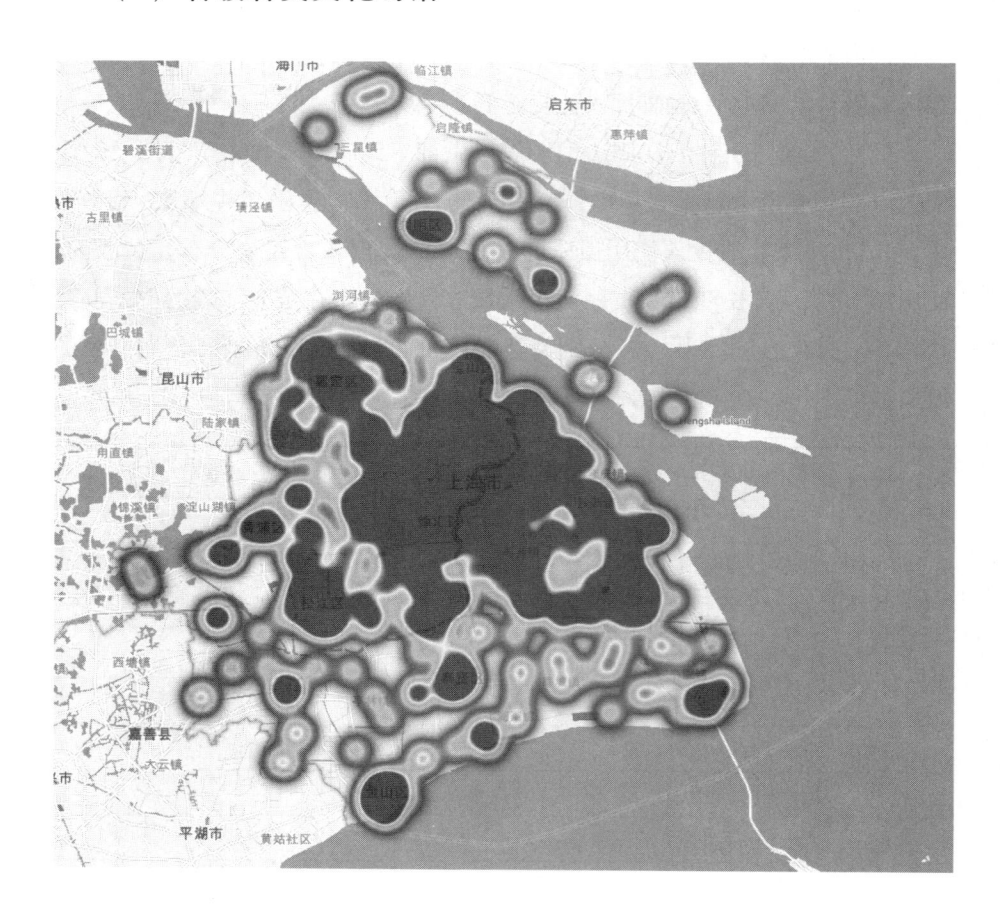

黄浦江两岸滨江公共空间及上海全市文化消费设施空间分布数据

(二) 其中：博物馆、展览馆热力图

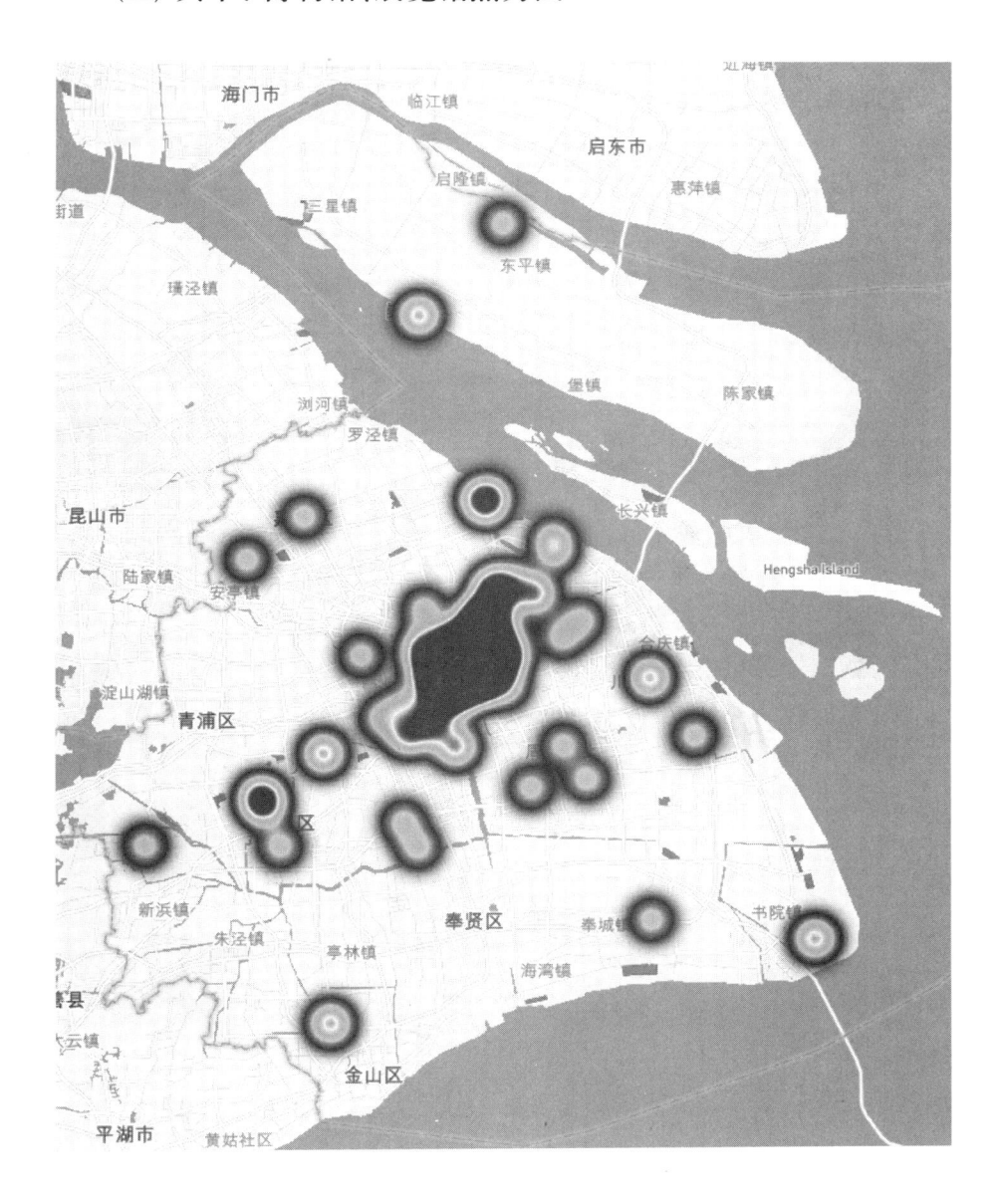

三、上海书店分布点位图

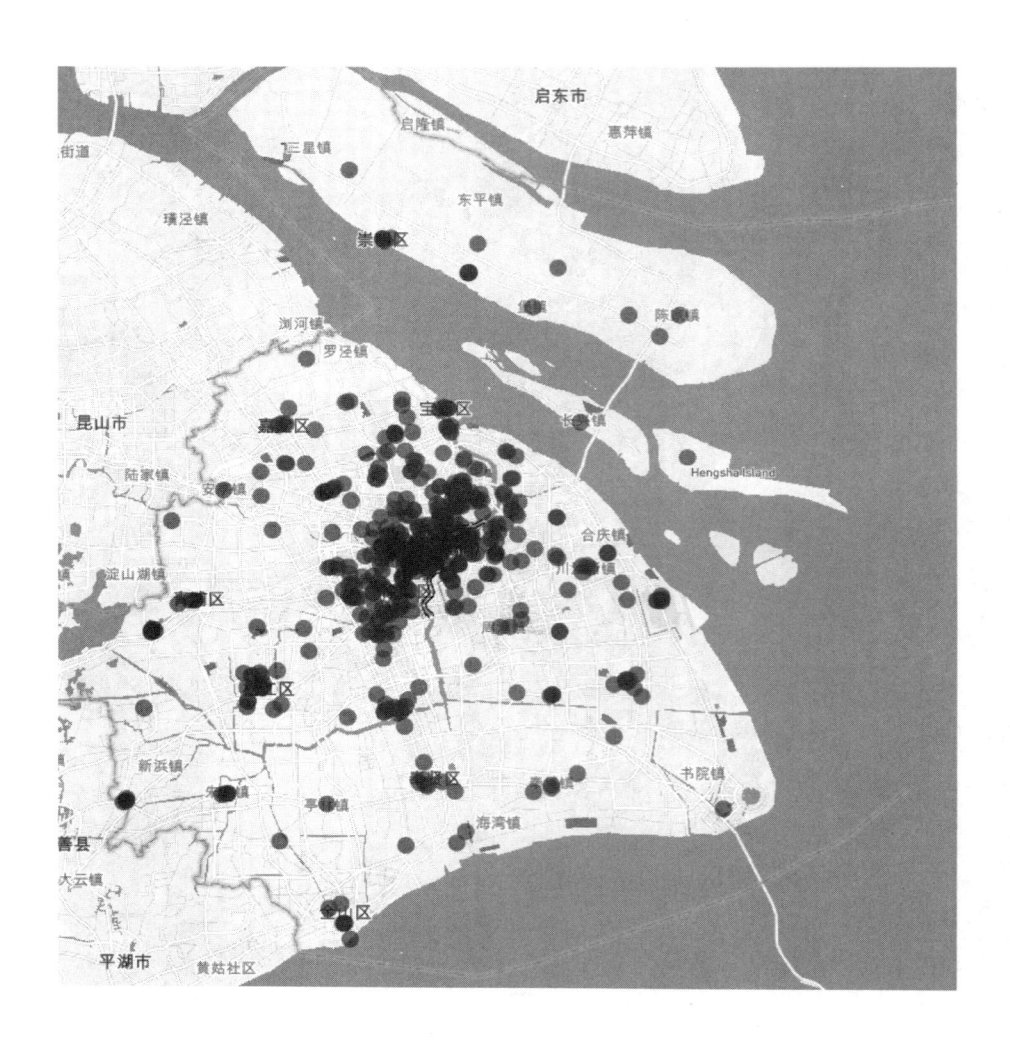

黄浦江两岸滨江公共空间及上海全市文化消费设施空间分布数据

四、上海艺术空间（含美术馆、画廊）活跃情况

（一）活跃度统计热力图

(二) 京沪艺术空间主要指标对比：展览数量

京沪历年展览数量比较

(上海展览数量 / 北京展览数量，2010—2017)

(三) 京沪艺术空间主要指标对比：艺术家国际化水平

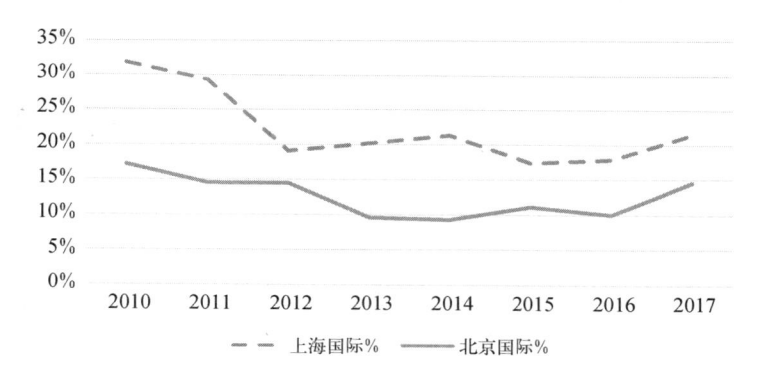

(上海国际% / 北京国际%，2010—2017)

(四) 京沪艺术空间主要指标对比：活跃展馆数

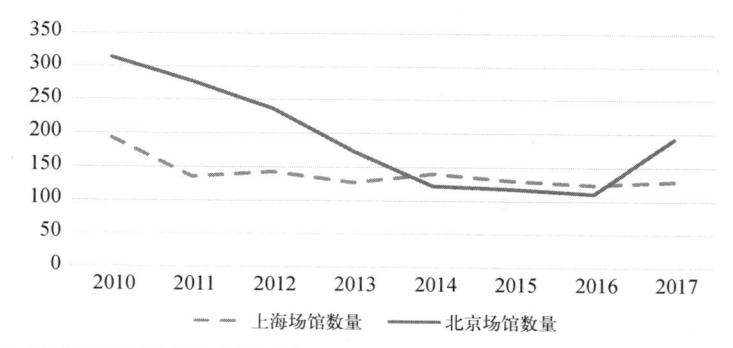

(上海场馆数量 / 北京场馆数量，2010—2017)

活跃场馆：指的是当年举办活动的展馆。

（五）京沪艺术空间主要指标对比：平均参展艺术家数量

（六）京沪艺术空间主要指标数据表

	2010	2011	2012	2013	2014	2015	2016	2017
上海展览数量	723	509	519	531	625	576	510	556
上海平均展期	25.43	29.32	26.19	29.65	28.15	30.15	30.39	27.21
上海平均参展艺术家数量	4.02	3.93	3.62	4.94	3.64	3.40	3.96	3.27
上海场馆数量	193	135	143	127	140	130	124	129
上海国际艺术家参展数	230	149	99	107	133	100	91	119
上海国际%	31.81%	29.27%	19.08%	20.15%	21.28%	17.36%	17.84%	21.40%
北京展览数量	1 226	941	722	709	560	511	479	535
北京平均展期	27.50	29.35	34.43	28.68	28.70	25.43	30.12	40.98
北京平均参展艺术家数量	5.13	3.69	4.07	3.94	3.59	3.00	4.05	3.88
北京场馆数量	313	277	237	174	122	118	111	192
北京国际艺术家参展数	211	137	105	68	52	57	48	78
北京国际%	17.21%	14.56%	14.54%	9.59%	9.29%	11.15%	10.02%	14.58%

五、上海购物中心热力图

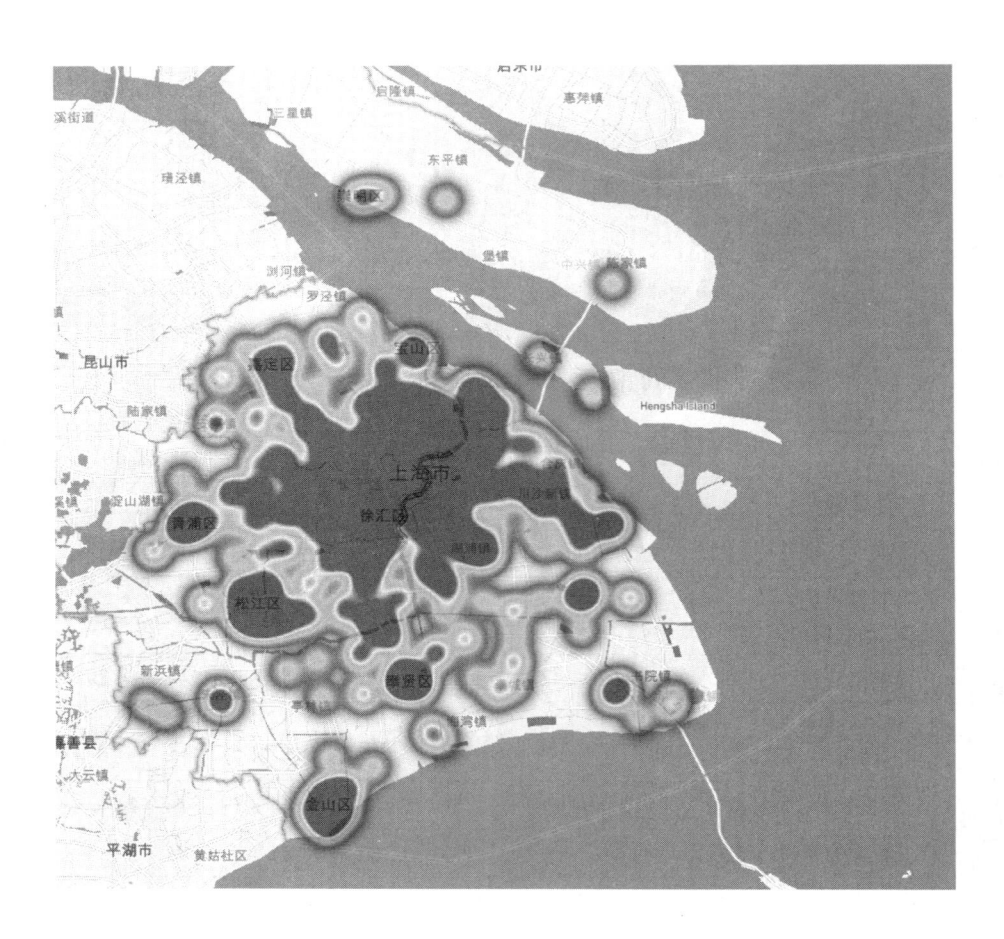

黄浦江两岸滨江公共空间及上海全市文化消费设施空间分布数据

六、滨江空间周边地铁、轮渡分布

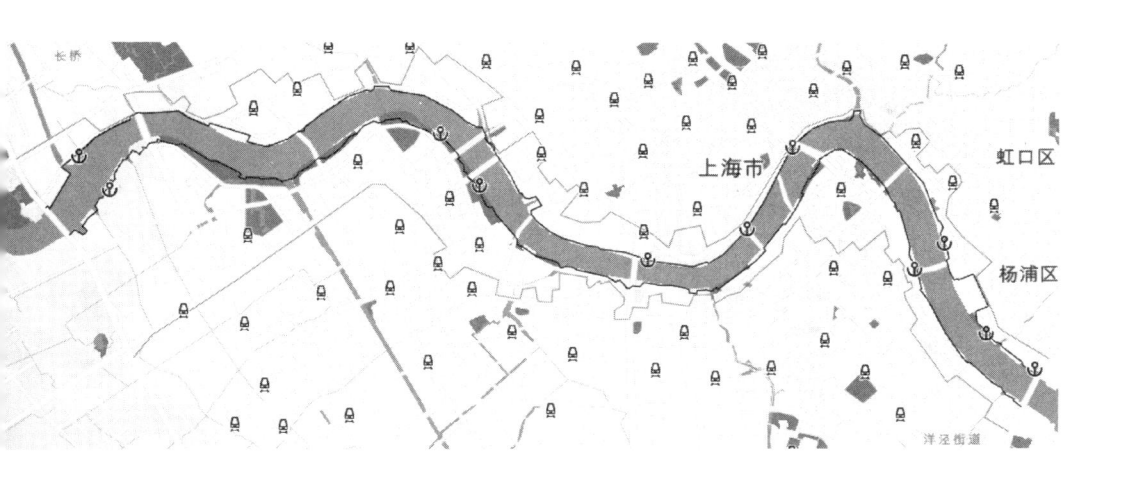

七、滨江空间周边商业设施分布

（一）购物中心分布情况

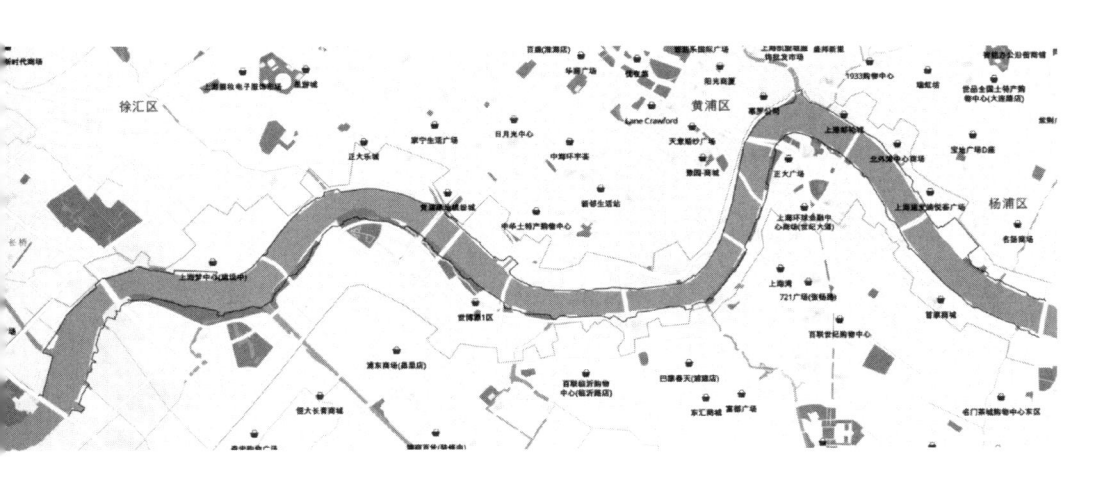

(二) 滨江地区周边设施总体业态分布

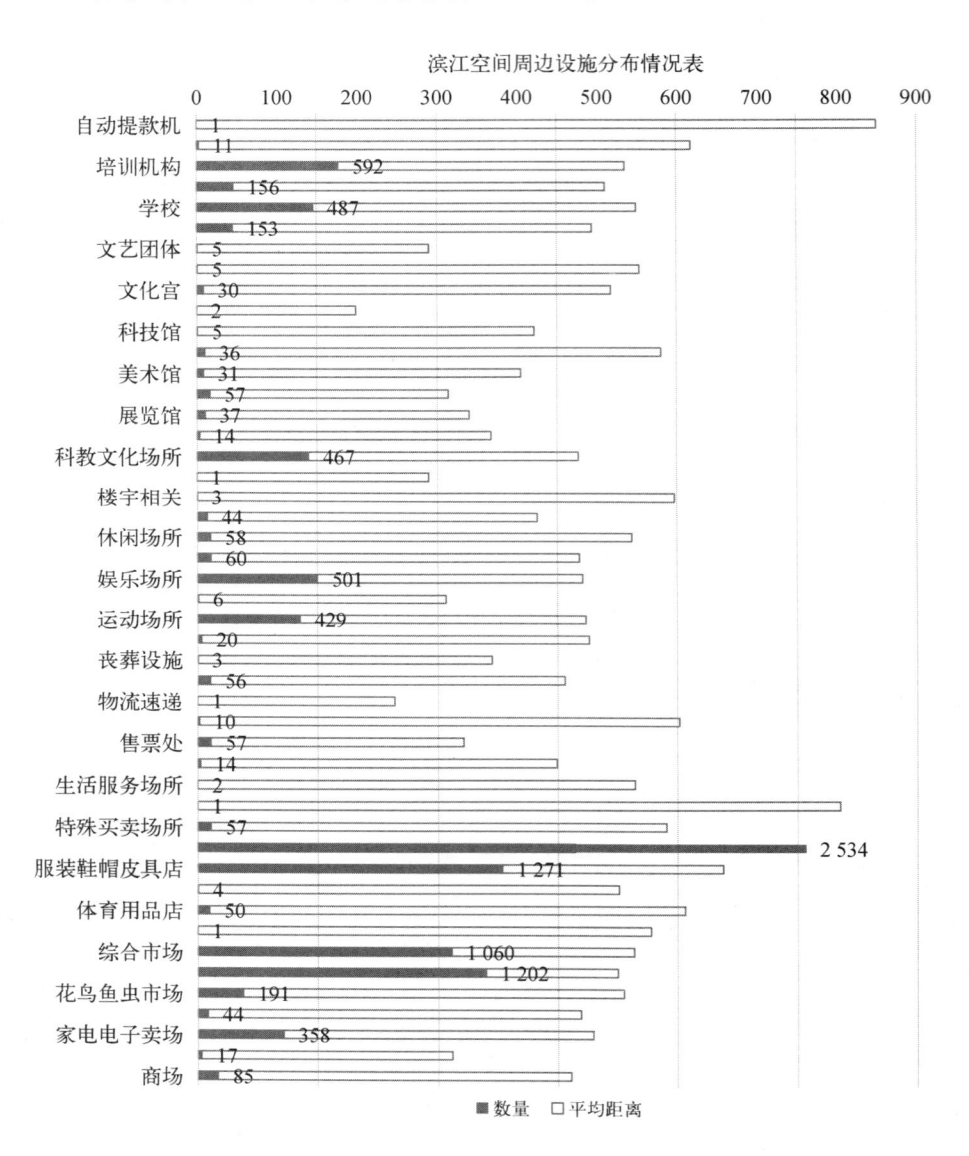

滨江空间周边设施分布情况表

类别	数量
自动提款机	1
(自动提款机 距离)	11
培训机构	592
(培训机构 距离)	156
学校	487
(学校 距离)	153
文艺团体	5
(文艺团体 距离)	5
文化宫	30
(文化宫 距离)	2
科技馆	5
(科技馆 距离)	36
美术馆	31
(美术馆 距离)	57
展览馆	37
(展览馆 距离)	14
科教文化场所	467
(科教文化场所 距离)	1
楼宇相关	3
(楼宇相关 距离)	44
休闲场所	58
(休闲场所 距离)	60
娱乐场所	501
(娱乐场所 距离)	6
运动场所	429
(运动场所 距离)	20
丧葬设施	3
(丧葬设施 距离)	56
物流速递	1
(物流速递 距离)	10
售票处	57
(售票处 距离)	14
生活服务场所	1
(生活服务场所 距离)	57
特殊买卖场所	2 534
服装鞋帽皮具店	1 271
(服装鞋帽皮具店 距离)	4
体育用品店	50
(体育用品店 距离)	1
综合市场	1 060
(综合市场 距离)	1 202
花鸟鱼虫市场	191
(花鸟鱼虫市场 距离)	44
家电电子卖场	358
(家电电子卖场 距离)	17
商场	85

■数量　□平均距离

如图,包括商场中的店铺在内,除去餐饮业,滨江周边设施主要以服装店、专营店和大型市场为主。商业设施与滨江步道的平均距离基本大于滨江

黄浦江两岸滨江公共空间及上海全市文化消费设施空间分布数据

步道到居民聚集区边界的距离，表明这些商业设施更多服务于周边居民和滨江之外地区活动的人群。

八、滨江空间周边文化场馆

（一）文化场馆点位图

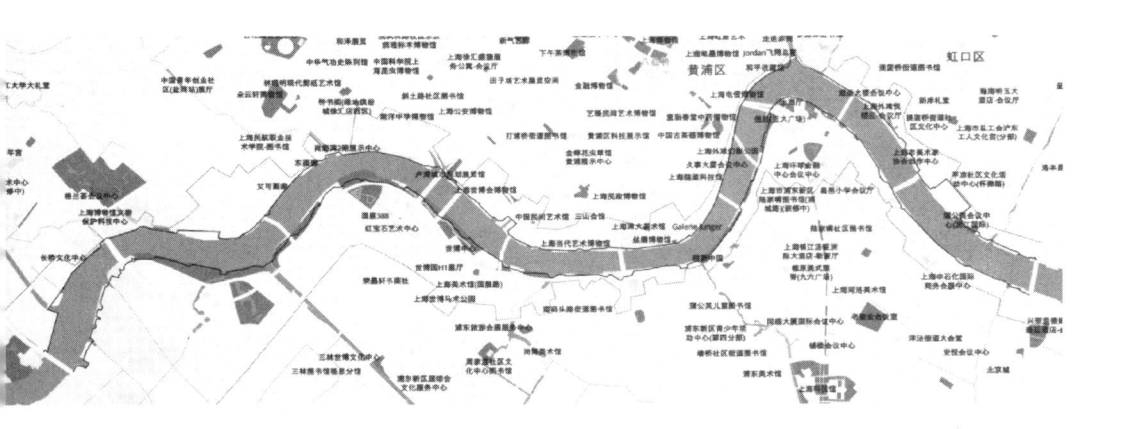

（二）文化场馆热力图

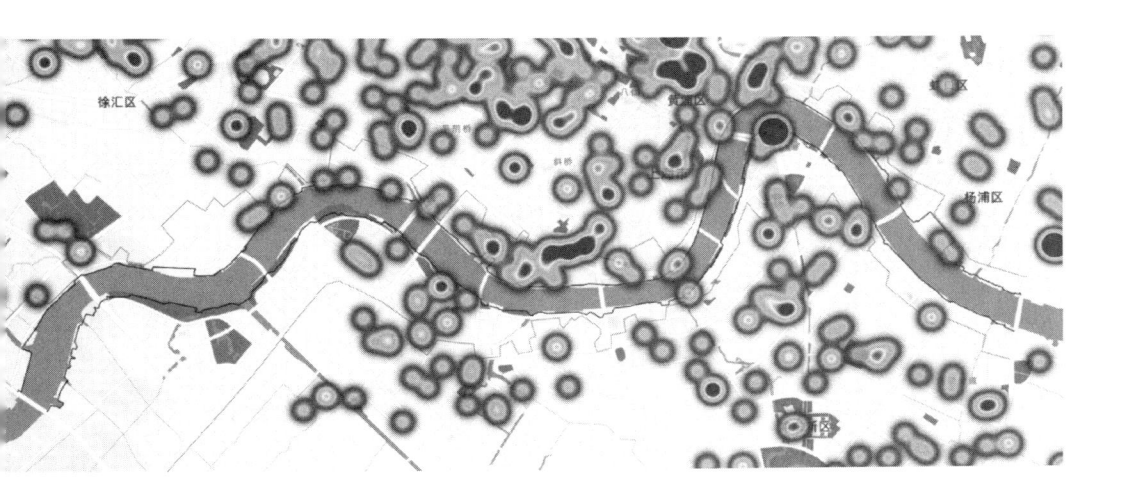

九、滨江空间艺术活动数量分布图

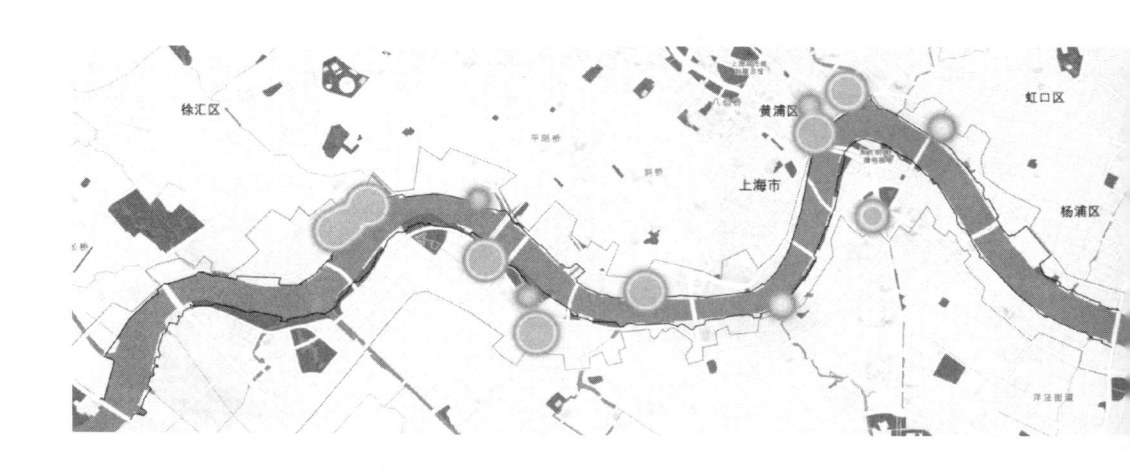

十、滨江空间咖啡馆分布图

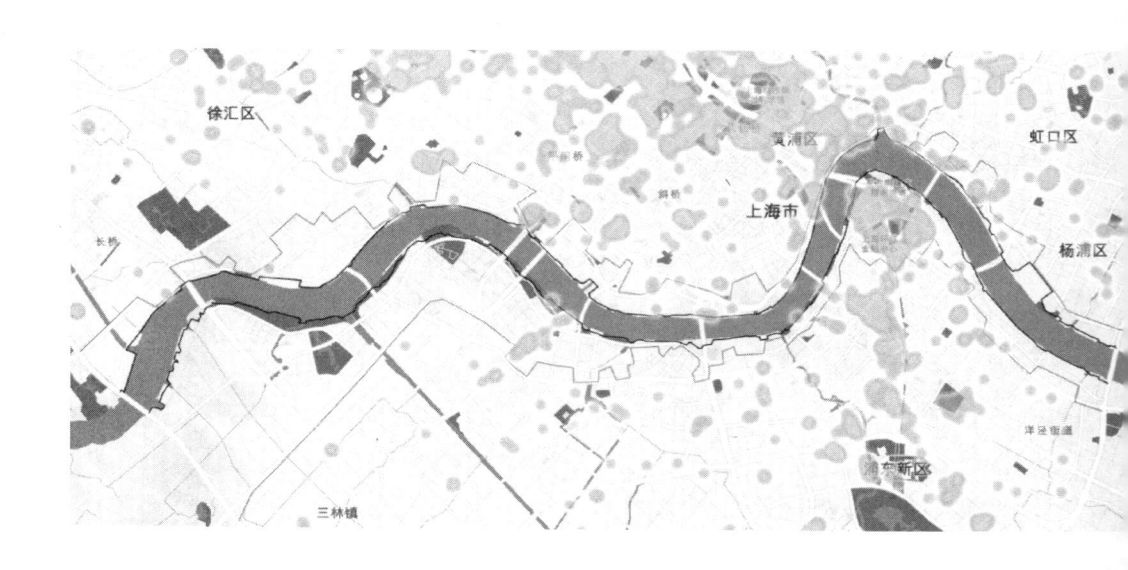

黄浦江两岸滨江公共空间及上海全市文化消费设施空间分布数据

十一、滨江空间周边五星级宾馆分布图

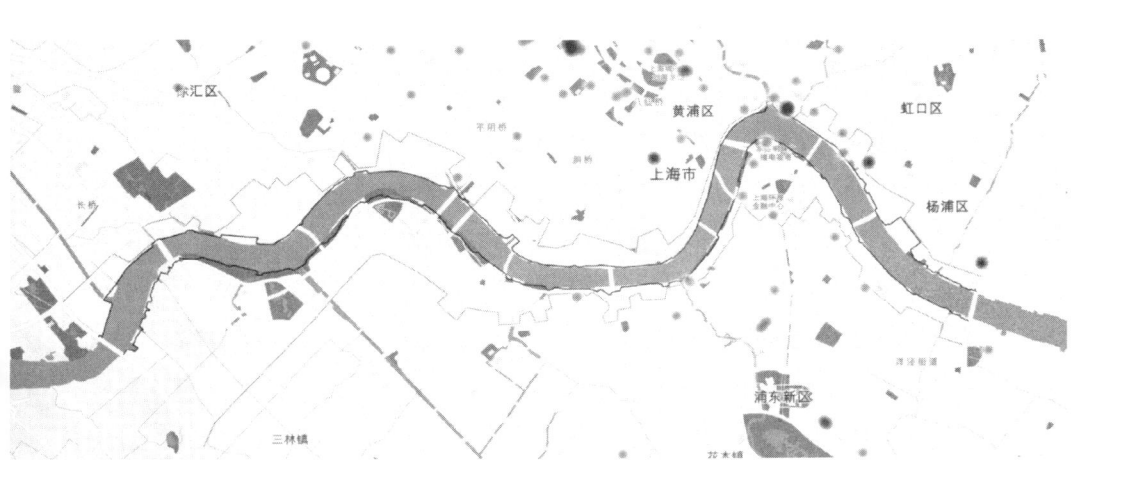

十二、滨江空间周边休闲类餐饮服务场所分布

（朱恬骅）

上海节庆文化消费调研数据

节庆是一种综合性的社会文化活动，它包含了节日和庆祝活动，是"节日庆典"的简称。节庆是重要的文化消费节点和载体，是人民群众文化活动的重要依托。节庆市场不仅对文化消费具有强大的拉升能力，还可以营造文化消费氛围，培育文化消费习惯，引导城乡居民扩大文化消费。一些节庆活动还以公益方式培植新产品创作，培养潜在文化消费者，从而促进文化的创新发展。从文化消费角度看，上海的节庆包含了传统与现代、西方与本土的各类节庆活动，为便于研究可以细分为五类：（一）春节、清明、端午、中秋等中国传统佳节；（二）豫园灯会、龙华庙会、三林圣堂庙会、真如庙会等上海地方民俗节庆活动；（三）情人节、万圣节、圣诞节等西方节日；（四）劳动节、国庆节、元旦等现代节假日；（五）上海国际电影节、上海国际旅游节、上海国际艺术节等现代会展节庆活动。

本课题主要研究当前上海节庆文化消费的形式、内容、营销宣传、人民群众对节庆文化消费的需求、特点、理念等内容，通过问卷星，以随机抽样问卷的形式共收集了320份问卷。由于网络抽样的随机性，调查数据与真实情况可能存在一定偏差。

上海节庆文化消费调研问卷及数据

本问卷主要用于对上海市节庆文化消费情况进行调研分析，所有的内容只用于数据分析，不会泄露您的个人信息，请您抽空用几分钟的时间填写本问卷，非常感谢！

您的性别：[单选题]

选项	小计	比例
男	126	39.38%
女	194	60.63%
本题有效填写人次	320	

您的年龄段：[单选题]

选项	小计	比例
18岁以下	27	8.44%
18—25	93	29.06%
26—30	34	10.63%
31—40	78	24.38%
41—50	44	13.75%
51—60	29	9.06%
60以上	15	4.69%
本题有效填写人次	320	

您的籍贯：[单选题]

选项	小计	比例
安徽	37	11.56%
北京	3	0.94%
重庆	5	1.56%
福建	8	2.5%
甘肃	5	1.56%

(续表)

选　项	小计	比　例
广东	2	0.63%
广西	4	1.25%
贵州	1	0.31%
海南	2	0.63%
河北	2	0.63%
黑龙江	4	1.25%
河南	15	4.69%
香港	1	0.31%
湖北	9	2.81%
湖南	8	2.5%
江苏	32	10%
江西	12	3.75%
吉林	3	0.94%
辽宁	7	2.19%
澳门	0	0%
内蒙古	2	0.63%
宁夏	2	0.63%
青海	0	0%
山东	25	7.81%
上海	81	25.31%
山西	11	3.44%
陕西	3	0.94%
四川	7	2.19%

(续表)

选项	小计	比例
台湾	1	0.31%
天津	1	0.31%
新疆	3	0.94%
西藏	0	0%
云南	2	0.63%
浙江	17	5.31%
海外	5	1.56%
本题有效填写人次	320	

您目前居住的地区：[填空题]

填空题数据请通过下载详细数据获取

您目前从事的职业：[单选题]

选项	小计	比例
全日制学生	124	38.75%
生产人员	2	0.63%
销售人员	2	0.63%
市场/公关人员	6	1.88%
客服人员	1	0.31%
行政/后勤人员	20	6.25%
人力资源	3	0.94%
财务/审计人员	2	0.63%
文职/办事人员	12	3.75%
技术/研发人员	7	2.19%

(续表)

选项	小计	比例
管理人员	15	4.69%
教师	65	20.31%
顾问/咨询	1	0.31%
专业人士（如会计师、律师、建筑师、医护人员、记者等）	24	7.5%
其他	36	11.25%
本题有效填写人次	320	

您目前的月收入是：[单选题]

选项	小计	比例
3 000元以下	105	32.81%
3 000—5 000元	24	7.5%
5 000—8 000元	62	19.38%
8 000—10 000元	46	14.38%
10 000—15 000元	42	13.13%
15 000—20 000元	11	3.44%
20 000元以上	10	3.13%
（空）	20	6.25%
本题有效填写人次	320	

您的学历是：[单选题]

选项	小计	比例
小学及以下	3	0.94%
初中	8	2.5%

（续表）

选 项	小计	比 例	
中专	0		0%
高中	27		8.44%
大专	32		10%
大学本科	95		29.69%
硕士研究生	80		25%
博士研究生	72		22.5%
（空）	3		0.94%
本题有效填写人次	320		

您的婚姻及家庭状况是：[单选题]

选 项	小计	比 例	
单身	111		34.69%
有男女朋友但未婚	52		16.25%
已婚无子女	17		5.31%
已婚有子女	132		41.25%
离婚	2		0.63%
丧偶	0		0%
（空）	6		1.88%
本题有效填写人次	320		

您的政治面貌是：[单选题]

选 项	小计	比 例	
中共党员	130		40.63%
共青团员	91		28.44%

(续表)

选项	小计	比例
民主党派	15	4.69%
群众	73	22.81%
其他	8	2.5%
（空）	3	0.94%
本题有效填写人次	320	

您的宗教信仰是：[单选题]

选项	小计	比例
无宗教信仰	241	75.31%
佛教	37	11.56%
道教	2	0.63%
伊斯兰教	0	0%
基督教	7	2.19%
天主教	2	0.63%
民间信仰	5	1.56%
其他	18	5.63%
（空）	8	2.5%
本题有效填写人次	320	

1. 您对春节、元宵节、清明节、端午节、七夕、中秋节、重阳节等中国传统佳节的了解程度如何？[单选题]

选项	小计	比例
非常了解	162	50.63%
一般	156	48.75%

上海节庆文化消费调研数据

(续表)

选项	小计	比例
不了解	2	0.63%
本题有效填写人次	320	

2. 您对豫园灯会、龙华庙会、三林圣堂庙会、真如庙会等上海地方民俗节庆的了解程度如何？〔单选题〕

选项	小计	比例
非常了解	39	12.19%
一般	184	57.5%
不了解	97	30.31%
本题有效填写人次	320	

3. 您对圣诞节、情人节、感恩节、万圣节等西方节日的了解程度如何？〔单选题〕

选项	小计	比例
非常了解	69	21.56%
一般	235	73.44%
不了解	16	5%
本题有效填写人次	320	

4. 您对元旦、妇女节、劳动节、儿童节、国庆节等现代节假日的了解程度如何？〔单选题〕

选项	小计	比例
非常了解	163	50.94%
一般	154	48.13%

(续表)

选项	小计	比例
不了解	3	0.94%
本题有效填写人次	320	

5. 您对上海国际电影节、上海旅游节、上海国际艺术节、上海国际服装文化节等会展节庆活动的了解程度如何？[单选题]

选项	小计	比例
非常了解	41	12.81%
一般	194	60.63%
不了解	85	26.56%
本题有效填写人次	320	

6. 就文化消费而言，您支出最多的节庆是哪些（多选题，选前五）？[多选题]

选项	小计	比例
春节	305	95.31%
元宵节	54	16.88%
清明节	53	16.56%
端午节	63	19.69%
七夕节	26	8.13%
中元节	7	2.19%
中秋节	135	42.19%
重阳节	14	4.38%
冬至	14	4.38%

（续表）

选项	小计	比例
豫园灯会	7	2.19%
龙华庙会	2	0.63%
三林圣堂庙会	5	1.56%
真如庙会	0	0%
圣诞节	77	24.06%
情人节	52	16.25%
感恩节	7	2.19%
万圣节	9	2.81%
元旦	64	20%
劳动节	20	6.25%
国庆节	122	38.13%
上海国际电影节	31	9.69%
上海旅游节	9	2.81%
上海国际艺术节	15	4.69%
上海国际服装文化节	3	0.94%
其他_____	6	1.88%
本题有效填写人次	320	

7. 您在这些文化消费最多的节庆期间的支出大概为多少元？［单选题］

选项	小计	比例
200元以下	30	9.38%
200—500元	46	14.38%

（续表）

选 项	小计	比 例	
500—1 000元	69		21.56%
1 000—3 000元	83		25.94%
3 000—5 000元	35		10.94%
5 000—10 000元	32		10%
10 000元以上	25		7.81%
本题有效填写人次	320		

8. 您的支付方式是：[多选题]

选 项	小计	比 例	
网上支付	142		44.38%
手机支付	227		70.94%
现金支付	144		45%
其他	11		3.44%
本题有效填写人次	320		

9. 春节、清明、端午、中秋等中国传统佳节期间，您的主要文化消费方式是？[多选题]

选 项	小计	比 例	
逛庙会等民俗活动	74		23.13%
祭祖、家庭团聚	195		60.94%
购买民俗文化产品	96		30%
去高档餐厅用餐	69		21.56%
参观展览展示	51		15.94%

(续表)

选项	小计	比例
旅游休闲	173	54.06%
健身锻炼	23	7.19%
观看演出	58	18.13%
观看体育比赛	11	3.44%
看电影	122	38.13%
看电视	51	15.94%
观看晚会	76	23.75%
看书买书	83	25.94%
逛街购物	99	30.94%
打网络游戏	22	6.88%
收藏艺术品	12	3.75%
教育培训学习	27	8.44%
其他	5	1.56%
本题有效填写人次	320	

10. 您是否乐意去参加豫园灯会、龙华庙会、三林圣堂庙会、真如庙会等上海地方民俗节庆并消费？[单选题]

选项	小计	比例
非常乐意	68	21.25%
愿意	122	38.13%
不愿意	27	8.44%
不一定，看情况	103	32.19%
本题有效填写人次	320	

11. 情人节、万圣节、圣诞节等西方节日期间,您的主要文化消费方式是?［多选题］

选　项	小计	比　例
去教堂参加活动	14	4.38%
去西餐厅用餐	64	20%
参加嘉年华等主题活动	47	14.69%
参观展览展示	47	14.69%
旅游休闲	98	30.63%
健身锻炼	20	6.25%
观看演出	59	18.44%
观看体育比赛	8	2.5%
看电影	132	41.25%
看电视	58	18.13%
看书买书	48	15%
逛街购物	105	32.81%
打网络游戏	20	6.25%
收藏艺术品	6	1.88%
教育培训学习	14	4.38%
其他（请注明）_____	24	7.5%
本题有效填写人次	320	

12. 劳动节、国庆节等现代节假日期间你的主要文化消费方式是?［多选题］

选　项	小计	比　例
参观展览展示	58	18.13%
观看晚会	50	15.63%

(续表)

选项	小计	比例
去高档餐厅用餐	45	14.06%
旅游休闲	193	60.31%
健身锻炼	40	12.5%
观看演出	48	15%
观看体育比赛	12	3.75%
看电影	123	38.44%
看电视	67	20.94%
看书买书	70	21.88%
逛街购物	103	32.19%
打网络游戏	22	6.88%
收藏艺术品	8	2.5%
教育培训学习	29	9.06%
其他	7	2.19%
本题有效填写人次	320	

13. 您是否乐意参加上海电影节、上海旅游节、上海国际艺术节等会展节庆活动？[单选题]

选项	小计	比例
非常乐意	99	30.94%
愿意	127	39.69%
不愿意	15	4.69%
不一定，看情况	79	24.69%
本题有效填写人次	320	

14. 在2017年您参加上海电影节、上海旅游节、上海国际艺术节等会展节庆活动的次数是？[单选题]

选项	小计	比例
10次以上	5	1.56%
8—10次	2	0.63%
5—8次	15	4.69%
3—5次	29	9.06%
3次以下	107	33.44%
没参加过	162	50.63%
本题有效填写人次	320	

15. 对于节庆期间的文化消费信息，您的获得渠道是：[多选题]

选项	小计	比例
家人朋友推荐	145	45.31%
广播	45	14.06%
电视	102	31.88%
电影	30	9.38%
书籍	33	10.31%
报纸杂志	53	16.56%
门户网站	123	38.44%
论坛	24	7.5%
微信	225	70.31%
博客	18	5.63%
即时聊天工具如QQ	42	13.13%

（续表）

选项	小计	比例
招牌广告	34	10.63%
地铁/公交车广告	61	19.06%
其他，_____	3	0.94%
本题有效填写人次	320	

16. 影响您节庆期间文化消费的因素有：[多选题]

选项	小计	比例
时间	231	72.19%
距离	194	60.63%
活动宣传	65	20.31%
活动形式	84	26.25%
安全因素	53	16.56%
个人意愿	148	46.25%
文化因素	64	20%
宗教信仰	10	3.13%
节日气氛	68	21.25%
家庭原因	80	25%
其他	14	4.38%
经济因素	85	26.56%
本题有效填写人次	320	

17. 对于中国传统佳节期间，上海的文化消费品供给，您是否满意？[单选题]

选项	小计	比例
非常满意	50	15.63%
一般满意	236	73.75%
不满意	34	10.63%
本题有效填写人次	320	

18. 对于上海的地方民俗节庆，其活动文化消费品供给，您是否满意？[单选题]

选项	小计	比例
非常满意	41	12.81%
一般满意	231	72.19%
不满意	48	15%
本题有效填写人次	320	

19. 对于西方节日期间，上海的文化消费品供给，您是否满意？[单选题]

选项	小计	比例
非常满意	61	19.06%
一般满意	237	74.06%
不满意	22	6.88%
本题有效填写人次	320	

20. 对于现代节假日期间，上海的文化消费品供给，您是否满意？[单选题]

选项	小计	比例
非常满意	58	18.13%
一般满意	240	75%

(续表)

选项	小计	比例
不满意	22	6.88%
本题有效填写人次	320	

21. 对于上海的现代会展节庆活动,其活动文化消费品供给,您是否满意?[单选题]

选项	小计	比例
非常满意	53	16.56%
一般满意	242	75.63%
不满意	25	7.81%
本题有效填写人次	320	

(程鹏)

上海居民电影消费调查数据

说明：《上海居民电影消费调查》调查对象为在上海工作、生活、学习半年以上的常住居民。2018年5月31日通过微信朋友圈发放，截至10月8日共回收有效答卷529份，其中7、8、9三个月皆为零回收，体现了微信调研需要调研者积极推动、否则会因海量信息更新而被淹没的特点。该调查问卷共有51道题目，答卷者花费时间5—20分钟不等。问卷发放前曾先后三次在不同时间、地点、由不同答题人做过答题测试，发现了数个题目表述不清、选项有遗漏等问题并进行了修改。但因问卷题目较多，做答题测试时的沟通交流时间及经验有限，最终发放的问卷仍存在一个因"跳题"设计考虑不周，将在第五题"职业状况"中选择"自由职业"的样本（27人），与学生（90人）、失业（2人）群体共同排除在"个人月收入"样本之外的失误；此外失业群体也是有一定月收入的，也不应该被排除在"个人月收入"样本之外。该失误主要是因为在做跳题设计时，将第七题"个人月收入"与第六题"工作单位性质"进行了统一处理所造成的。此外虽然调研者鼓励大家广为转发，但受微信朋友圈人数及覆盖人群所限，调查结果有以下几个遗憾之处：

1. 样本在上海16个行政区都有所分布，但以浦东新区（19.66%）为最多，静安区（12.48%）、徐汇区（10.4%）、闵行区（10.21%）次之，青浦区、奉贤区、金山区、崇明区分别只有5、4、4、1位样本，在居住地行政区域上体现了样本数量的缺陷。本问卷试图通过样本居住地行政区划与各项问题交叉分析，体现上海各区居民的电影消费差异及对本区电影消费环境的满意度，但分析结果发现各区差异未达到"具有显著意义"。

2. "18岁以下"及个人月收入"3 000元以下"样本分别只有4人和6人，不具有统计学意义，故本调查报告不对上述两个样本的相关统计结果展开分析。

第1题 您的性别 [单选题]

选项	小计	比例
男	206	38.94%
女	323	61.06%
本题有效填写人次	529	

第2题 您的年龄？ [单选题]

选项	小计	比例
18岁以下	4	0.76%
18—28	147	27.79%
29—35	101	19.09%
36—45	158	29.87%
46—60	89	16.82%
60岁以上	30	5.67%
本题有效填写人次	529	

第3题 您目前住在上海哪个区：[单选题]

选项	小计	比例
黄浦区	30	5.67%
静安区	66	12.48%
徐汇区	55	10.4%
长宁区	33	6.24%
杨浦区	36	6.81%
虹口区	32	6.05%

(续表)

选　项	小计	比　例	
普陀区	42		7.94%
浦东新区	104		19.66%
宝山区	31		5.86%
嘉定区	11		2.08%
闵行区	54		10.21%
松江区	21		3.97%
青浦区	5		0.95%
奉贤区	4		0.76%
金山区	4		0.76%
崇明区	1		0.19%
本题有效填写人次	529		

第4题　受教育程度：[单选题]

选　项	小计	比　例	
初中及以下	10		1.89%
高中	31		5.86%
大专	64		12.1%
本科	251		47.45%
硕士	107		20.23%
博士	66		12.48%
本题有效填写人次	529		

第5题　职业：[单选题]

选项	小计	比例
各级政府部门、企事业单位、党政机关和公众团体的管理人员	83	15.69%
公职人员（含公务员，和除教师外的事业单位人员）	52	9.83%
专业技术人员（教师、医生、工程技术人员、作家等专业人员）	102	19.28%
私营企业主	19	3.59%
职员（从事一般性事务工作的人员）	85	16.07%
商务人员	12	2.27%
第三产业服务人员	5	0.95%
产业工人	2	0.38%
家庭主妇	8	1.51%
学生	90	17.01%
失业	2	0.38%
离退休人员	36	6.81%
自由职业者	27	5.1%
其他	6	1.13%
本题有效填写人次	529	

第6题 工作单位性质：[单选题]

选项	小计	比例
行政/事业单位	193	47.07%
合资（包括外商独资）	36	8.78%
国营	78	19.02%
私营	62	15.12%
境内上市股份公司	11	2.68%

(续表)

选项	小计	比例
其他	30	7.32%
本题有效填写人次	410	

第7题 个人月收入：[单选题]

选项	小计	比例
3 000元及以下	6	1.46%
3 001—5 000元	63	15.37%
5 001—8 000元	116	28.29%
8 001—12 000元	137	33.41%
12 001—20 000元	58	14.15%
20 000元以上	30	7.32%
本题有效填写人次	410	

第8题 婚姻状况：[单选题]

选项	小计	比例
单身	235	44.42%
已婚	294	55.58%
本题有效填写人次	529	

第9题 是否有小孩：[单选题]

选项	小计	比例
有一个孩子	206	70.07%
有两个(以上)孩子	34	11.56%

(续表)

选项	小计	比例
没有	54	18.37%
本题有效填写人次	294	

第10题　您喜欢看电影吗？[单选题]

选项	小计	比例
喜欢	408	77.13%
一般	108	20.42%
不怎么喜欢	13	2.46%
本题有效填写人次	529	

第11题　您看电影最主要的目的是：[多选题]

选项	小计	比例
艺术欣赏/个人爱好	373	70.51%
缓解压力/娱乐	312	58.98%
约会或陪同亲友	135	25.52%
其他	11	2.08%
本题有效填写人次	529	

第12题　您一周大约看几部电影？（包括电影院、网络、电视、DVD、手机等各种渠道）：[单选题]

选项	小计	比例
1部以下	229	43.29%
1—2部	214	40.45%

(续表)

选项	小计	比例
3—5部	63	11.91%
5部以上	23	4.35%
本题有效填写人次	529	

第13题 影响您选择观看一部电影最主要的因素：[多选题]

选项	小计	比例
大导演	163	30.81%
大明星	115	21.74%
视觉效果	193	36.48%
故事情节	429	81.1%
宣传造势及话题热点	91	17.2%
看过的人推荐	245	46.31%
本题有效填写人次	529	

第14题 您喜欢观看的电影比较接近下列哪几种类型？[多选题]

选项	小计	比例
青春爱情片	155	29.3%
恐怖悬疑片	164	31%
剧情文艺片	321	60.68%
音乐歌舞片	116	21.93%
武侠动作片	134	25.33%
传记片	158	29.87%
战争片	180	34.03%

(续表)

选项	小计	比例
科幻片	239	45.18%
魔幻片	131	24.76%
喜剧片	276	52.17%
动漫片	123	23.25%
纪录片	197	37.24%
不太清楚属于哪种类型	29	5.48%
本题有效填写人次	529	

第15题 您较为偏爱下列哪个地区的电影：[多选题]

选项	小计	比例
国产	269	50.85%
港台地区	181	34.22%
欧洲	309	58.41%
美国	416	78.64%
日韩	186	35.16%
其他	20	3.78%
本题有效填写人次	529	

第16题 最近两年，您在日常生活中看电影最多的是通过以下哪一渠道：[单选题]

选项	小计	比例
电影院	248	46.88%
传统电视节目（电影频道等）	31	5.86%

(续表)

选项	小计	比例
网络电视(IPTV等)	53	10.02%
视频网站(电脑端)	106	20.04%
视频网站(手机端)	63	11.91%
DVD	6	1.13%
其他	22	4.16%
本题有效填写人次	529	

第17题　您通过视频网站(电脑与手机端皆可)看电影的频率大致符合以下哪种？［单选题］

选项	小计	比例
基本上每天都看	50	9.45%
每周至少会有两天观看	126	23.82%
每周平均只有一天或少于一天观看	167	31.57%
基本上很少看	150	28.36%
不在视频网站上看电影	36	6.81%
本题有效填写人次	529	

第18题　您通过网络电视(IPTV)看电影的频率大致符合以下哪种？［单选题］

选项	小计	比例
基本上每天都看	30	5.67%
每周至少会有两天观看	63	11.91%

（续表）

选项	小计	比例
每周平均只有一天或少于一天观看	90	17.01%
基本上很少看	208	39.32%
不在网络电视（IPTV）上看电影	138	26.09%
本题有效填写人次	529	

第19题　遇到好看的或自己喜欢的电影会下载下来吗？［单选题］

选项	小计	比例
会	320	60.49%
不会	209	39.51%
本题有效填写人次	529	

第20题　您是视频网站的付费会员吗？［单选题］

选项	小计	比例
是	242	45.75%
否	287	54.25%
本题有效填写人次	529	

第21题　您没有成为视频网站付费会员的主要原因？［单选题］

选项	小计	比例
没时间在视频网站观看电影及其他娱乐节目	76	26.48%
节目内容原因：视频网站提供的节目不够精彩，不值得付费	61	21.25%
经济原因：视频网站每月的会员费是一笔额外开支	62	21.6%

(续表)

选项	小计	比例
不清楚如何成为会员	7	2.44%
不清楚如何付费	5	1.74%
不喜欢在电脑及网络上看电影	50	17.42%
其他	26	9.06%
本题有效填写人次	287	

第22题 最近两年,您平均去电影院看电影的次数?[单选题]

选项	小计	比例
一周两次以上	30	5.67%
一周一次	54	10.21%
两到三周一次	116	21.93%
一个月一次	104	19.66%
两个月一次	62	11.72%
三个月一次	44	8.32%
一年1—3次	88	16.64%
一年少于1次	17	3.21%
不去电影院看电影	14	2.65%
本题有效填写人次	529	

第23题 通常情况下,您个人每月用于看电影的开支为:[单选题]

选项	小计	比例
50元以下	181	35.15%
50—100元	207	40.19%

(续表)

选项	小计	比例
100—200元	87	16.89%
200元以上	40	7.77%
本题有效填写人次	515	

第24题　您最主要通过什么渠道获得电影上映信息：[多选题]

选项	小计	比例
电视	84	16.31%
网络	349	67.77%
报刊	25	4.85%
户外广告	77	14.95%
朋友推荐	221	42.91%
影院推广	121	23.5%
售票网站（如猫眼等）	124	24.08%
微信朋友圈信息	250	48.54%
其他	16	3.11%
本题有效填写人次	515	

第25题　您一般选择的购票方式：[单选题]

选项	小计	比例
网上购票	458	88.93%
现场购票	57	11.07%
本题有效填写人次	515	

第26题　您通常选择什么时间去电影院看电影？[单选题]

上海文化消费调查：方法、数据和应用

选项	小计	比例
13:00 以前	19	3.69%
13:00—17:00	106	20.58%
17:00—21:00	197	38.25%
21:00—24:00	24	4.66%
不固定	169	32.82%
本题有效填写人次	515	

第27题　请选择对您来说最主要的去电影院看电影的原因：[多选题]

选项	小计	比例
娱乐，放松自己	347	67.38%
与恋人约会时的活动内容	73	14.17%
受新上映的影片吸引	262	50.87%
陪同家人看	141	27.38%
受影院展映、点映等特别放映活动吸引	69	13.4%
追求大银幕的影音效果	252	48.93%
其他	12	2.33%
本题有效填写人次	515	

第28题　通常来说，影响您选择某一电影院的最主要因素是：[单选题]

选项	小计	比例
影院距离及交通便捷性	323	62.72%
影院内部硬件设施	104	20.19%
影院周边配套设施（餐饮、娱乐等）	36	6.99%

（续表）

选项	小计	比例
影院价格及促销活动（会员优惠、看电影送饮料等促销活动）	44	8.54%
其他	8	1.55%
本题有效填写人次	515	

第29题 下列描述中，哪种说法对您来说是正确的：[单选题]

选项	小计	比例
我常常为了看电影而外出到电影院去	330	64.08%
我很少仅仅为了看电影而外出到电影院去	185	35.92%
本题有效填写人次	515	

第30题 离您居住地最近的电影院符合下列哪项描述？[单选题]

选项	小计	比例
距离居住地步行15分钟以内	251	48.74%
距离居住地步行15分钟以上但乘坐公共交通15分钟可以抵达	223	43.3%
距离居住地较远且没有方便的公共交通可以抵达	24	4.66%
不知道	17	3.3%
本题有效填写人次	515	

第31题 您通常采取哪种方式到电影院去看电影？[单选题]

选项	小计	比例
步行	170	33.01%
搭乘地铁、公交车等公共交通	249	48.35%

(续表)

选项	小计	比例
自己开车	78	15.15%
不会仅仅为了看电影而去电影院	18	3.5%
本题有效填写人次	515	

第32题　您通常和谁一起去电影院看电影？［单选题］

选项	小计	比例
自己一个人去	116	22.52%
和恋人一起去	67	13.01%
和朋友/同学/同事一起去	132	25.63%
和家人一起去	195	37.86%
其他	5	0.97%
本题有效填写人次	515	

第33题　您会受以下哪个档期影响去电影院看电影？［多选题］

选项	小计	比例
春节档	108	20.97%
情人节档	21	4.08%
暑期档	91	17.67%
国庆档	49	9.51%
圣诞档	24	4.66%
元旦档	38	7.38%
看电影基本不受档期影响	422	81.94%
本题有效填写人次	515	

第34题 通常来说,您是否在去电影院之前已决定看哪部电影?[单选题]

选项	小计	比例
是	499	96.89%
否	16	3.11%
本题有效填写人次	515	

第35题 在决定看某部电影之前,您是否会先搜索、阅读别人对该片的评价?[单选题]

选项	小计	比例
是	265	51.46%
不一定	208	40.39%
否	42	8.16%
本题有效填写人次	515	

第36题 在决定看某部电影之前,您是否会先考察一下该片的宣传片?[单选题]

选项	小计	比例
是	173	33.59%
不一定	260	50.49%
否	82	15.92%
本题有效填写人次	515	

第37题 比较而言,目前国产电影您觉得拍得较好的前三种类型是?[多选题]

上海文化消费调查：方法、数据和应用

选　　项	小计	比　　例	
青春爱情片	145		28.16%
恐怖悬疑片	26		5.05%
剧情文艺片	236		45.83%
科幻片	11		2.14%
喜剧片	212		41.17%
音乐歌舞片	6		1.17%
武侠动作片	146		28.35%
动漫片	8		1.55%
纪录片	131		25.44%
战争片	111		21.55%
传记片	42		8.16%
魔幻片	12		2.33%
本题有效填写人次	515		

第38题　一般来说，您认为国产电影相对于外国电影的主要优势是：[多选题]

选　　项	小计	比　　例	
内容更贴近我们的生活，文化思想上有共鸣	315		61.17%
语言相通，不需要看字幕	265		51.46%
明星的粉丝效应	121		23.5%
导演的粉丝效应	74		14.37%
其他	45		8.74%
本题有效填写人次	515		

第39题　您感觉国产电影在以下哪几个方面存在的问题较突出？[多选题]

选项	小计	比例
讲故事的能力	264	51.26%
思想深度	274	53.2%
镜头语言与艺术风格	116	22.52%
演员水平	197	38.25%
整体工业水平（电影技术团队等）	143	27.77%
政府管制（审查）问题	194	37.67%
市场营销问题	23	4.47%
走出国门问题	34	6.6%
不太清楚国产电影存在什么问题	27	5.24%
其他	10	1.94%
本题有效填写人次	515	

第40题　您在电影院购买爆米花、饮品等的频率：[单选题]

选项	小计	比例
几乎每次看电影都要买	87	16.89%
很少买	274	53.2%
从不购买	110	21.36%
很难说	44	8.54%
本题有效填写人次	515	

第41题　如果您不在电影院购买爆米花、饮品等零食的话，主要原因是什么？[单选题]

选项	小计	比例
不喜欢看电影时吃东西	164	38.32%
价格原因：影院食品价格过高	110	25.7%
营养与热量原因：爆米花与饮料热量过高	95	22.2%
影院卖品部没有自己喜欢的零食	48	11.21%
其他	11	2.57%
本题有效填写人次	428	

第42题　您认为电影票价的合理范围是多少？［多选题］

选项	小计	比例
10—20元	92	17.86%
21—40元	358	69.51%
41—80元	94	18.25%
81元以上	6	1.17%
因影片而异	106	20.58%
本题有效填写人次	515	

第43题　您会消费电影周边产品吗？［单选题］

选项	小计	比例
会	184	35.73%
不会	331	64.27%
本题有效填写人次	515	

第44题　电影放映结束后如有导演、演员参加的映后谈，您通常会参加吗？［单选题］

选 项	小计	比 例	
会	206		40%
不会	149		28.93%
有时会有时不会	160		31.07%
本题有效填写人次	515		

第45题 您觉得上海的影院目前存在哪些问题？［多选题］

选 项	小计	比 例	
清洁卫生差	78		15.15%
票价过高	223		43.3%
影院环境缺少文化氛围与特色	162		31.46%
工作人员服务态度不好	56		10.87%
设备陈旧，放映效果不好	87		16.89%
所放影片太过商业化，人文艺术水准不高	183		35.53%
引进影片基本上是好莱坞大片，多样性不够丰富	126		24.47%
排片受热门影片影响，没有更多影片可供选择	222		43.11%
零食饮品种类单一	77		14.95%
影院缺少特展、专题展映等策划活动	138		26.8%
影院缺少与周围社区居民的互动并提供相应优惠活动	111		21.55%
影院周围缺少餐饮等休闲配套设施	23		4.47%
本题有效填写人次	515		

第46题 您希望电影院内有什么样的配套设施？［多选题］

选项	小计	比例	
餐厅	206		40%
咖啡厅	250		48.54%
3D4D体验区	161		31.26%
游乐休闲区	157		30.49%
衍生品销售	130		25.24%
其他	29		5.63%
本题有效填写人次	515		

第47题　您是否自己买票观摩过上海国际电影节的展映影片？［单选题］

选项	小计	比例	
是	225		43.69%
否	290		56.31%
本题有效填写人次	515		

第48题　您是否知晓上海艺术电影联盟及其放映活动？［单选题］

选项	小计	比例	
是	231		44.85%
否	284		55.15%
本题有效填写人次	515		

第49题　您是否自己买票观摩过上海艺术电影联盟放映的电影？［单选题］

选项	小计	比例	
是	135		58.44%
否	96		41.56%
本题有效填写人次	231		

第50题 作为电影观众,您对我国电影审查制度的态度是?［单选题］

选项	小计	比例
赞同	82	15.92%
不赞同	232	45.05%
不反对	72	13.98%
无所谓	62	12.04%
不太清楚什么是审查制度	67	13.01%
本题有效填写人次	515	

第51题 下列说法,请选择符合您自身情况及您非常赞同的选项?［多选题］

选项	小计	比例
我对自己目前的电影消费情况感到满意,愿意这样保持下去	268	52.04%
我感觉自己的电影欣赏水平还有较大提升空间	173	33.59%
去电影院看电影目前基本上可以满足我对电影娱乐与消费的需求	154	29.9%
我希望电影院可以举办更多电影赏析活动,以满足我对进一步提升电影欣赏能力的需求	167	32.43%
我希望电影院可以举办各种交流活动,以满足我通过电影与他人交流、互动的需求	115	22.33%
我希望上海的居民社区举办更多露天电影放映活动	93	18.06%
本题有效填写人次	515	

（任明）

上海居民电影消费调查分析报告

《上海居民电影消费调查》调查对象为在上海工作、生活、学习半年以上的常住居民。5月31日通过微信发放,截至10月8日共回收有效答卷529份,其中7、8、9三个月皆为零回收,体现了微信调研需要调研者积极推动、否则会因海量信息而被淹没的特点。问卷共有51道题,答题者花费时间5—20分钟不等。本次问卷统计结果及相关分析如下:

一、答卷样本人口统计学信息概览

本问卷第1—9题是有关样本性别、年龄、居住区域、受教育程度、职业、工作单位性质、个人月收入、婚姻状况、已婚者是否有小孩(及数量)等人口统计学信息。调查结果显示,529份样本中,女性为323份(61.06%),男性为206(38.94%);年龄集中在18—45岁之间(占比76.75%),46岁以上占比22.49%;样本在上海16个行政区都有所分布,但以浦东新区(19.66%)为最多,静安区(12.48%)、徐汇区(10.4%)、闵行区(10.21%)次之,青浦区、奉贤区、金山区、崇明区分别只有5、4、4、1人回答。本问卷试图通过样本居住地行政区划与各项问题交叉分析,体现上海各区居民的电影消费差异及对本区电影消费环境的满意度,但分析结果发现各区差异未达到"具有显著意义"。92.26%的样本为大专以上学历,其中"本科"学历251人(占比47.45%)、硕士学历107人(20.23%)、博士学历66人(12.48%)。职业方面,专业技术人员(教师、医生、工程技术人员、作家等专业人员)为102人,占比最高(19.28%);学生为90人(占比第二,17.01%);职员(从事一般性事务工作的人员)为85人(占比第三,16.07%);各级政府部门、企事业单位、党政机关和公众团体的管理人员为83人(占比第四,15.69%);公职人员(含公务员,和除教师外的事业单位人员)为52人(占比第五,9.83%)。工作单位性质方面,行政/事业单位最多,193人,近一半(占比47.07%)。"月收入水平"最为集中的选项是"8 001—12 000元",137人,占样本总数1/3(33.41%);其次为"5 001—8 000元"(116人,28.29%)。"婚姻状况"中,已婚者为294人,占比55.58%;单身235人,占比44.42%。已婚者中,"有一个孩子"为206人,占比70.07%;"没有孩子"为54人,占比18.37%;"有两个(以上)孩子"为34人,占比11.56%。

根据上述统计信息,本次调查答卷情况主要体现了年龄在18—45岁之间、女性比例超过60%、居住地为上海中心城区、拥有大专以上学历、月收入水平在5 000—12 000元之间的观众的电影消费习惯及对上海电影消费环境的意见。调研者通过统计、归类、交叉分析等手段,根据人口统计学信息,对上海居民电影消费现状及偏好进行分析,以揭示现状、趋势与问题。

1. **性别**:女性样本323人(61.06%),男性样本206人(38.94%),共计529人。

2. **年龄**:"18岁以下"4人(0.76%);"18—28"岁147人(27.79%),为占比第二高年龄段;"29—35"岁101人(19.09%),占比第三高;"36—45"岁158人(29.87%),占比最高年龄段;"46—60"岁89人(16.82%),占比第四高年龄段;"60岁以上"30人(5.67%)。18—45岁样本合计占比76.75%,46岁以上样本占比22.49%。"18岁以下"样本只有4人,不具有统计学价值,故本调研报告不对该年龄段相关结果展开分析。

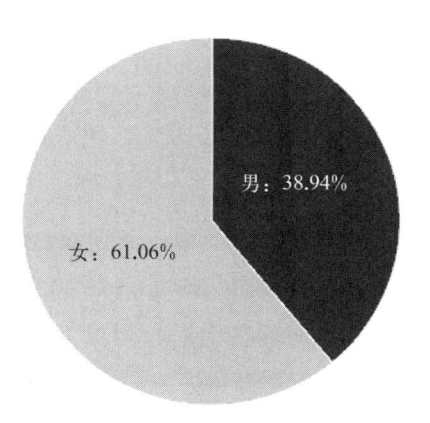

图表1-1 样本性别情况

3. **居住地行政区划**:分别为浦东新区104人、静安区66人、徐汇区55人、闵行区54人、普陀区42人、杨浦区36人、长宁区33人、虹口区32人、宝山区31人、黄浦区30人、松江区21人、嘉定区11人、青浦区5人、奉贤区4人、金山区4

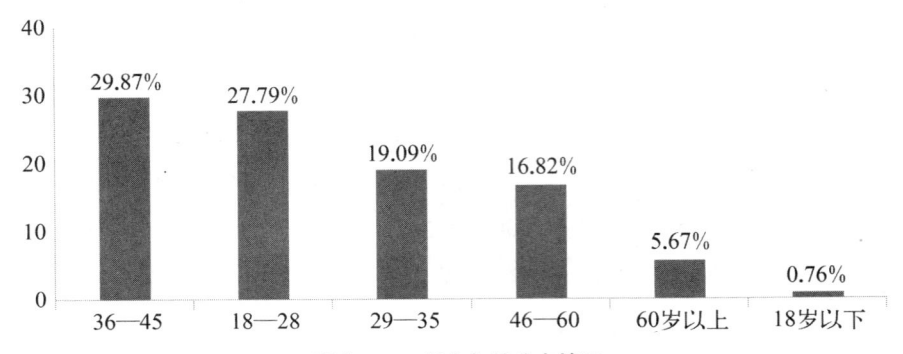

图表1-2 样本年龄分布情况

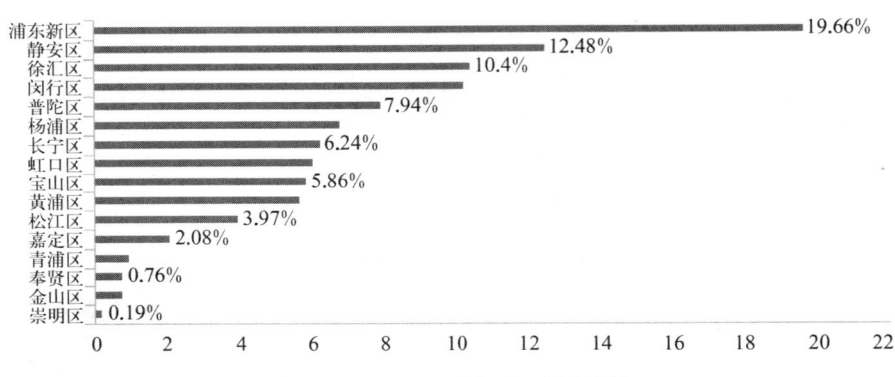

36—45: 29.87%
18—28: 27.79%
29—35: 19.09%
46—60: 16.82%
60岁以上: 5.67%
18岁以下: 0.76%

图表1-3 样本居住地行政区划分布情况

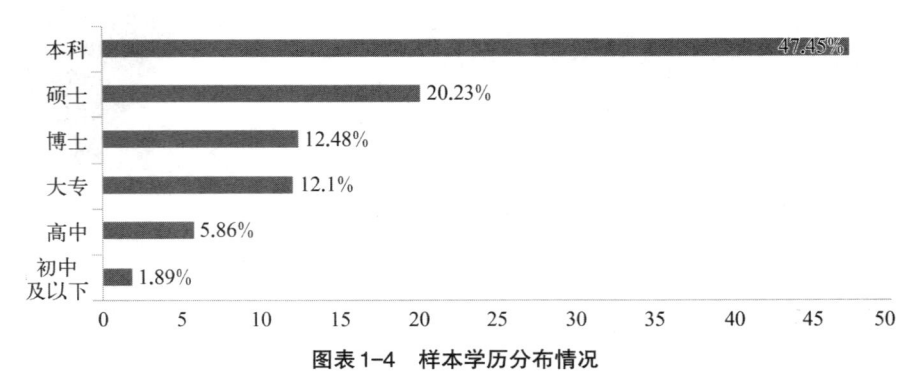

浦东新区: 19.66%
静安区: 12.48%
徐汇区: 10.4%
闵行区: 7.94%
普陀区:
杨浦区: 6.24%
长宁区:
虹口区: 5.86%
宝山区:
黄浦区: 3.97%
松江区:
嘉定区: 2.08%
青浦区:
奉贤区: 0.76%
金山区:
崇明区: 0.19%

图表1-4 样本学历分布情况

本科: 47.45%
硕士: 20.23%
博士: 12.48%
大专: 12.1%
高中: 5.86%
初中及以下: 1.89%

人、崇明区1人。

4. 受教育程度： 大专以上学历占比92.26%，其中"本科"学历占比最高，47.45%（251人），硕士学历占比20.23%（107人），博士学历占比12.48%（66

人),大专学历占比12.1%(64人),高中学历占比5.86%(31人),初中及以下学历占比1.89%(10人)。

5. 职业：专业技术人员(教师、医生、工程技术人员、作家等专业人员)102人,占比最高(19.28%);学生90人,占比第二(17.01%);职员(从事一般性事务工作的人员)85人,占比第三(16.07%);各级政府部门、企事业单位、党政机关和公众团体的管理人员83人,占比第四(15.69%);公职人员(含公务员,和除教师外的事业单位人员)52人,占比(9.83%);离退休人员36人,占比6.81%;自由职业者27人,占比5.1%;私营企业主19人,占比3.59%;商务人员12人,占比2.27%。答卷人数在10人以下的职业分类分别为"家庭主妇"(8人)、"其他"(6人)、"第三产业服务人员"(5人)、"产业工人"(2人)、"失业"(2人)。本问卷调查职业分类较细,但受样本总数所限,与职业相关的调查结果未发现显著意义。

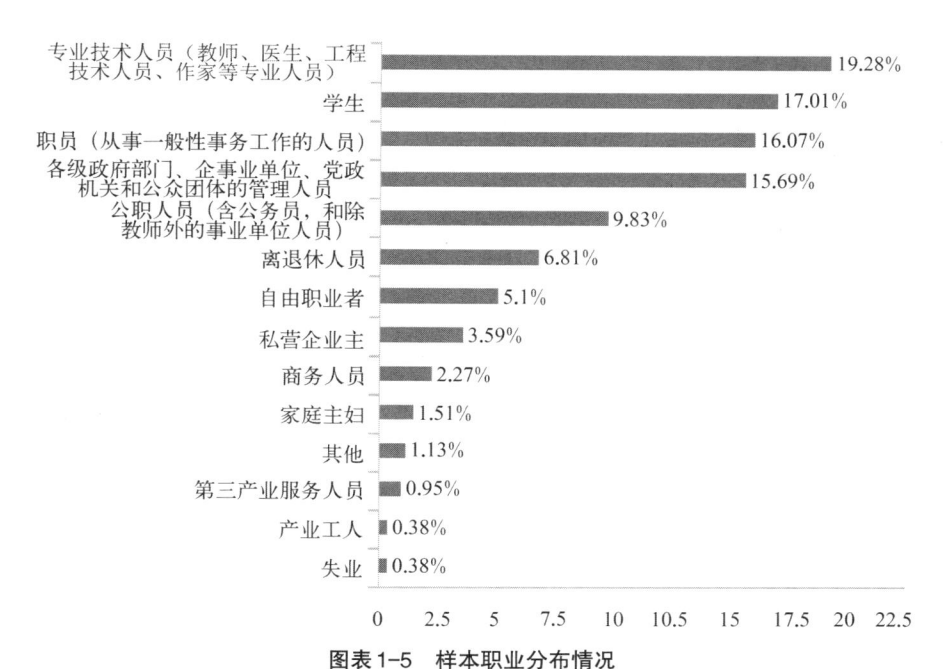

图表1-5 样本职业分布情况

注：选择"学生"(90)、"失业"(2)、"自由职业者"(27)的119人,从本题跳转第8项问题"婚姻状况"。

6. **工作单位性质**："行政/事业单位"193人，比例最高（47.07%），"国营"78人，占比19.02%，"私营"62人（15.12%），"合资（包括外商独资）"36人（8.78%），"其他"30人（7.32%），"境内上市股份"11人（2.68%）。本题样本总量为410人，在"职业"中选择"学生""失业""自由职业者"的119人被本题排除在外。

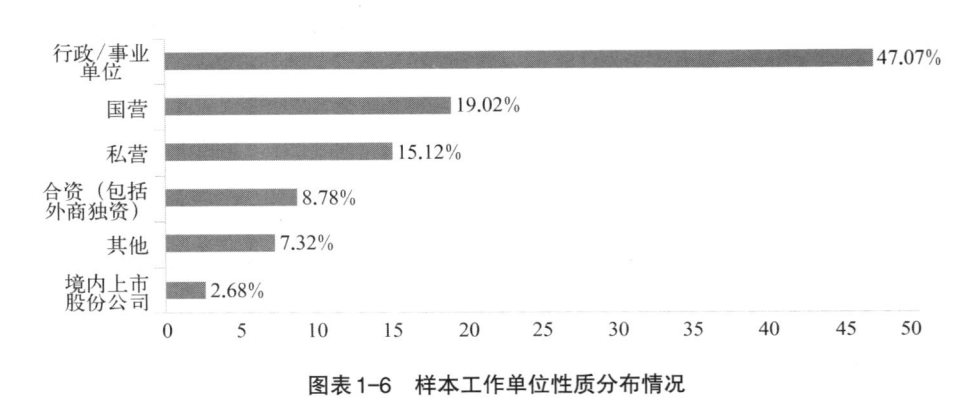

图表1-6 样本工作单位性质分布情况

7. **个人月收入**：最为集中的区间是"8 001—12 000元"，137人，约占答题者总数的1/3（33.41%）；其次为"5 001—8 000元"，116人，占比（28.29%）；"3 001—5 000元"（63人，15.37%）与"12 001—2 000元"（58人，14.15%）收入区间人数比例差不多；"20 000元以上"30人，占比7.32%，"3 000元以下"为6人，占比1.46%。注：此问题样本数量为410人，剔除学生（90人）、失业（2

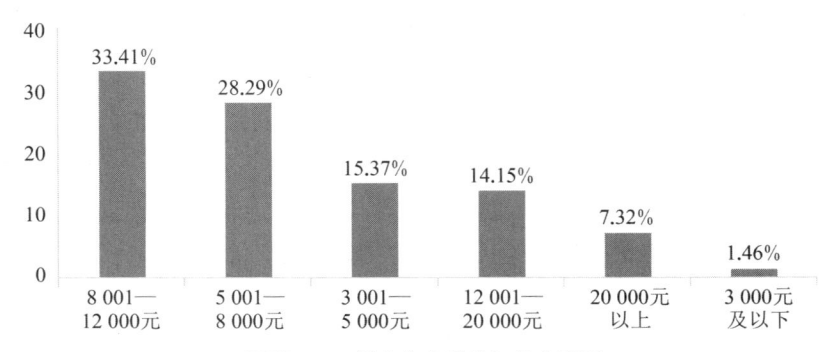

图表1-7 样本个人月收入分布情况

人)、自由职业(27人)共计119人(将选择"自由职业"的27人从"个人月收入"样本中排除是在"跳题"设计环节考虑不周所导致的失误)。

8. 婚姻状况："已婚"为294人，占比55.58%；"单身"为235人，占比44.42%。

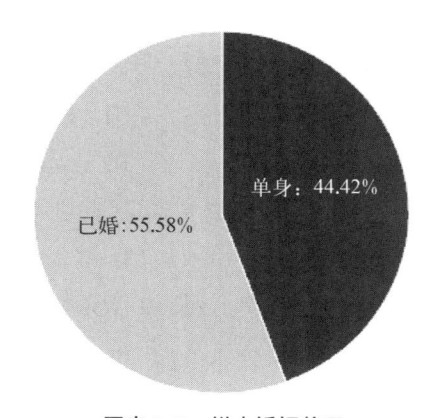

图表1-8　样本婚姻状况

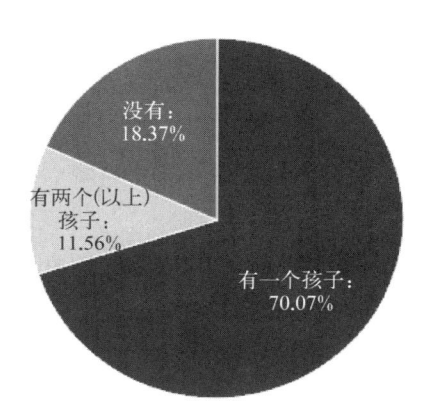

图表1-9　已婚样本子女情况

9. 家中子女情况：选择"已婚"的294人中，"有一个孩子"为206人，占比70.07%；"没有孩子"为54人，占比18.37%；"有两个(以上)孩子"为34人，占比11.56%。

二、上海居民电影消费习惯及偏好问卷调查结果

(一) 是否喜欢看电影、看电影的主要目的及对内容与出品国家的偏好情况

1. 对看电影的喜好程度

529位答题者中，选择"喜欢看电影"为408人，高达77.13%；选择"一般"为108人，比例为20.42%；选择"不怎么喜欢"为13人，占比2.46%；结论：样本中近8成是喜欢看电影的。

交叉分析显示，性别因素对"是否喜欢看电影"的影响不大；年龄因素，

排除"18岁以下"样本,选择"喜欢"看电影的样本年龄段呈两头大、中间小趋势,"18—28岁""60岁以上"年龄段选择"喜欢"看电影比例分别为81.63%和83.33%,"29—35岁""36—45岁""46—60岁"年龄段选择比例低于两者,分别为78.22%、72.43%、74.16%,说明样本对看电影的喜好程度受到人生所处阶段的影响,大学及毕业后刚开始工作几年对看电影的喜好程度要高于工作几年以后;退休以后对看电影的兴趣最浓厚;学历方面,拥有"博士"学历的样本选择"喜欢"看电影的比例低于其他学历样本,具体原因待考。就统计结果来看,全部选择"喜欢"看电影的有以下四种职业:家庭主妇(8人)、第三产业服务人员(5人)、产业工人(2人)和"失业"(2人),但因样本总数较低,此统计结果仅供参考;选择"一般"的比例从高到低依次为专业技术人员(31.37%)、商务人员(25%)、公职人员(23.08%)、政府部门或企业管理人员(21.69%)、职员(17.65%)、学生(16.67%)、私营企业主(15.79%)、离退休人员(13.89%)、自由职业者(11.11%)——专业技术人员对看电影的兴趣最低,也许是因为其工作比较繁忙的缘故,拥有博士学位的样本多属于专业技术人员,两项统计结果合在一起解释了为什么拥有博士学位的样本选择"喜欢"看电影的比例较低。

就月收入来说,月收入最高的样本("20 000元以上")选择"喜欢"的比例最低,仅为60%,远低于其他样本在72.99%到83.33%之间的选择比例;该样本选择"一般"和"不怎么喜欢"的比例最高,分别为30%和10%,说明月收入越高,"影迷"所占比例越低——这也许反映了高收入群体有较多其他取代电影的休闲娱乐及文化欣赏方式。结婚与否的影响体现为:"已婚"样本选择"喜欢"的比例低于"单身"样本(72.79%、82.55%),选择"一般"的比例高于"单身"样本(25.17%、14.47%),说明已婚者对看电影

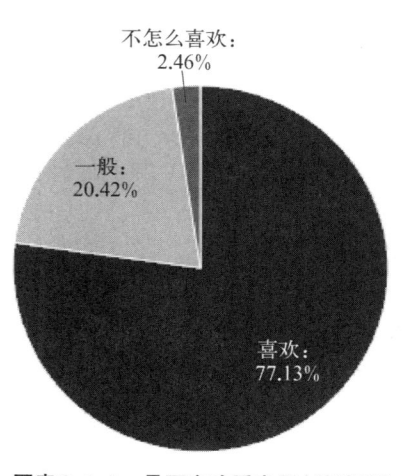

图表2-1-1　是否喜欢看电影(单选题)

上海居民电影消费调查分析报告

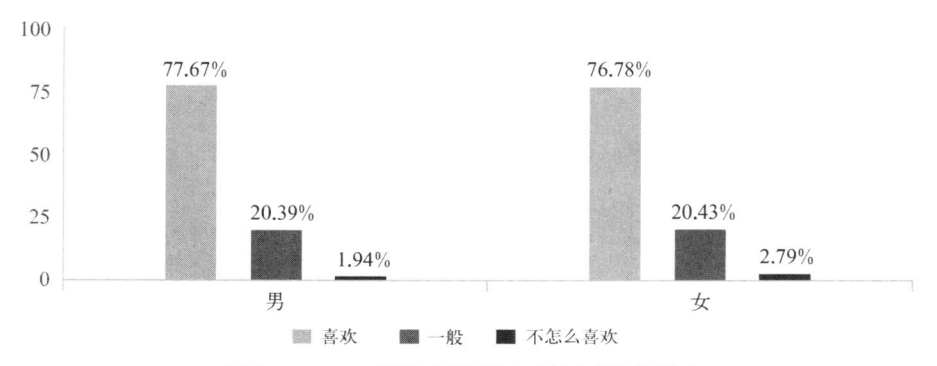

图表 2-1-1A 性别对"是否喜欢看电影"的影响

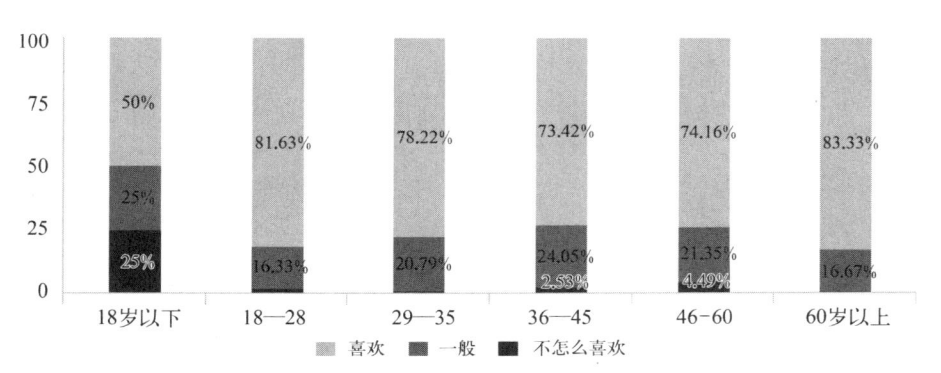

图表 2-1-1B 年龄对"是否喜欢看电影"的影响

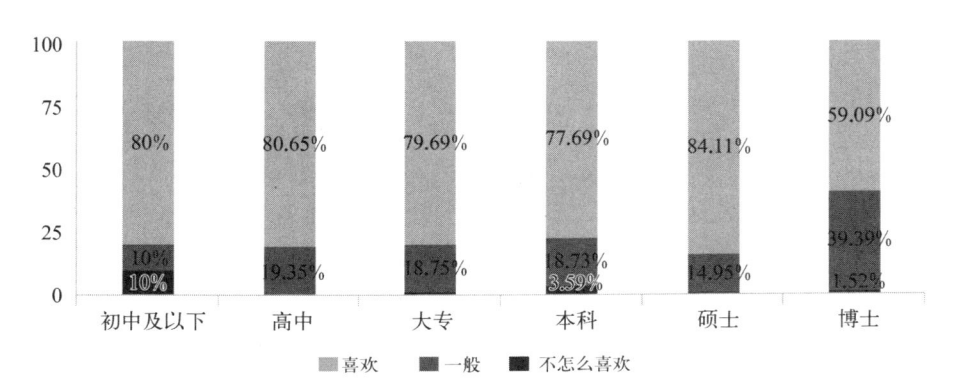

图表 2-1-1C 学历对"是否喜欢看电影"的影响

117

上海文化消费调查：方法、数据和应用

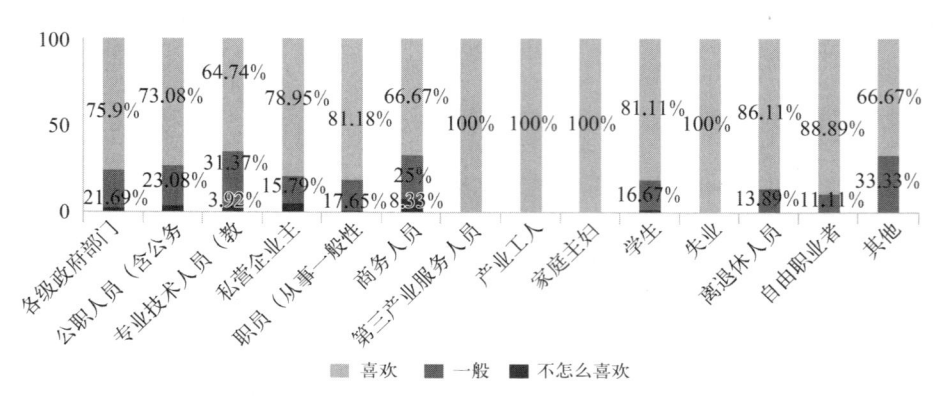

图表2-1-1D 职业对"是否喜欢看电影"的影响

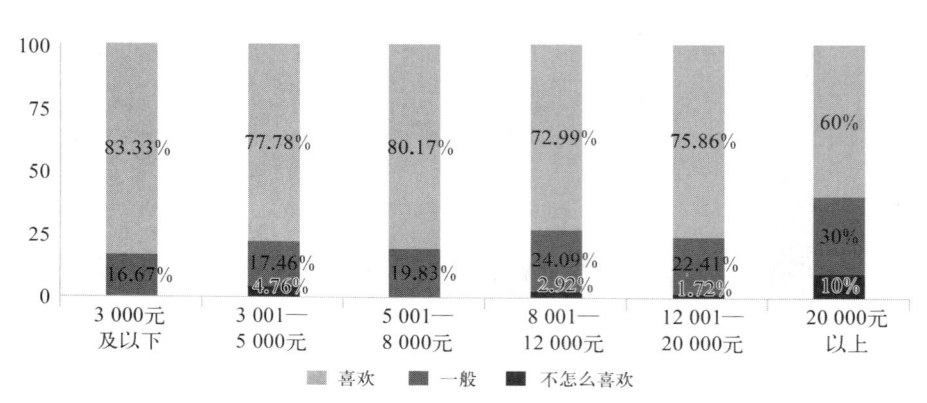

图表2-1-1E 收入对"是否喜欢看电影"的影响

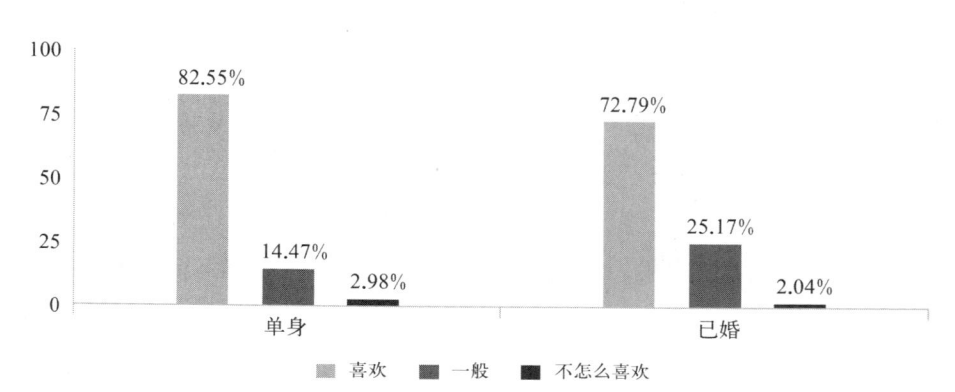

图表2-1-1F 婚姻状况对"是否喜欢看电影"的影响

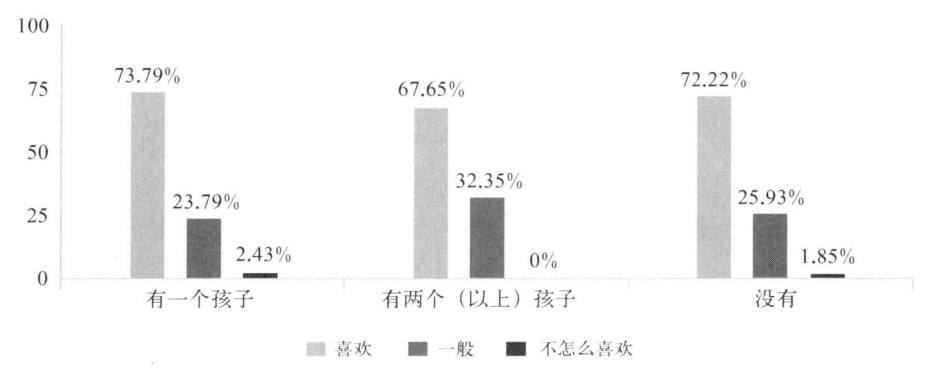

```
100
75    73.79%              67.65%              72.22%
50
25         23.79%               32.35%             25.93%
 0              2.43%                  0%                1.85%
      有一个孩子         有两个（以上）孩子        没有
              ■喜欢  ■一般  ■不怎么喜欢
```

图表2-1-1G　家中子女情况对"是否喜欢看电影"的影响

的喜好程度低于单身者。子女情况作为影响因素体现为："有两个（以上）孩子"样本选择"喜欢"看电影的比例最低（67.55%），选择"一般"的比例最高（32.35%），说明家中孩子数量对样本喜欢看电影的程度具有负相关影响。

2. 看电影的主要目的

对"看电影的最主要的目的"（多选题）这一问题，选择"艺术欣赏/个人爱好"的有373人，占比70.51%；选择"缓解压力/娱乐"为312人，占比58.98%；选择"约会或陪同亲友"135人，占比25.52%；选择"其他"为11人，占比2.08%。结论：样本中高达7成的人选择"艺术欣赏/个人爱好"作为自己看电影的主要目的，排在第二位的"缓解压力/娱乐"也有近6成样本选择，而排在第三位的"约会或陪同亲友"仅有25%的样本选择，说明看电影在样本心目中主要是作为艺术欣赏或娱乐工具，其社会交往功能的重要性在样本心目中远逊于前两者，意味着未来电影消费的个体因素将不断得到凸显，而影院则需要综合考虑消费者的不同需求，增强自身的吸引力。

交叉分析显示，性别对"看电影的最主要目的"的影响不大，女性选择"约会或陪同亲友"的比例略高于男性（27.55%、22.33%），说明女性比男性更多地将"看电影"作为一项社会交往活动。年龄因素（"18岁以下"样本不纳入分析），"36—45岁"年龄段样本选择"艺术欣赏/个人爱好"作为看电影的主要目的比例明显低于其他样本（选择比例在74.15%到83.33%之间），仅为60.76%,原因待考;选择看电影的主要目的为"缓解压力/娱乐"比例最高的为"29—35岁"年龄段样本(75.25%),其次是"18—28岁"年龄段样本(70.75%),其余三个年龄段样本随年龄递增而对该项的选择比例递减,分别为58.86%(36—45岁)、35.96%(46—60岁)、16.67%(60岁以上),说明36岁以上的中青年及老年观众随年龄递增而逐渐减少将电影作为娱乐减压的工具,吸引这部分观众需要从影片思想内容上进行挖掘;选择"约会或陪同亲友"比例最高的为"18—28岁"(31.29%)及"36—45岁"(31.65%)年龄段,高于其余年龄段样本在15.84%(29—35岁)到20%(60岁以上)之间的选择比例,这可以从"18—28岁"样本主要处于谈恋爱阶段、"36—45岁"带孩子看电影的比例较高中得到解释,这也可以部分解释为什么"36—45岁"年龄段样本选择"艺术欣赏/个人爱好"的比例明显低于其他年龄段—陪同、抚养孩子的需要消磨了部分将看电影作为艺术欣赏与个人爱好的需求。"学历"影响基本体现为学历越高,选择看电影的主要目的为"艺术欣赏/个人爱好"的比例越高(从"初中及以下"学历50%的选择比例到"硕士"学历74.77%的选择比例),但是"博士"学历样本对该项的选择比例(62.12%)排在倒数第二位,仅高于"初中及以下"学历样本的选择比例,原因待考。

就职业因素来说,选择看电影的主要目的为"艺术欣赏/个人爱好"的比例超过整体平均比例(70.51%)的有"学生"(73.33%)、"公职人员"(76.92%)、"离退休人员"(77.78%)、"商务人员"(91.67%)、"自由职业者"(92.59%)、"产业工人"(100%)、"失业"(100%)7种职业样本,低于整体平均比例的有"政府及企事业单位管理者"(67.47%)、"职员"(67.06%)、"其他"(66.67%)、"专业技术人员"(63.73%)、"第三产业服务人员"(60%)、"私营企业主"(57.89%)、"家庭主妇"(37.5%)等7种职业样本,家庭主妇对该项的选择比例远远低于其他样本,具体原因待考;选择"缓解压力/娱乐"的比例超过整体平均比例(58.98%)的有"第三产业服务人员"(60%)、"政府及企事业单位管理者"(61.45%)、"家庭主妇"(62.5%)、"自由职业者"(62.96%)、"职员"(69.41%)、"学生"(80%)等6种样本,其中学生对该项的选择比例远高于其他样本,说明学生群体中有最多人倾向于将"看电影"作为减压及娱乐工具,是商业电影的主要消费群体;"离退休人员"选择该项的比例仅为22.22%,远低于其他职业群体,说明要吸引老年观众,需要生产更多具有社会人文内涵及思想价值的电影。就月收入来说,基本上是月收入越高,选择看电影的主要目的为"艺术欣赏/个人爱好"的比例越低,从"5 001—8 000元"月收入样本75.86%的选择比例逐渐降低到"20 000元以上"月收入样本56.67%的选择比例,这符合我们对艺术欣赏及文化消费分为高端市场与低端市场、而"看电影"属于"大众消费"的认知。相应地,月收入"20 000元以上"样本选择"缓解压力/娱乐"的比例也最低(46.67%);月收入"12 001—20 000元""20 000元以上"样本选择看电影的主要目的为"约会或陪同亲友"的比例分别为37.93%和30%,远高于其他收入样本("3 000元及以下"收入样本对该项的选择比例为50%,但样本人数只有6人,在此不纳入分析范围),说明高收入群体虽然不将看电影作为个人艺术欣赏及娱乐减压的主要工具,但其对看电影作为家庭活动及社会交往的功能仍较为重视。"已婚"样本对"看电影的最主要的目的"的三个选项的选择比例皆低于"单身"样本,可解释为"已婚"样本对看电影的喜好程度整体低于"单身"样本("已婚"样本与"单身"样本选择"喜欢看电影"的比例分别为72.79%和82.55%),因此对"目的"选项的认同度也低于"单身"样本。子女情况作为影响因素体现为:"没有孩子"的样本选择看电影的主要目的为"艺术欣赏/个人爱好"的比例(72.22%)高于"有一个孩子"(67.96%)和"有两个(以上)孩子"(47.06%)的样本,体现了孩子数量对样本可用于自身艺术修养时间的影响;三份样本对看电影作为"缓解压力/娱乐"渠道的选择比例

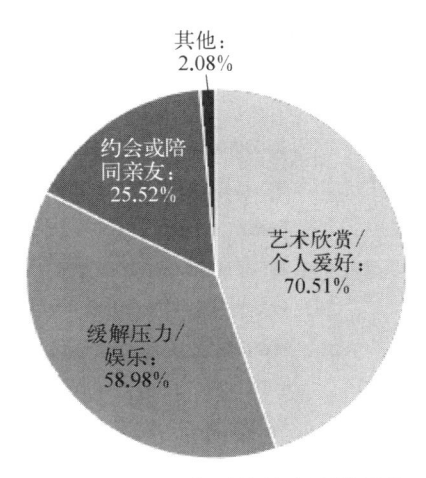

图表2-1-2 看电影的最主要的目的(多选题)

其他:2.08%
约会或陪同亲友:25.52%
艺术欣赏/个人爱好:70.51%
缓解压力/娱乐:58.98%

上海文化消费调查：方法、数据和应用

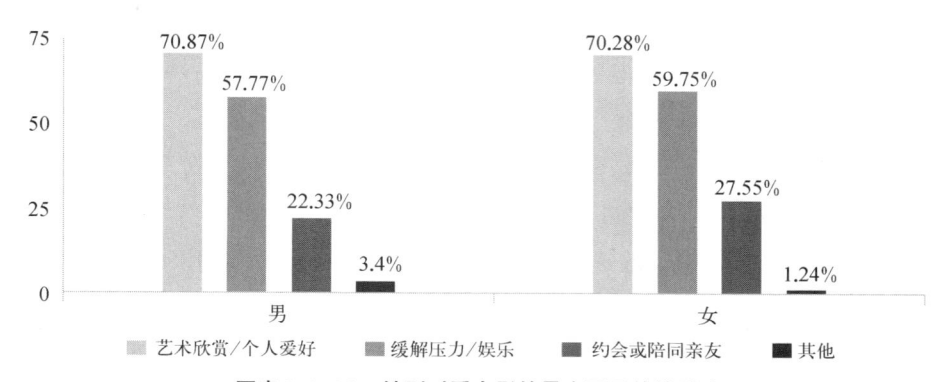

图表2-1-2A 性别对看电影的最主要目的的影响

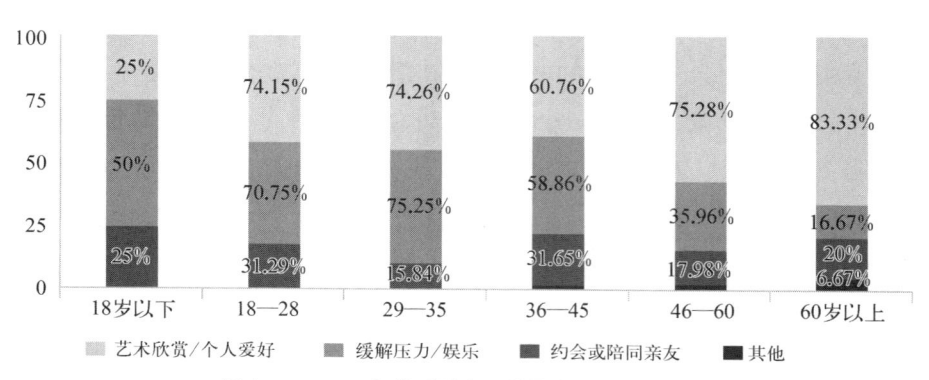

图表2-1-2B 年龄对看电影的最主要目的的影响

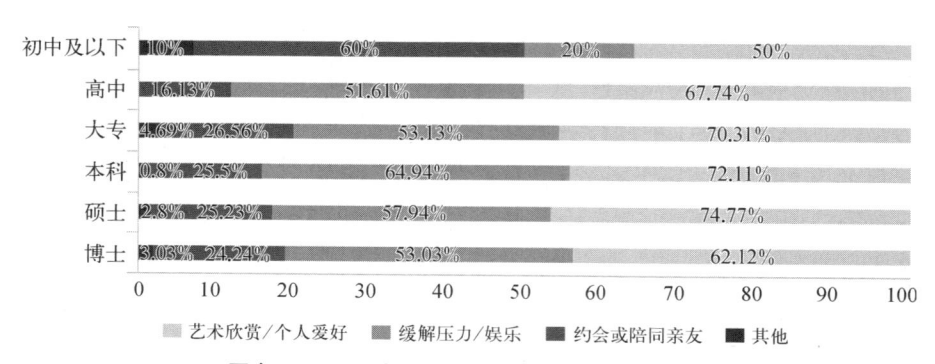

图表2-1-2C 学历对看电影的最主要目的的影响

上海居民电影消费调查分析报告

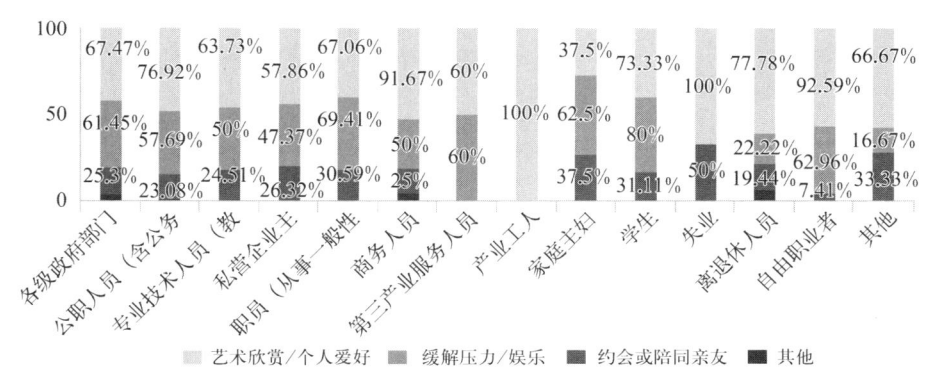

图表2-1-2D 职业对看电影的最主要目的的影响

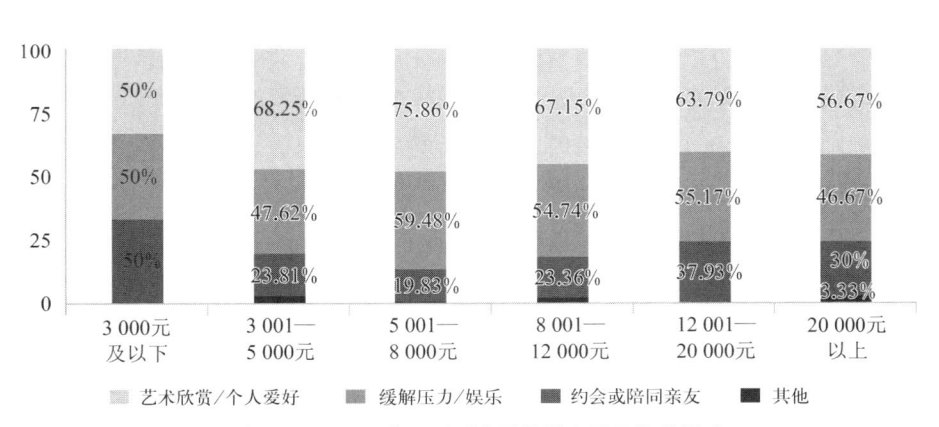

图表2-1-2E 月收入对看电影的最主要目的的影响

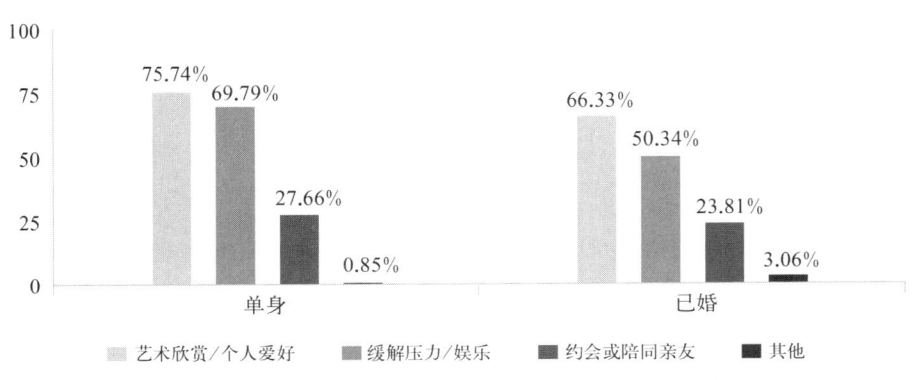

图表2-1-2F 婚姻状况对看电影的最主要目的的影响

```
100
 75   67.96%                          72.22%
           50%                              53.7%
 50              47.06% 47.06%
 25        20.39%                         22.22%
                2.91%         5.88%            1.85%
  0
       有一个孩子      有两个（以上）孩子        没有
     ■ 艺术欣赏/个人爱好  ■ 缓解压力/娱乐  ■ 约会或陪同亲友  ■ 其他
```

图表2-1-2G 子女情况对看电影的最主要目的的影响

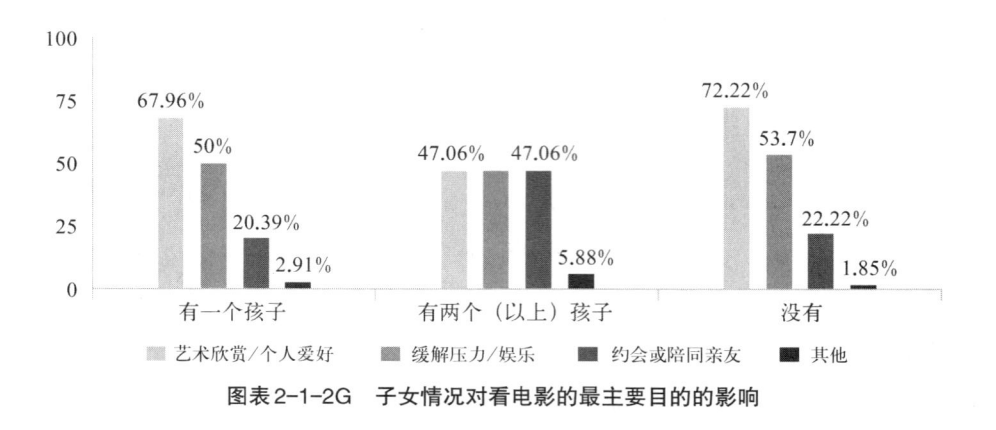

相差不大（47.06%—53.7%）；"有两个（以上）孩子"样本选择看电影的主要目的为"约会或陪同亲友"的比例最高（47.06%），远高于"有一个孩子"样本的20.39%和"没有孩子"样本的"22.22%"，再一次体现了孩子数量对样本艺术欣赏与娱乐活动优先性的影响。

3. 选择观看一部电影的主要因素

对"影响您选择观看一部电影最主要的因素"（多选题）这一问题，选择"故事情节"的人数为429人，占比81.1%；选择"看过的人推荐"245人，占比46.31%；选择"视觉效果"193人，占比36.48%；选择"大导演"163人，占比30.81%；选择"大明星"115人，占比21.74%；选择"宣传造势及话题热点"91人，占比17.2%。结论：在决定观看某部电影时，影片"故事情节"的吸引力要远远大于视觉效果与宣传造势，提醒从业者要更为重视编剧与讲故事的力量，而不是一味追求画面效果；好莱坞系列大片续集吸引力逐渐降低，故事情节重复是重要原因之一；影片的"宣传造势"可以影响一部分观众、可以提高影片知名度，但要真正吸引观众走进影院观看，还需要有一个能够打动人心的好故事；就对观众的号召力来说，导演的影响力超过明星，符合"导演是决定一部电影质量最重要的因素"这一普遍被接受的认知。有近一半的样本（46.31%）认为"看过的人推荐"是影响自己选择观看一部电影最主要的因素，符合"电影映后口碑对票房表现有重大影响"这一经过实践检验的行业规律。

交叉分析显示,"性别"对"选择一部电影最主要的因素"的影响体现为:女性对"视觉效果"的选择比例要低于男性(31.27%、44.66%),对"看过的人推荐"的选择比例要高于男性(52.01%、37.38%),其余选项两者差距不大,说明女性观众比男性观众更容易受到电影口碑影响,男性观众比女性观众更为重视影片的视觉效果。

年龄因素的影响(排除"18岁以下"样本)体现为:"18—28岁""29—35岁"年龄段样本对"故事情节"的选择比例远高于其他年龄段,分别为85.71%、91.09%,表明了年轻一代电影观众对故事情节的高关注度;"60岁以上"年龄段样本选择"宣传造势及话题热点"的比例为10%,明显低于其他年龄段样本17%左右的选择比例,说明老年观众较不易受影片舆论宣传影响——其选择"看过的人推荐"的比例(30%)也低于其他年龄段(选择比例在32.67%到59.18%之间)。学历因素影响,排除"初中及以下"学历样本(10人),"博士"学历样本选择"故事情节"的比例(68.18%)低于其他学历样本(选择比例皆为80%以上);对"视觉效果"的选择比例,呈现随学历递增而缓慢递减的趋势,从"高中"学历样本41.95%的选择比例逐渐降低到"博士"学历样本27.27%的选择比例;对"看过的人推荐"的选择比例呈现随学历递增而缓慢递增的趋势,从"高中"学历样本38.71%的选择比例逐渐升高到"硕士"学历样本的52.34%和"博士"学历样本的51.52%,说明样本学历越高,对故事情节、视觉效果等商业元素的在意程度越低,对熟人推荐的在意程度越高——高学历观众对熟人推荐的信任程度要高于作为推广手段的商业元素的信任程度。职业因素显示,选择"看过的人推荐"比例从高到低分别为:第三产业服务人员(80%)、家庭主妇(62.5%)、学生(60%)、失业(50%)、产业工人(50%)、专业技术人员(48.04%)、职员(47.06%)、政府及企事业单位管理者(44.58%)、公职人员(44.23%)、商务人员(41.67%)、自由职业者(37.04%)、离退休人员(33.33%)、私营企业主(10.53%),显示工作环境的独立性(私营企业主、自由职业者)及缺少工作环境(离退休人员)降低了样本受他人影响的机会及倾向。月收入的影响体现为:月收入最高的样本("20 000元以上")

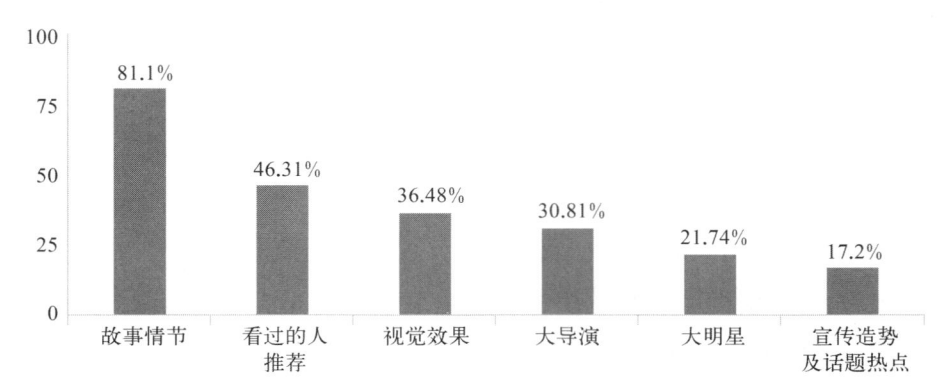

图表 2-1-3　影响您选择观看一部电影最主要的因素（多选题）

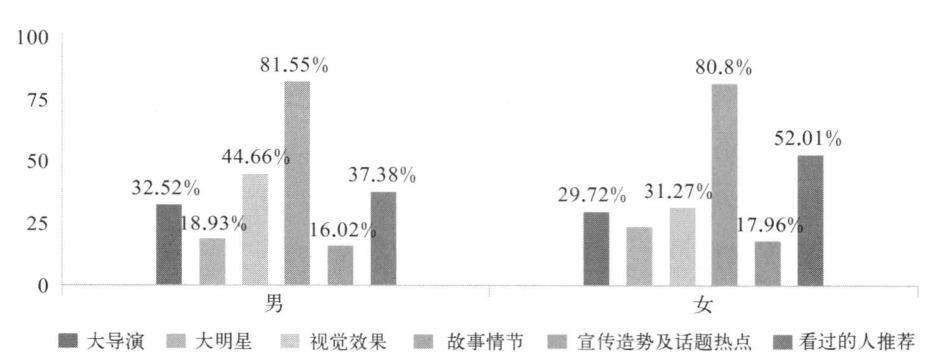

故事情节 81.1%
看过的人推荐 46.31%
视觉效果 36.48%
大导演 30.81%
大明星 21.74%
宣传造势及话题热点 17.2%

图表 2-1-3A　性别对"影响您选择观看一部电影最主要的因素"的影响

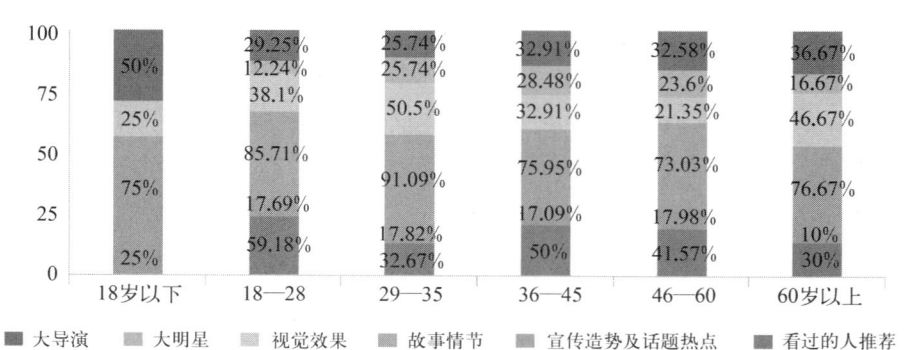

男：大导演 32.52%，大明星 18.93%，视觉效果 44.66%，故事情节 81.55%，宣传造势及话题热点 16.02%，看过的人推荐 37.38%

女：大导演 29.72%，大明星 23.27%（31.27%），视觉效果 31.27%，故事情节 80.8%，宣传造势及话题热点 17.96%，看过的人推荐 52.01%

图表 2-1-3B　年龄对"影响您选择观看一部电影最主要的因素"的影响

因素	18岁以下	18—28	29—35	36—45	46—60	60岁以上
大导演	50%	29.25%	25.74%	32.91%	32.58%	36.67%
大明星	25%	12.24%	25.74%	28.48%	23.6%	16.67%
视觉效果	75%	38.1%	50.5%	32.91%	21.35%	46.67%
故事情节	25%	85.71%	91.09%	75.95%	73.03%	76.67%
宣传造势及话题热点	—	17.69%	17.82%	17.09%	17.98%	10%
看过的人推荐	25%	59.18%	32.67%	50%	41.57%	30%

选择"看过的人推荐"比例（26.67%）远低于其他收入样本（除了"3 000元及以下"收入样本6人，其余样本对此项的选择比例皆高于40%）——这也许暗示了谈论新上映的电影并不是该群体的日常交流话题。"已婚"样本受"看过

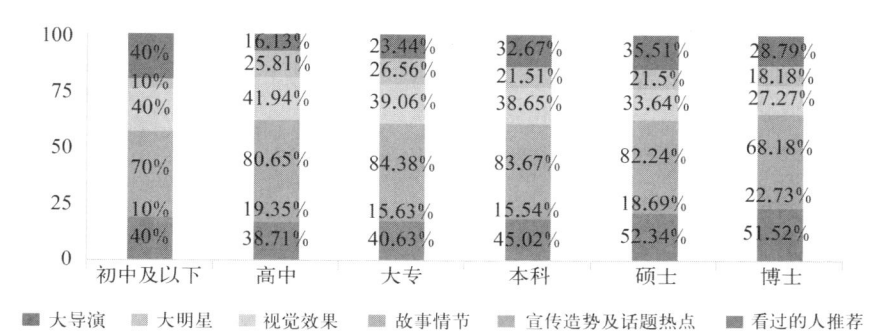

图表2-1-3C　学历对"影响您选择观看一部电影最主要的因素"的影响

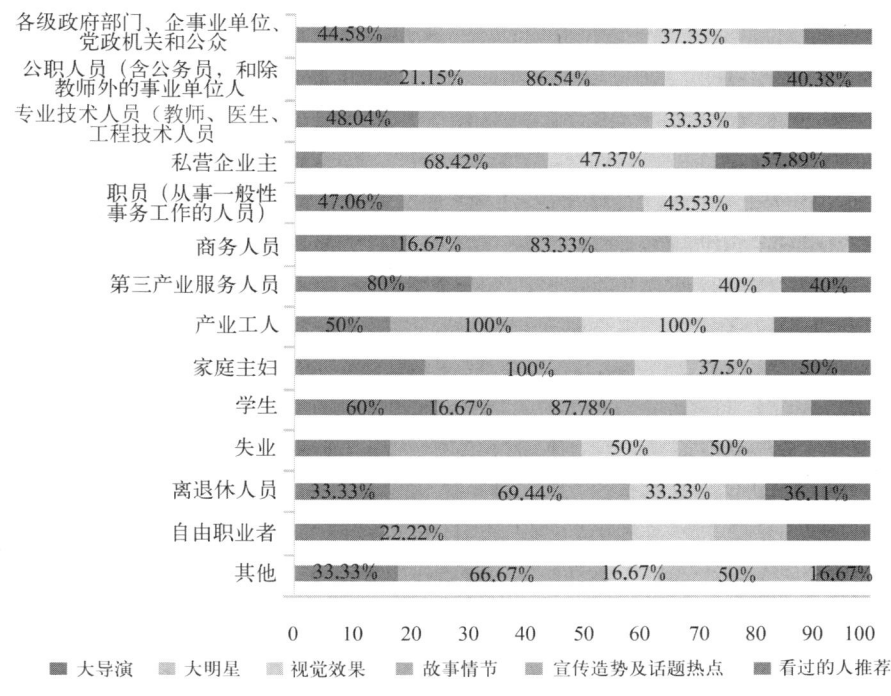

图表2-1-3D　职业对"影响您选择观看一部电影最主要的因素"的影响

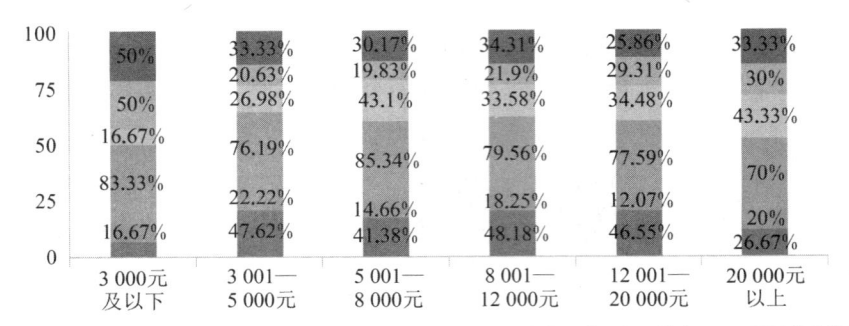

图表2-1-3E 月收入对"影响您选择观看一部电影最主要的因素"的影响

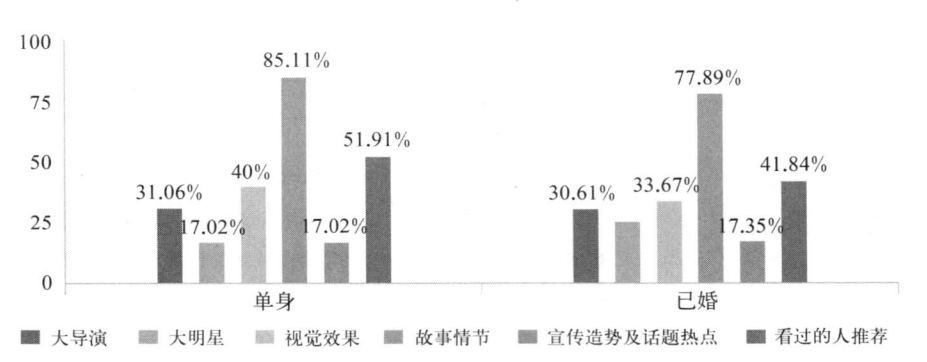

图表2-1-3F 婚姻状况对"影响您选择观看一部电影最主要的因素"的影响

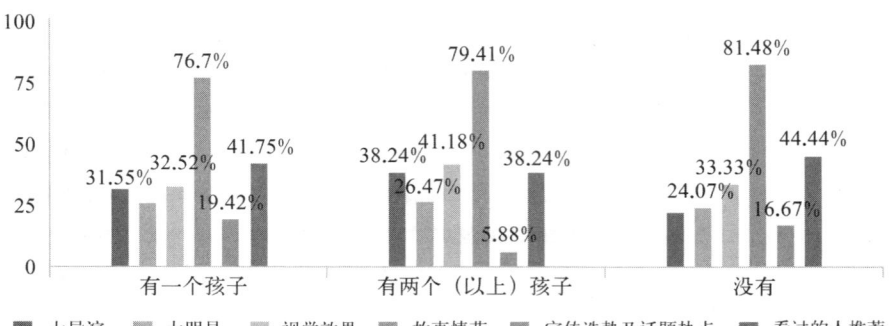

图表2-1-3G 子女情况对"影响您选择观看一部电影最主要的因素"的影响

的人推荐"的影响（41.84%选择比例）低于"单身"样本（51.91%）。"有两个（以上）孩子"样本选择"宣传造势及热点话题"的比例（5.88%）远低于"有一个孩子"（19.42%）及"没有孩子"的样本（16.67%），其余选项差别不大，似乎说明子女数量越多的家庭，越较少受媒体舆论宣传影响。

4. 喜欢观看的影片类型

选择"剧情文艺片"的比例最高（321人，60.68%），余下依次为"喜剧片"（276人，52.17%）、"科幻片"（239人，45.18%）、"纪录片"（197人，37.24%）、"战争片"（180人，34.03%）、"恐怖悬疑片"（164人，31%）、"传记片"（158人，29.87%）、"青春爱情片"（155人，29.3%）、"武侠动作片"（134人，25.33%）、"魔幻片"（131人，24.76%）、动漫片（123人，23.25%）、"音乐歌舞片"（116人，21.93%），以及"不太清楚所喜欢的影片为哪种类型"（29人，5.48%）。结论：一半以上的样本喜欢观看的影片类型为剧情文艺片与喜剧片，这与我国目前票房市场情况（尤其是国产片的票房市场）基本吻合；选择"音乐歌舞片"的比例最低，与我国缺少音乐片的传统相吻合，但21.93%的选择比例，说明这一类型仍有其自身市场。整体结论是每一种电影类型都有其自身观众，有的类型比较大众化，有的类型相对小众化，但都有市场潜力可挖。

交叉分析显示，除了剧情文艺片（69.66%、46.60%）、青春爱情片（33.75%、22.33%）和音乐歌舞片（25.08%、16.99%）这三种类型女性喜欢观看的比例超过男性以外，其余类型皆为男性选择比例超过女性，按男性选择比例高低排序分别为：喜剧片（54.37%、50.77%）、科幻片（51.94%、40.87%）、战争片（50.97%、23.22%）、恐怖悬疑片（37.86%、26.63%）、纪录片（38.83%、36.22%）、武侠动作片（34.47%、19.50%）、传记片（31.07%、29.10%）、魔幻片（27.67%、22.91%）、动漫片（24.27%、22.60%），选择比例相差较大的类型有科幻片、战争片、恐怖悬疑片和武侠动作片四种，其中对战争片的选择比例，男性高于女性27.75%的选择比例差。

排除"18岁以下"样本，在各年龄段样本中受欢迎程度相差不大的有剧情文艺片（选择比例在58.23%到65.35%之间）、喜剧片（44.22%到61.39%之间）；大体上呈现随年龄递增而喜爱程度呈递增趋势的有传记片（从16.33%递增到

56.67%)、战争片(从19.05%递增到46.67%)、纪录片(从26.53%递增到50%)三种;呈现随年龄递增而受喜爱程度呈递减趋势的类型有科幻片(从57.14%递减到16.67%)、青春爱情片(从35.37%递减到20%)、魔幻片(从29.25%递减到10%)、动漫片(从25.85%递减到3.33%)音乐歌舞片(从24.49%递减到16.67%)、武侠动作片(从24.49%递减到10%)等六种;恐怖悬疑片在18—60岁样本中选择比例在28.71%到34.81%之间,增减趋势不明显,但在60岁以上样本中选择比例急剧下降到16.67%,说明60岁以上观众对恐怖悬疑题材感兴趣比例最低。结论:剧情文艺片与喜剧片是普遍受到观众欢迎的片种;传记片、战争片、纪录片在年纪较大的观众中较受欢迎;青春爱情片、音乐歌舞片、武侠动作片、科幻片、魔幻片、动漫片、恐怖悬疑片在年轻观众中较受欢迎。

学历因素对"喜欢观看的影片类型"的影响不明显,但拥有硕士学历的样本选择"剧情文艺片"的比例(71.96%)高于其他样本(选择比例在40%到60.56%之间),拥有博士学历的样本对"青春爱情片"的选择比例(19.7%)低于其他样本(选择比例在27.89%到38.71%之间)。月收入对喜欢观看的影片

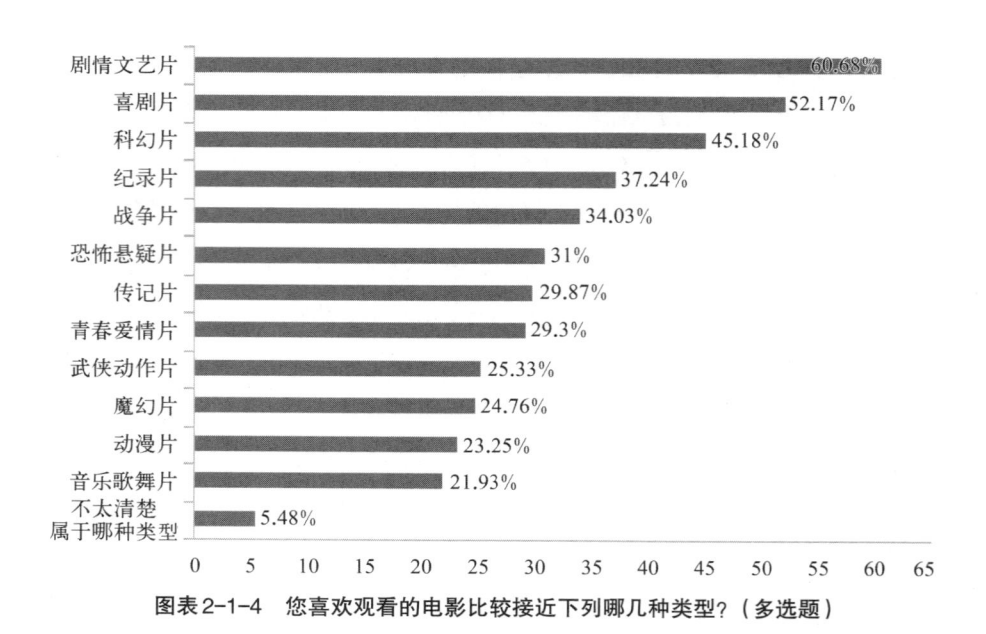

类型	比例
剧情文艺片	60.68%
喜剧片	52.17%
科幻片	45.18%
纪录片	37.24%
战争片	34.03%
恐怖悬疑片	31%
传记片	29.87%
青春爱情片	29.3%
武侠动作片	25.33%
魔幻片	24.76%
动漫片	23.25%
音乐歌舞片	21.93%
不太清楚属于哪种类型	5.48%

图表2-1-4 您喜欢观看的电影比较接近下列哪几种类型?(多选题)

上海居民电影消费调查分析报告

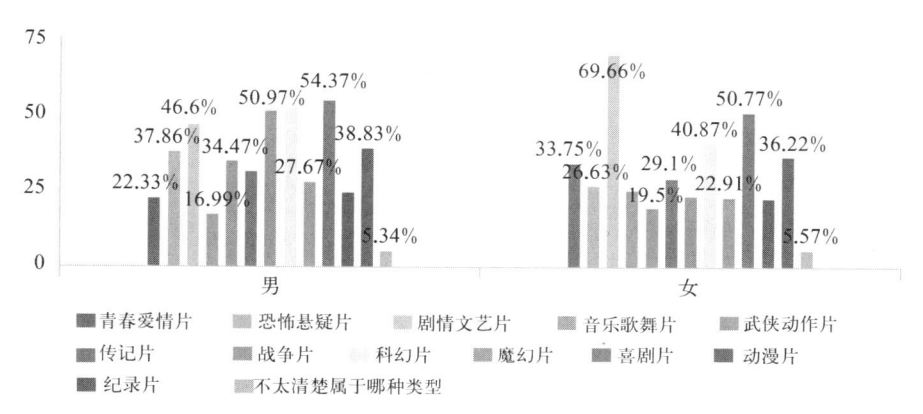

图表2-1-4A　性别对喜欢观看的影片类型的影响

图表2-1-4B　年龄对喜欢观看的影片类型的影响

图表2-1-4C　学历对喜欢观看的影片类型的影响

```
            100 ┌─────────────────────────────────────────────────┐
                │ 33.33%  28.57%  37.93%  27.01%  32.76%  33.33% │
             75 │         61.9%   62.93%  65.69%  46.55%  33.33% │
                │ 83.33%  31.75%  26.72%  18.98%  41.38%         │
             50 │                         35.04%           36.67%│
                │ 16.67%  31.75%  35.34%          44.83%         │
                │         15.87%  44.83%  45.99%  39.66%   40%   │
             25 │  50%    55.56%  51.72%  55.47%  63.79%  43.33% │
                │ 16.67%  42.86%  43.97%  39.42%  34.48%  33.33% │
              0 │ 33.33%                                          │
                └─────────────────────────────────────────────────┘
                 3 000元  3 001— 5 001— 8 001—  12 001— 20 000元
                 及以下   5 000元 8 000元 12 000元 20 000元 以上
```

■ 青春爱情片　■ 恐怖悬疑片　■ 剧情文艺片　■ 音乐歌舞片　■ 武侠动作片
■ 传记片　　　■ 战争片　　■ 科幻片　　　■ 魔幻片　　　■ 喜剧片　　■ 动漫片
■ 纪录片　　　■ 不太清楚属于哪种类型

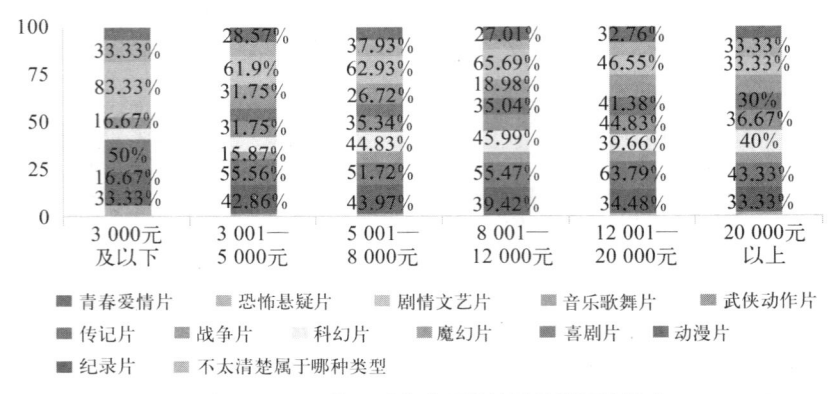

图表2-1-4D　收入对喜欢观看的影片类型的影响

```
            75 ┌────────────────────────────────────────────┐
               │         65.53%                             │
               │                 54.04%          56.8%      │
            50 │                                      52.72%│
               │                          38.78%   40.48%   │
               │ 32.34%  26.81%  29.36% 33.19% 30.61%       │
            25 │                                24.15% 21.09%│
               │                         5.11%           5.78%│
             0 │                                            │
               └────────────────────────────────────────────┘
                          单身                    已婚
```

■ 青春爱情片　■ 恐怖悬疑片　■ 剧情文艺片　■ 音乐歌舞片　■ 武侠动作片　■ 传记片　■ 战争片
■ 科幻片　　　■ 魔幻片　　　■ 喜剧片　　　■ 动漫片　　　■ 纪录片　　　■ 不太清楚属于哪种类型

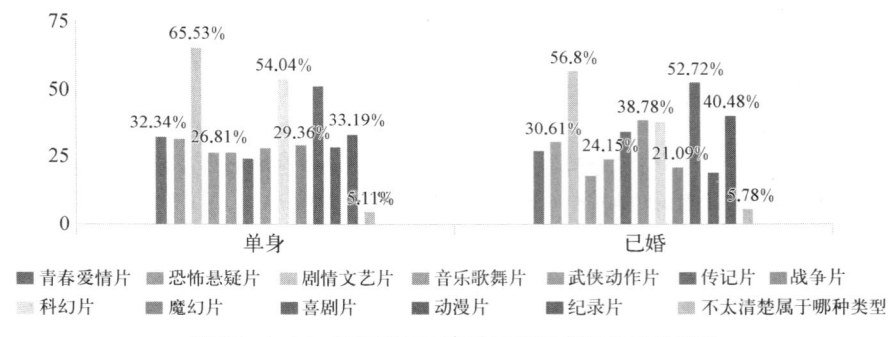

图表2-1-4E　婚姻状况对喜欢观看的影片类型的影响

类型的影响也不甚明显，但月收入在20 000元以上样本对"剧情文艺片"的选择比例（33.33%）低于其他样本（选择比例在46.55%到83.33%之间）。"已婚与否"对喜欢影片类型产生影响最大的有三种类型，分别为传记片、战争片与科幻片；传记片与战争片为"已婚"样本选择比例（34.35%、38.78%）高于"单身"样本（24.26%、28.09%），科幻片是"单身"样本选择比例（54.04%）高于"已婚"样本（38.10%），这一差异符合年龄因素对喜爱影片类型所产生影响的统计结果，因此可以从大部分已婚者年龄要大于单身未婚者这一点得到解释。"没有孩子"的样本对恐怖悬疑片、科幻片与魔幻片的选择比例要高于"有孩子"的样本——无论后者是有一个还是两个以上孩子；再一次证明了孩子对样本的电影消费频率与内容偏好都有一定影响。

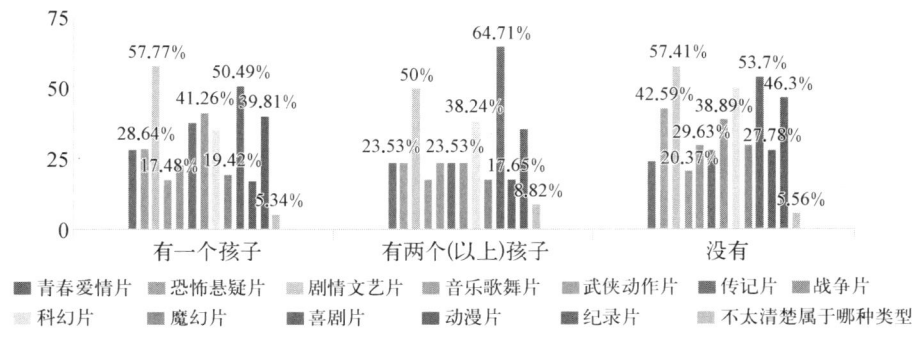

图表2-1-4F 子女情况对喜欢观看的影片类型的影响

5. 偏爱的电影出品地

样本偏爱的电影出品地以"美国"为首,选择比例为78.64%(416人),"欧洲"次之(58.41%,309人),"国产"片排名第三(50.85%,269人),"日韩"与"港台地区"受喜爱程度相差不大,分别为35.16%(186人)和34.22%(181人)。

结论：美国与欧洲电影在样本中受欢迎程度要超过国产、日韩与港台地区,这与近年来我国国产电影票房持续超过进口影片的事实并不相符；对此可以有以下几种解释：一是人们对美国与欧洲电影整体赞赏程度较高,是从其历史成就及整体发展水平而言,并不代表其当下公映的电影符合观众的观影需要；二是我国对进口影片的数量限制为国产电影提供了票房保护；三是影院观影行为往往受热点话题及口碑影响,国产电影在形成热点话题及推动口碑营销上较为有利,具有话题关注度及贴近性,因此在票房表现上胜过进口影片——两个具有说服力的例子是2017年的《战狼2》与2018年的《我不是药神》。

交叉分析显示,男性选择比例高于女性的分别为以下三个电影出品地：美国(80.58%、77.4%)、国产(53.4%、49.23%)、港台地区(39.32%、30.96%)；女性高于男性选择比例的为欧洲(61.3%、53.88%)和日韩(37.15%、32.04%)。

排除"18岁以下"样本,"年龄"对电影出品地最明显的影响是样本对国产电影的喜好程度随年龄增加而递增,从"18—28岁"45.58%的选择比例递增到"60岁以上"样本73.33%的选择比例；其他出品地也受到年龄差异影响,但不像国产电影这样显著。对国产电影的喜爱,大专以下学历样本选择比例高于60%,而本科以上学历样本选择比例在46.61%到53.03%之间,说明国产电影受高学历观众的欢迎程度较低。将样本人数大致相当的政府及企事业单位管理者(83人)、职员(85人)、学生(90人)与专业技术人员(102)的选择结果相比较,对"国产"电影的选择比例从高到低排序分别为政府及企事业单位管理者(53.01%)、学生(48.89%)、专业技术人员(48.04%)和职员(45.88%),对"港台地区"电影的选择比例排序为职员(38.82%)、专业技术人员(34.31%)、政府及企事业单位管理者(33.73%)、学生(26.67%);对"欧洲"电影的选择比例排序为专业技术人员(62.75%)、职员(61.18%)、政府及企事业单位管理者(57.83%)、学生(47.78%);对"美国"电影的选择比例排序为学生(86.67%)、职员(83.53%)、政府及企事业单位管理者(77.11%)、专业技术人员(75.49%);对"日韩"电影的选择比例排序为职员(42.35%)、政府及企事业单位管理者(39.76%)、专业技术人员(30.39%)、学生(28.89%);学生对美国电影的认同度最高(86.67%),对国产电影的认同度次之(48.89%),对欧洲电影(47.78%)、日韩电影(28.89%)及港台地区电影(26.67%)的认同度较低。

排除月收入在"3 000元及以下"样本,在其余样本中,月收入2万元以上样本选择美国、港台地区的比例最高(83.33%、40%),选择国产(43.33%)、欧洲(46.67%)、日韩(16.67%)的比例最低;除了"3 001—5 000元"收入样本对欧洲电影的选择比例(53.97%)略低于国产电影(55.56%),在5 001—8 000元(66.38%、50%)、8 001—12 000元(63.5%、51.09%)、12 001—20 000元(60.34%、51.72%)、20 000元以上(46.67%、43.33%)收入样本中,对欧洲电影的选择比例皆高于国产电影,说明在中等以上收入群

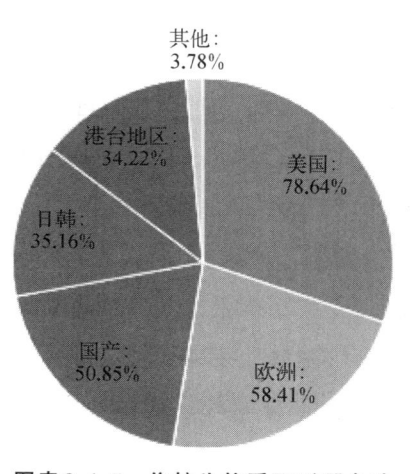

图表2-1-5 您较为偏爱下列哪个地区的电影(多选题)

其他:3.78%
港台地区:34.22%
日韩:35.16%
国产:50.85%
欧洲:58.41%
美国:78.64%

体（月收入5 000元以上）中，国产电影受喜爱程度不仅远低于美国影片，也低于欧洲影片——除了每年出现1—2部票房"爆款"，国产电影整体创作水平仍需提升，才能获得观众的真正认可。"已婚"样本对偏爱的影片出品地选择国产、港台的比例（56.8%、35.37%）高于"单身"样本（43.4%、32.77%），单身样本选择美国（81.28%、76.53%）、欧洲（62.13%、55.44%）、日韩（39.57%、31.63%）的比例高于已婚样本。子女情况对样本选择美国及国产影片的比例影响不大，没有孩子的样本选择"欧洲"（62.69%、54.37%、50%）、"港台地区"（46.3%、32.04%、38.24%）及"日韩"电影（44.44%、30.1%、20.59%）的比例要高于"有一个孩子"及"有两个（以上）孩子"的样本。

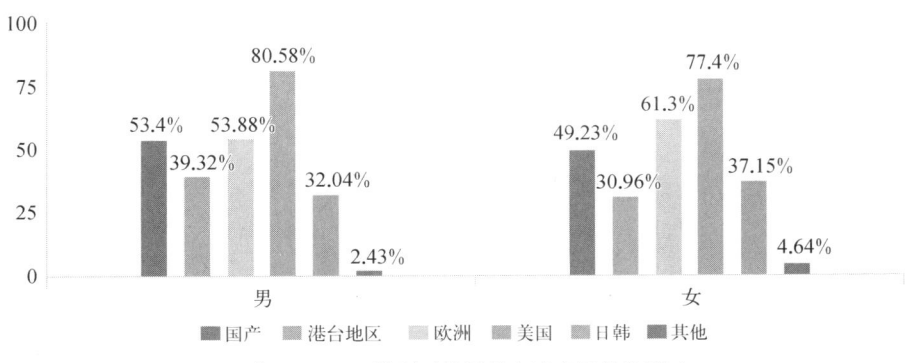

图表2-1-5A　性别对偏爱的电影出品地的影响

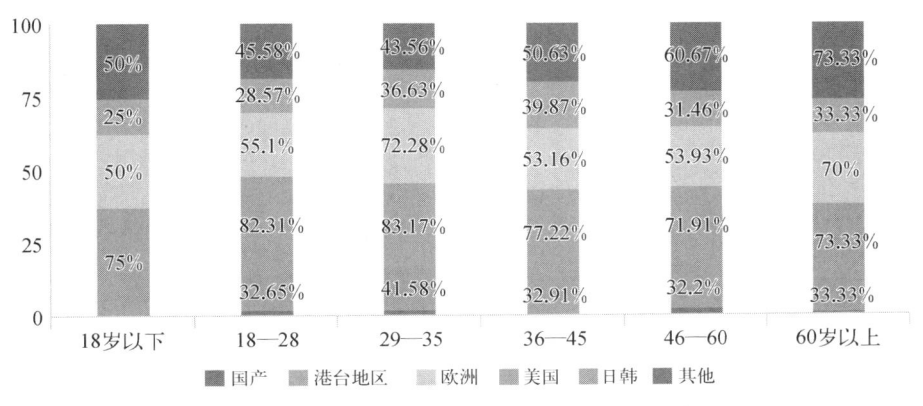

图表2-1-5B　年龄对偏爱的电影出品地的影响

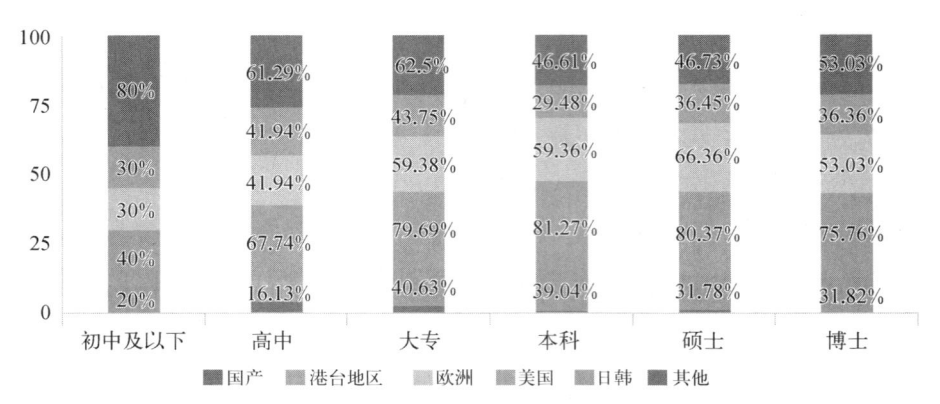

图表 2-1-5C　学历对偏爱的电影出品地的影响

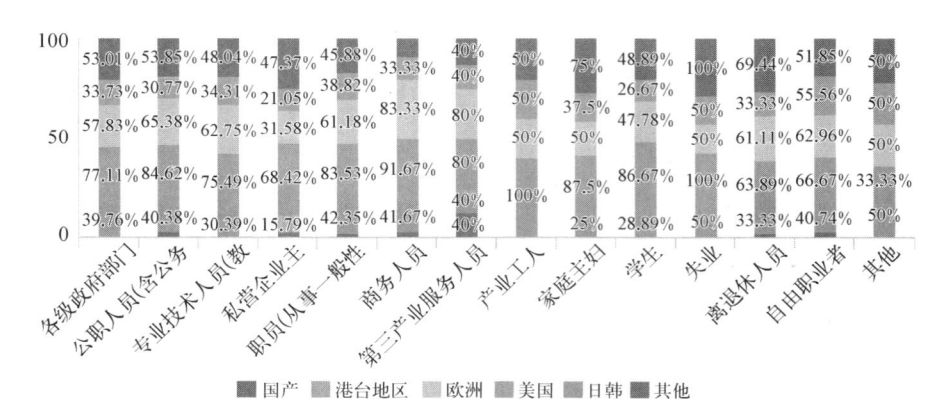

图表 2-1-5D　职业对偏爱的电影出品地的影响

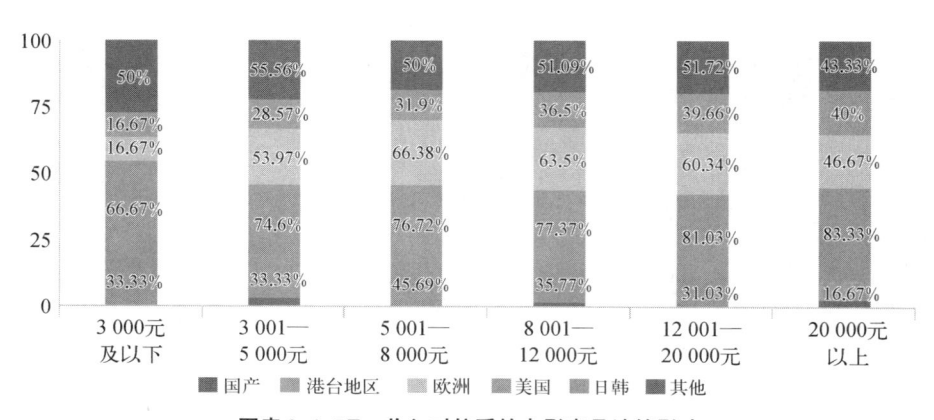

图表 2-1-5E　收入对偏爱的电影出品地的影响

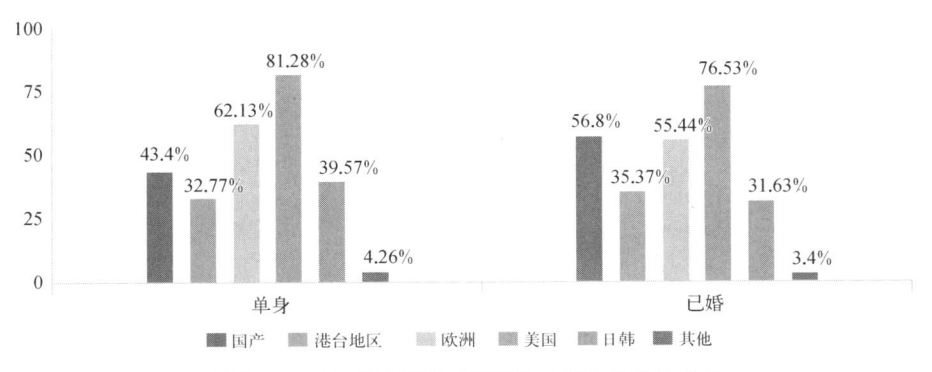

图表 2-1-5F 婚姻状况对偏爱的电影出品地的影响

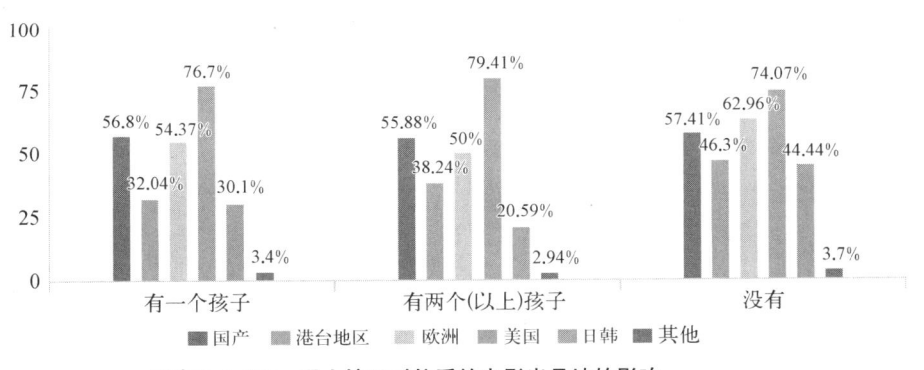

图表 2-1-5G 子女情况对偏爱的电影出品地的影响

(二) 日常生活中看电影的频率、渠道及影院观影情况

1. 每周观看电影数量

样本中选择比例最高的为"1部以下"(229人,43.29%);"1—2部"为214人,占比40.45%;"3—5部"为63人,占比11.91%;"5部以上"为23人,占比4.35%。鉴于调研者本身从事电影研究工作,微信朋友圈中电影行业相关人士较多,本项调查结果所得出的数据可能高出全市平均水平。结论:渠道不限的话,样本中超过56%的人每周至少观看1部电影,说明看电影确实已经成为大众的一项重要日常观赏行为。

交叉分析显示,女性除了在每周观看电影数量"1部以下"选择比例高于男性(45.2%、40.29%),在每周观看电影数量"1—2部"(40.78%、40.25%)"3—5部"(12.62%、11.46%)"5部以上"(6.31%、3.1%)选项中,男性比例皆高于女性,虽然差距并不十分显著——说明男性重度观影者(每周看电影数量选择"3—5部"和"5部以上"的样本)比例要高于女性。年纪因素对每周观看电影数量呈两头大、中间小的影响效应,36—45岁、46—60岁样本轻度观影者(每周看电影数量选择"1—2部"及"1部以下"的样本)所占比例较高,重度观影者所占比例越低,而"18—28岁""29—35岁"及"60岁以上"样本轻度观影者所占比例较低(除了少数例外),重度观影者所占比例较高(除了少数例外),这说明"36—60岁"年龄段样本每周看电影数量整体少于更年轻及更年长的样本,这一点,可以从处于36—60岁之间的中青年观众承受着更多的生活与事业压力来得到解释。

  学历对每周观看电影数量呈负相关影响,学历越高,轻度观影者所占比例越高,重度观影者所占比例越低。将样本人数大致相当的政府及企事业单位管理者(83人)、职员(85人)、学生(90人)与专业技术人员(102)每周观看电影的数量相比较,"职员"中重度观影者所占比例最高("3—5部"和"5部以上"所占比例分别为18.82%和2.35%)——这符合普通职员工作压力较小、有更多闲暇时间用于观看电影的假设。

排除月收入在3 000元以下样本,月收入与每周观看电影数量呈负相关关系,即月收入越高,每周观影数量越少(轻度观影者所占比例从"3 001—5 000元"的42.86%增长到"20 000元以上"样本的63.33%)。然而值得注意的是,月收入2万元以上样本中,重度观影者的比例也要高于其他样本,每周观看"3—5部"和"5部以上"所占比例分别为13.33%和6.67%,总计20%,说明月收入较高群体似乎也有更多时间享受电影艺术。已婚者每周看电影数量选择"一

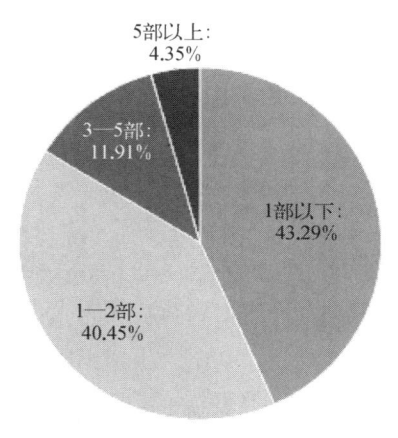

图表2-2-1 您一周大约看几部电影?(包括电影院、网络、电视、DVD、手机等各种渠道,单选题)

5部以上: 4.35%
3—5部: 11.91%
1—2部: 40.45%
1部以下: 43.29%

上海居民电影消费调查分析报告

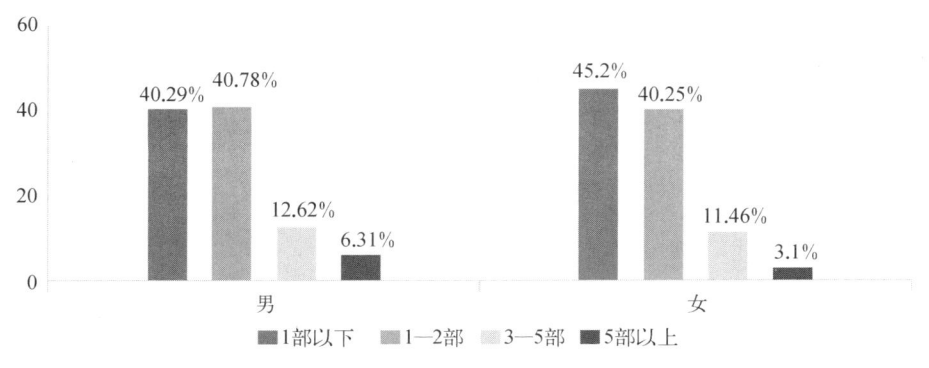

图表2-2-1A 性别对每周观看电影数量的影响

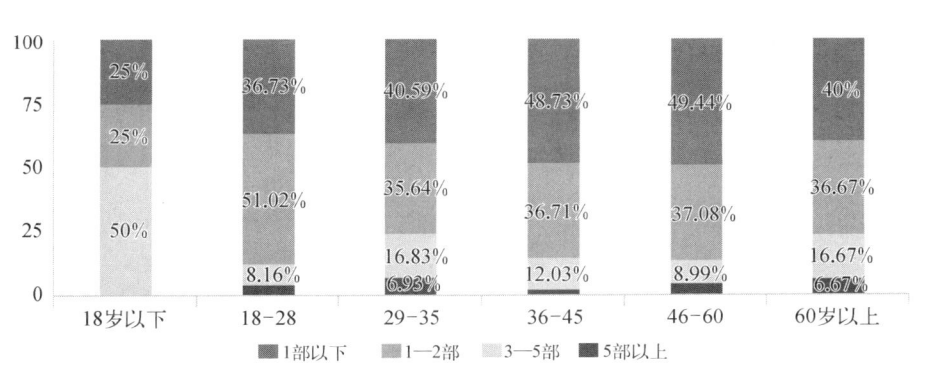

图表2-2-1B 年龄对每周观看电影数量的影响

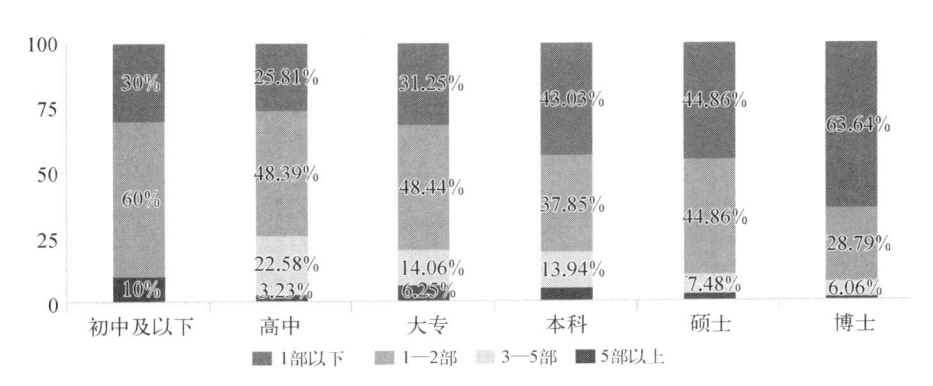

图表2-2-1C 学历对每周观看电影数量的影响

139

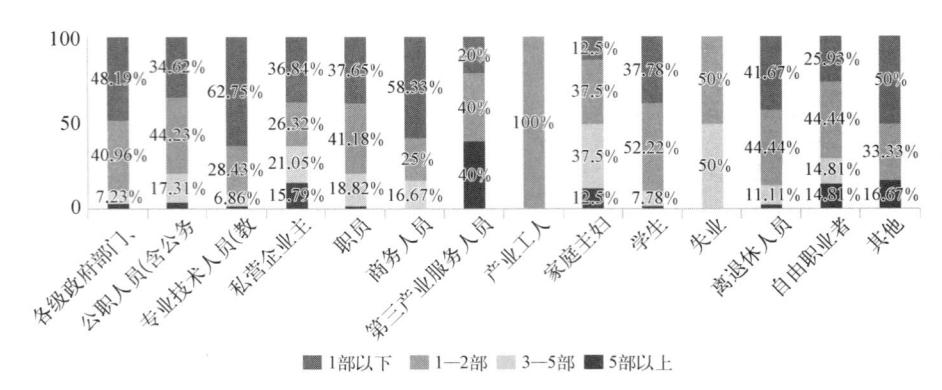

上海文化消费调查：方法、数据和应用

图表2-2-1D 职业对每周观看电影数量的影响

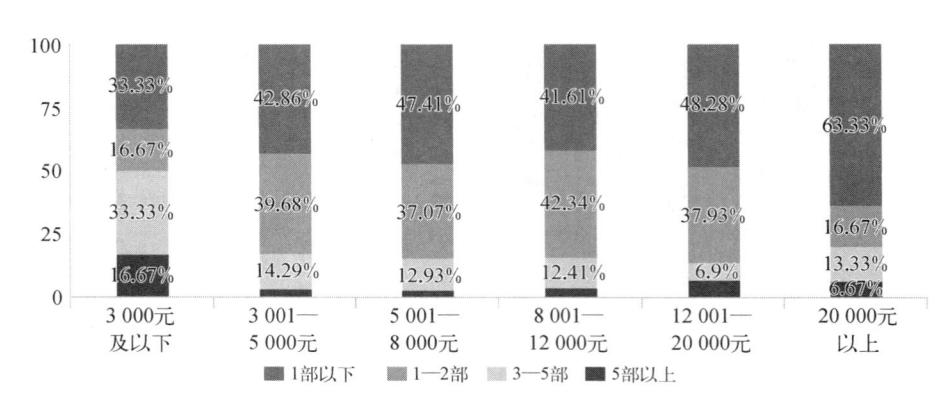

图表2-2-1E 收入对每周观看电影数量的影响

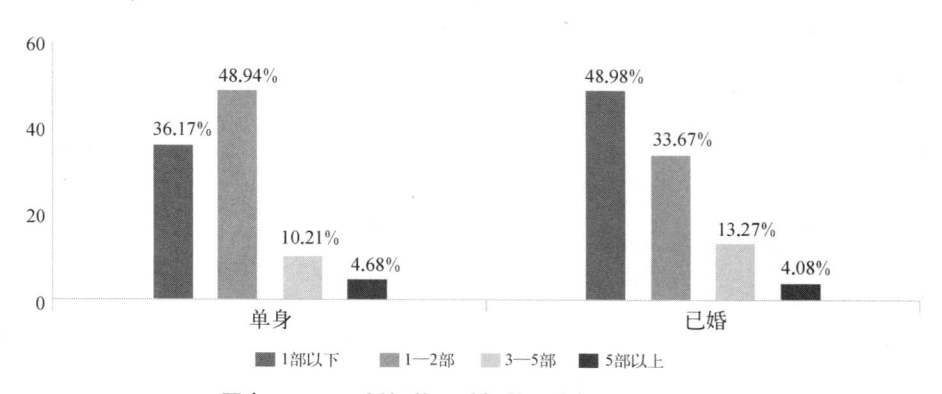

图表2-2-1F 婚姻状况对每周观看电影数量的影响

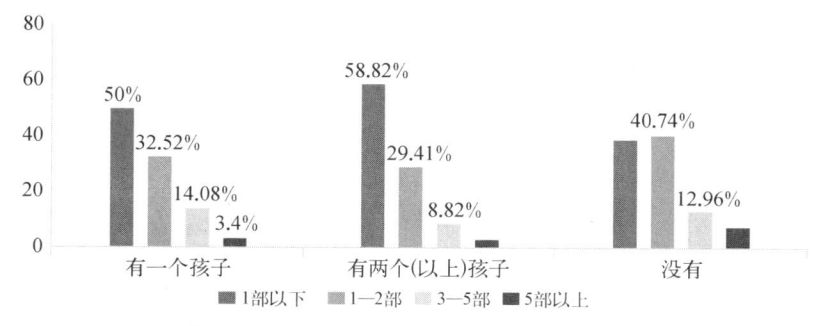

图表2-2-1G　子女情况对每周观看电影数量的影响

部以下""3—5部"比例(48.98%、13.27%)要高于单身者(36.17%、10.21%),选择"1—2部""5部以上"比例(33.67%、4.08%)要低于单身者(48.94%、4.68%),整体来看,"单身"样本每周看电影数量高于"已婚"样本。"有两个(以上)孩子"样本重度观影者所占比例最低,选择"3—5部"和"5部以上"的比例总计为11.76%,"有一个孩子"样本此比例为17.48,"没有孩子"样本此比例为20.37%,再一次证明了子女数量对样本观影兴趣及时间的影响。

2. 日常生活中看电影的主要渠道

选择比例最高的为"电影院"(248人),占比46.88%;其次为"视频网站(电脑端)"和"视频网站(手机端)",分别为106人(20.04%)和63人(11.91%);"网络电视(IPTV等)"53人,占比10.02%;"传统电视节目(电影频道等)"31人,占比5.86%;仅6人选择DVD,占比1.13%;22人选择"其他",占比4.16%,样本对"其他"选项的具体说明主要为下载、网盘资源、小米盒子等。结论:"去电影院看电影"是样本选择比例最高的日常电影消费形式,与近年来我国影院建设红火、电影票房市场逐年增长的宏观形势相吻合,也说明影院市场仍具有相当的生命力与竞争力;视频网站"电脑端"和"手机端"的选择比例仅次于"电影院",说明作为流媒体的视频网站的市场占有率已经超过传统网络电视、电影频道等的市场占有率;IPTV等网络电视的使用比例低于视频网站"手机端"的使用比例,说明移动观影模式正在迅速改变传统坐在电视机前或电脑前的观影方式;仅有6人选择DVD作为日常观影方式,说明这一观看模式已经基本处于淘汰过程中。

交叉分析显示,性别因素对日常生活中看电影的渠道影响不大,女性选择"电影院"的比例(48.3%)略高于男性(44.66%),男性选择"视频网站(电脑端)"的比例略高于女性(21.84%、18.89%),而女性选择"视频网站(手机端)"的比例略高于男性(13%、10.19%)。就年龄来说,排除"18岁以下"样本,**除**"60岁以上"样本选择比例最高的为"传统电视节目"(36.67%)以外,其余四个年龄段选择比例最高的皆为"电影院",分别为"46—60岁"(52.81%)、"18—28岁"(49.66%)、"29—35岁"(48.51%)、"36—45岁"(44.3%),选择比例呈两头高、中间低的趋势——这也许可以从"29—35岁""36—45岁"样本正处于事业打拼期、去电影院的时间较少来进行解释;"视频网站(电脑端)"作为主要观影渠道的选择比例呈随年龄递增而递减的趋势,从"18—28"岁样本32.65%的选择比例降到"60岁以上"6.67%的选择比例;除"18岁以下"的4位样本,其余年龄段样本对"视频网站(手机端)"的选择比例皆低于对"视频网站(电脑端)"的选择比例,"29—35岁""36—45岁"年龄段对"视频网站(手机端)"的选择比例几乎是其他年龄段选择比例的两倍(除"18岁以下"样本以外),原因可能与这两个年龄段较少去电影院的原因相同,即这些人正处于职场打拼及家庭负担较重的时期,缺少专门坐下来看电影的时间,因此较多通过手机视频这一移动、流媒体的方式观看电影。

就职业影响来说,选择"电影院"作为日常最主要的观影渠道高于平均选择比例(46.88%)有以下几种职业,按选择比例从高到低排序依次为:产业工人(100%)、失业(100%)、自由职业者(66.67%)、职员(58.82%)、商务人员(58.33%)、专业技术人员(51.96%),其中产业工人与失业的样本人数分别为2人,不具有统计学价值。"传统电视节目"选择比例从高至低排在前三位的分别为"离退休人员"(30.56%)、"政府及企事业单位管理者"(10.84%)、私营企业主(10.53%);商务人员、第三产业服务人员、产业工人、家庭主妇、学生、失业、自由职业者7大样本对该选项的选择比例为"零",显示了《电影频道》等传统电视节目作为观影渠道的极度衰落;"网络电视(IPTV等)"选择比例从高至低排在前三位的分别为家庭主妇(25%)、政府及企事业单位管理者(14.46%)、离退休人员(13.89%);"视频网站(电脑端)"选择比例从高至低排在前三位的分别为学生(40%)、公职人员(25%)、家庭主妇(25%);"视频网站(手机端)"选择比例从高至低排在前三位的分别为商务人员(16.67%)、职员(16.47%)、私营企业主(15.79%);对该项选择比例为20%的"第三产业服务人员"因样本总数只有5人而被排除在外;"DVD"仅有6人选择,分别为"政府及企事业单位管理者"2人,公职人员2人,离退休人员1人,自由职业者1人。同为流媒体,与其他职业群体相比,学生群体对视频网站电脑端(40%选择比例)和手机端(7.78%)的选择比例呈现出较大差异,原因大概可以用学生群体待在校园里、坐在教室里的时间较多,而其他职业样本上下班通勤、在路上的时间较多来进行解释,这显示了手机、平板等移动视频观看模式对"在路上"一族的吸引力。

就月收入影响来说,日常观影主要渠道选择"电影院"的比例基本呈随收入增加而递减的趋势,但差别不大,选择比例在40%(月收入"20 000元以上")到51.72%(月收入"5 001—8 000元")之间;值得注意的是月收入"20 000元以上"样本对"视频网站(手机端)"的选择比例为30%,远高于其他收入样本从4.76%(月收入"3 001—5 000元")到15.52%(月收入5 001—8 000元)的选择比例,说明月收入越高的样本,对移动视频的使用频率越高,

图表2-2-2 最近两年,您在日常生活中看电影最多的是通过以下哪一渠道(单选题)

电影院 46.88%
视频网站(电脑端) 20.04%
视频网站(手机端) 11.91%
网络电视(IPTV等) 10.02%
传统电视节目 5.86%
其他 4.16%
DVD 1.13%

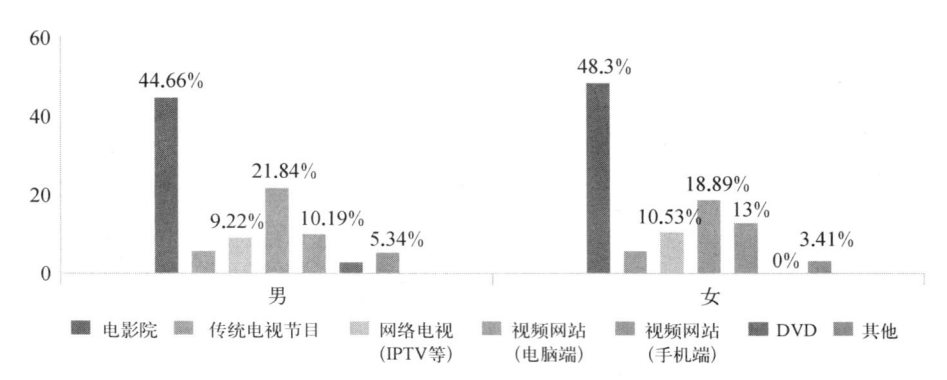

图表 2-2-2A 性别对日常生活中看电影的主要渠道的影响

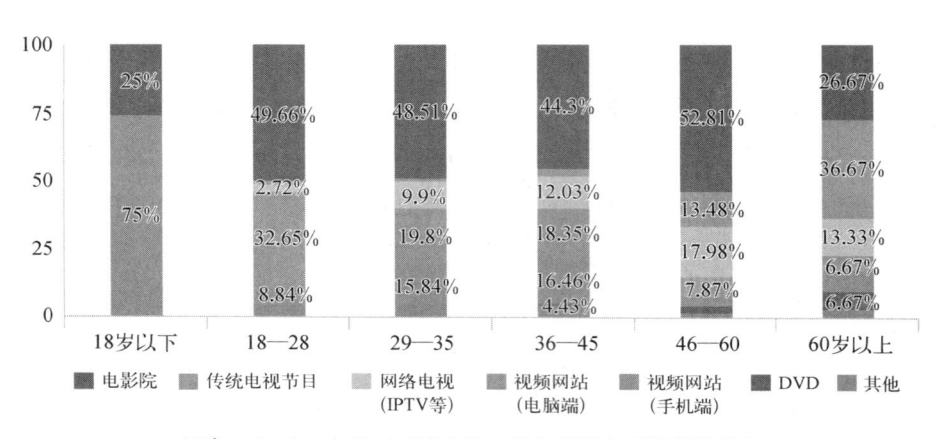

图表 2-2-2B 年龄对日常生活中看电影的主要渠道的影响

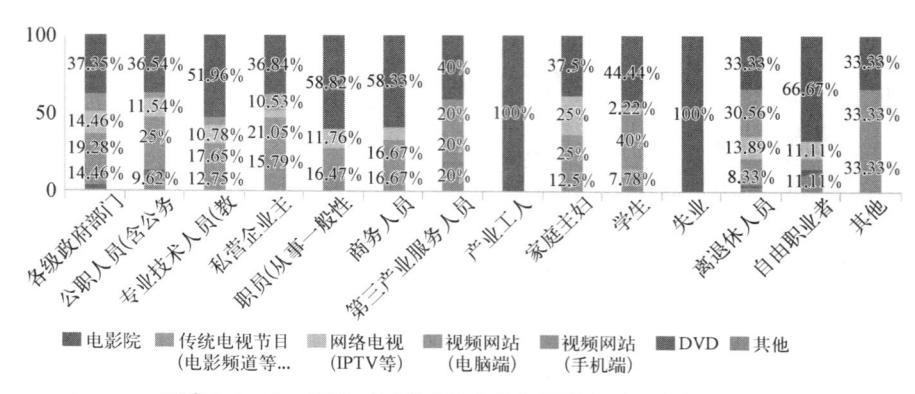

图表 2-2-2C 职业对日常生活中看电影的主要渠道的影响

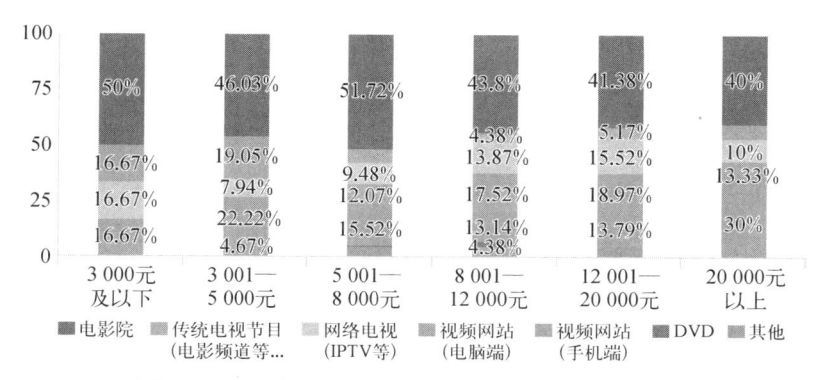

图表 2-2-2D　收入对日常生活中看电影的主要渠道的影响

可能是因为其"在路上"的时间较多的缘故。

3. 通过视频网站看电影的频率

选择比例最高的为"每周平均只有一天或少于一天"(167人,31.57%);选择"基本上很少看"的为150人,占比28.36%;选择"每周至少会有两天观看"的为126人,占比23.82%;"基本上每天都看"的为50人,占比9.45%;"不在视频网站上看电影"的为36人,占比6.81%。结论:样本中虽然超过93%以上的人都通过视频网站看电影,但近1/3的人观看频率并不很高,每周只有一天或少于一天观看;基本上每天都看的人数不到样本总数的1/10,说明虽然视频网站作为看电影的渠道被广泛接受,但使用频率仍有较大发掘空间。

交叉分析显示,性别因素对通过视频网站看电影频率的影响不大,女性选择"基本上每天都看"的比例略高于男性(9.91%、8.74%),选择"基本上很少看"的比例也略高于男性(29.72%、26.21%)。年龄因素,将"18岁以下"样本排除在外,选择"基本上很少看"的比例大体随年龄递增而递增,从"18—28岁"样本23.81%的选择比例上升到"60岁以上"样本40%的选择比例;46岁以上样本选择"不在视频网站看电影"的比例("46—60岁"选择比例为14.61%,"60岁以上"选择比例为10%)高于46岁以下样本(选择比例在4.08%到5.94%之间);46岁以上样本视频网站高频观影者比例(选择"基本上每天都看"和"每周至少会有两天观看"的样本数量之和)与46岁以下样本比例差不多。学历因素体现为,视频网站高频观影者所占比例随学历升高而下降,从高中学历样本38.71%的比例逐步下降到博士学历样本18.19%的比例,体现了高学历样本闲暇时间较少的现实情况。职业影响体现为,"政府及企事业单位管理者"选择比例最高的为"每周只有一天或少于一天观看"(34.94%),其次为"基本上很少看"(30.12%);公职人员选择比例最高的前两项为"每周至少会有两天观看"(28.85%)和"基本上很少看"(26.92%);专业技术人员选择比例最高的前两项为"基本上很少看"(39.22%)和"每周只有一天或少于一天观看"(35.29%);私营企业主选择比例最高的前两项为"每周至少会有两天观看"(36.84%)和"基本上很少看"(26.32%);职员选择比例最高的前两项为"每周至少会有两天观看"(31.76%)和"基本上很少看"(30.59%);商务人员选择比例最高的前两项为"基本上很少看"(58.33%)和"每周至少会有两天观看"(25%);学生中选择比例最高的为"每周只有一天或少于一天观看"(40%)、其次为"每周至少会有两天观看"(28.89%),有24.44%的学生选择"基本上很少看";离退休人员选择比例最高的前两项为"每周至少会有两天观看"(33.33%)和"每周只有一天或少于一天观看"(22.22%);自由职业者选择比例最高的前两项为"每周只有一天或少于一天观看"(48.15%)和"每周至少会有两天观看"(18.52%);"家庭主妇"(8人)、"其他"(6人)、"第三产业服务人员"(5人)、"产业工人"(2人)和"失业"(2人)的样本人数在10人以下,在此忽略不计。值得注意的是,统计数据显示家庭主妇对视频网站的使用最为频繁与普遍,8人中无一选择"基本上很少看"与"不在视频网站上看电影"这两项。公职人员、私营企业主和职员样本选择率最高的两项同为"每周至少会有两天观看"和"基本上很少看",显示了相同的职业、不同的职场状态及兴趣爱好所带来的对文化娱乐活动的不同选择;专业技术人员与商务人员选择率最高的选项同为"基本上很少看",显示了这两种职业的工作压力或繁忙程度要高于其他职业。

收入因素的影响体现为,月收入2万元以上样本与其他样本相比,高频观影者所占比例急剧减少,仅为16.67%,而其他收入样本的该比例在33.33%到39.66%之间;月收入2万元以上样本选择"基本上很少看"的比例(43.33%)也高于其他收入样本(在20.63%到32.85%之间)。婚姻状况的影响体现为:"单身"样本视频网站高频观影者所占比例(34.89%)略高于"已婚"(31.97%)样本;"有两个(以上)孩子"样本选择"基本上很少看"比例(41.18%)远高于"有一个孩子"(30.58%)和"没有孩子"(25.93%)样本,符合之前调查结果所做出的"孩子数量影响样本对文化休闲时间内容偏好的选择"的推论。

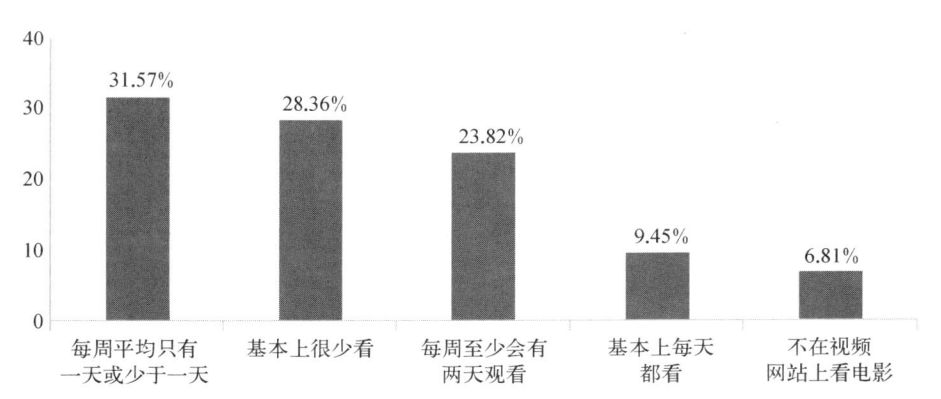

图表2-2-3 您通过视频网站(电脑与手机端皆可)看电影的频率大致符合以下哪种?(单选题)

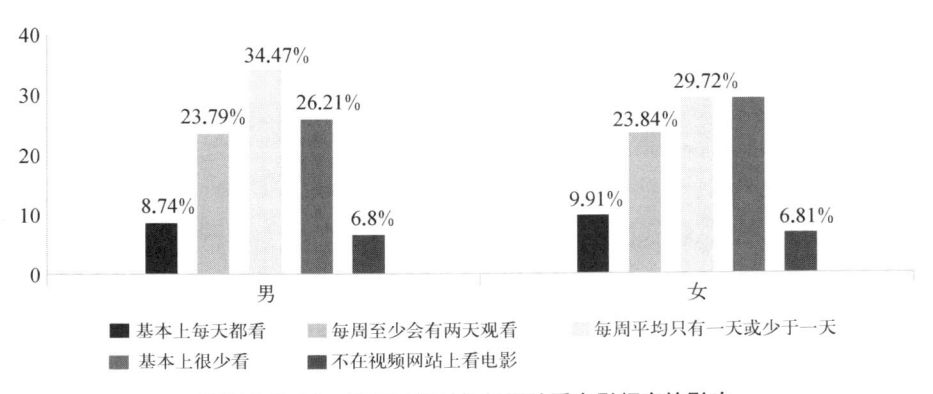

图表2-2-3A 性别对通过视频网站看电影频率的影响

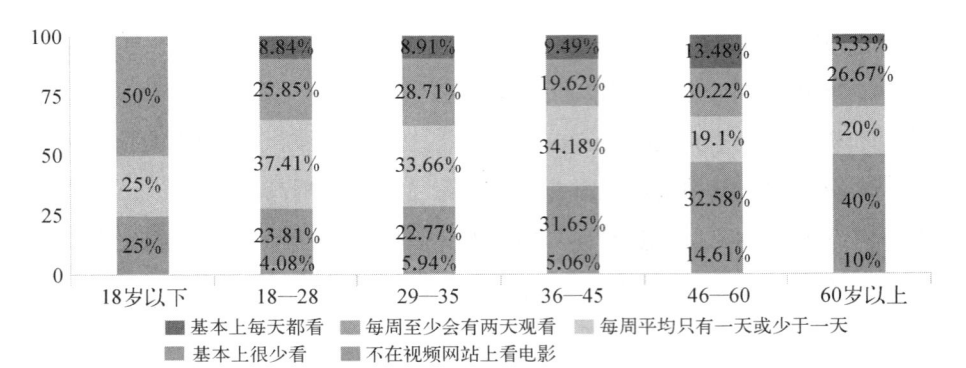

上海文化消费调查：方法、数据和应用

图表2-2-3B　年龄对通过视频网站看电影频率的影响

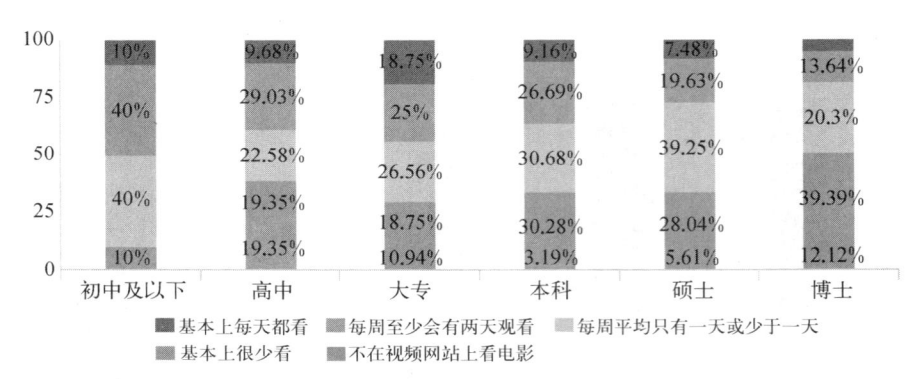

图表2-2-3C　学历对通过视频网站看电影频率的影响

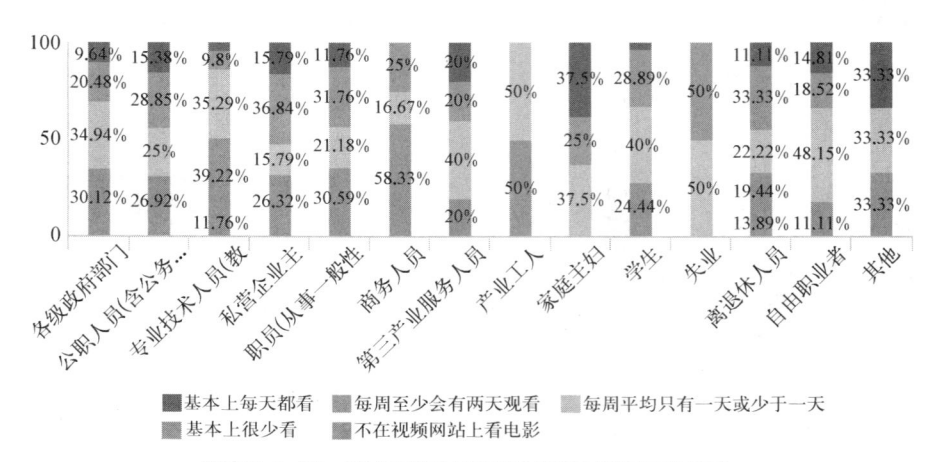

图表2-2-3D　职业对通过视频网站看电影频率的影响

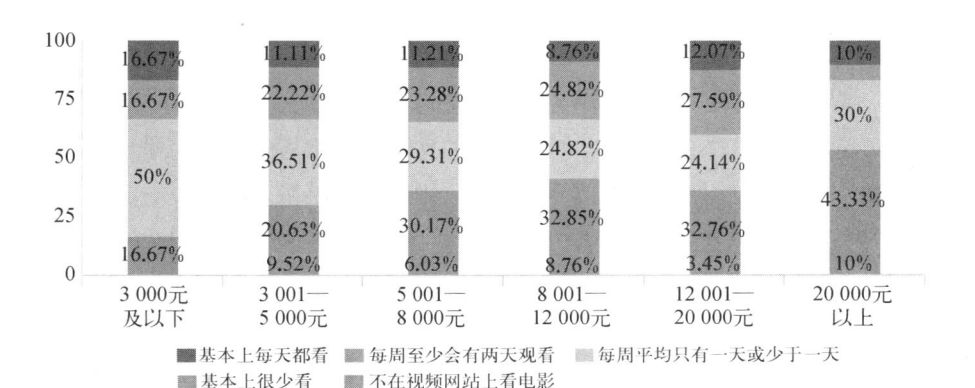

图表2-2-3E 收入对通过视频网站看电影频率的影响

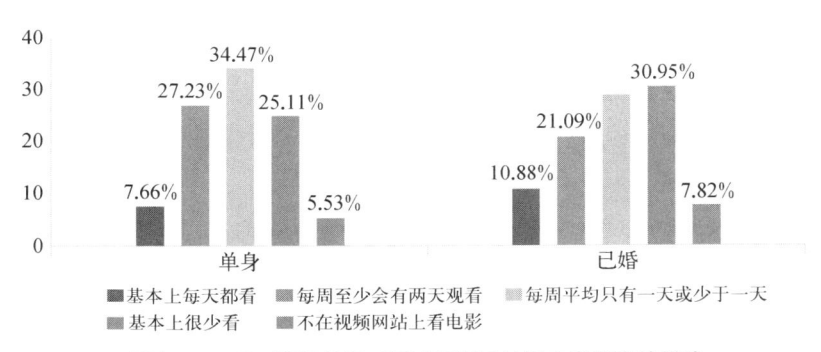

图表2-2-3F 婚姻状况对通过视频网站看电影频率的影响

图表2-2-3G 子女情况对通过视频网站看电影频率的影响

4. 通过网络电视（IPTV）看电影的频率

选择比例最高的是"基本上很少看"（39.32%，208人）——该比例远远超过上一题中选择"基本上很少通过视频网站看电影"的比例（28.36%）；居于第二位的选项是"不在网络电视（IPTV）上看电影"的（138人，26.09%），也远高于在上一题中选择"不在视频网站上看电影"的人员数量（36人）；选择"基本上每天都看"的为30人，低于上一题中选择"每天都看视频网站"的50人。结论：网络电视作为观影渠道之一，目前其市场占有率已远低于视频网站。

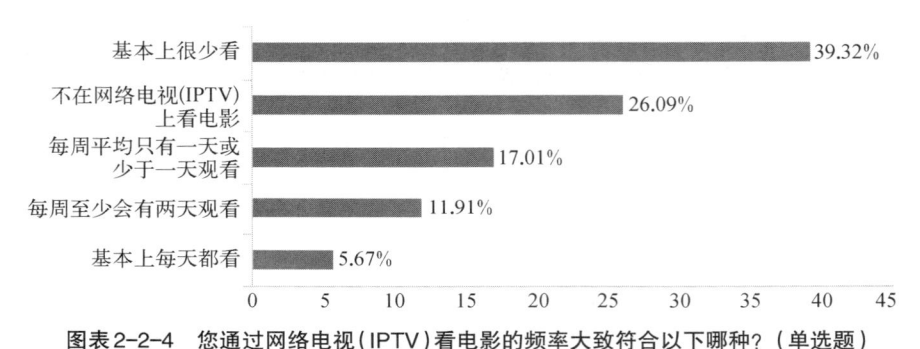

- 基本上很少看 39.32%
- 不在网络电视(IPTV)上看电影 26.09%
- 每周平均只有一天或少于一天观看 17.01%
- 每周至少会有两天观看 11.91%
- 基本上每天都看 5.67%

图表2-2-4　您通过网络电视（IPTV）看电影的频率大致符合以下哪种？（单选题）

5. 是否会将好看的或自己喜欢的电影从网络上下载下来

60.49%的样本（320人）选择"会"，余下不到40%选择"不会"（209人，39.51%）。结论：超过一半的人对喜欢的电影仍有下载保存的习惯，这可能与视频网站片源不够丰富或运营不稳定有关，本问卷未进一步调查样本偏向于下载电影的原因。

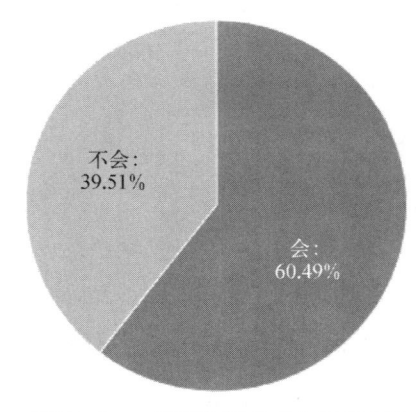

6. 视频网站付费会员情况

回答"是"视频网站付费会员（45.75%，242人）的比例低于"不是"（54.25%，287人）的比例。结论：视频网站付费消费尚未

- 不会：39.51%
- 会：60.49%

图表2-2-5　遇到好看的或自己喜欢的电影会下载下来吗？（单选题）

成为主流消费方式。

交叉分析显示,男女性别差异对是否是视频网站付费会员影响不大;与"年龄"呈负相关趋势(46岁以上付费会员比例与之前年龄段相比减少了一半);就学历来说,付费会员比例从高中学历样本的19%,上升到本科、硕士学历样本的50%左右,基本上呈随学历升高而付费会员比例上升的趋势——虽然博士学历样本的付费会员比例缓慢下降到42%。付费会员比例与"月收入"呈正相关趋势,从"3 001—5 000元"收入样本34.92%的付费会员比例急剧升高到月收入2万元以上样本73.33%的比例。

就职业来说,视频网站付费会员比例最高的是私营企业主(78.95%,15人),其次为家庭主妇(62.5%,5人)与职员(52.94%,45人)。前两者样本基数较小(分别为19人和8人),具有指示意义的是职员(总人数为85人)的视频网站付费会员比例高于自由职业者(51.85%,总人数为27人)、学生(47.78%,总人数为90人)、公职人员(含公务员,和除教师外的事业单位人员,46.15%,总人数为52人)、各级政府部门、企事业单位、党政机关和公众团体的管理人员(43.37%,总人数为83人)及专业技术人员(教师、医生、工程技术人员、作家等专业人员,42.16%,总人数为102人),在一定程度上显示了工作压力(专业要求及所承担的责任)及学习压力对样本是否是视频网站付费会员的影响——职员的工作压力通常要低于后面数种职业。职业选择为"离退休人员"(36人)的样本中,视频网站付费会员比例仅为19.44%;而"第三产业服务人员"(5人)、"产业工人"(2人)样本中无一人是视频网站付费会员,显示了闲暇时间、收入、对"文化资本"的需求程度等诸因素对"是否愿意付费获得相关娱乐"这一问题皆会产生一定影响。

婚姻状况对是否是视频网站付费会员的影响不大。在已婚者中(206人),"是否有孩子"对是否是付费会员有较大影响——回答"没有孩子"的样本中,有57.41%是付费会员,"有一个孩子"的付费会员比例为40.78%,"有两个及以上孩子"的付费会员比例为52.94%,该结果与前面"有两个及以上孩子"样本视频网站高频观影者比例较高的发现相符,具体原因待考。

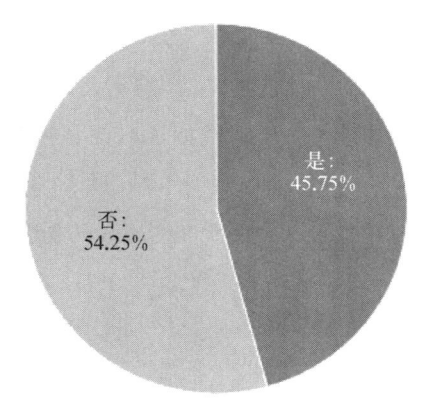

图表2-2-6 您是视频网站的付费会员吗？（单选题）

对电影的喜爱程度与是否是视频网站付费会员之间有明显相关性。选择"喜欢看电影"的408人中是视频网站付费会员的比例，明显高于对看电影的喜爱程度选择"一般"的样本（108人），前者会员比例为49.26%，后者为34.26%；在选择"不怎么喜欢看电影"的13人中，也有4人（30.77%）是视频网站付费会员，说明成为视频网站付费会员不一定全是为了看电影。在"看电影的最主要目的"问题选项中，选择"缓解压力/娱乐"的样本成为视频网站付费会员的比例（50%）要略高于选择"艺术欣赏/个人爱好"（44.5%）、"约会或陪亲友"（46.67%）及选择"其他"（45.45%）的样本，说明视频网站所具有的海量资源及方便快捷的属性是追求放松与娱乐者的首选。在"每周看电影在五部以上"的样本中，69.57%是视频网站的付费会员，显著高于每周看电影数量低于五部的其他样本。同样，是否是视频网站付费会员与"通过视频网站看电影的频率"呈正相关关系，选择"基本上每天都看"的样本，会员比例为68%，"每周至少两天看"的样本，会员比例为59%——说明看电影的兴趣与频率越高，成为视频网站付费会员的可能性越高。该数字也说明在高频度观影者中，尚有大量人员尚未成为视频网站的付费会员，因此该市场尚未处于饱和

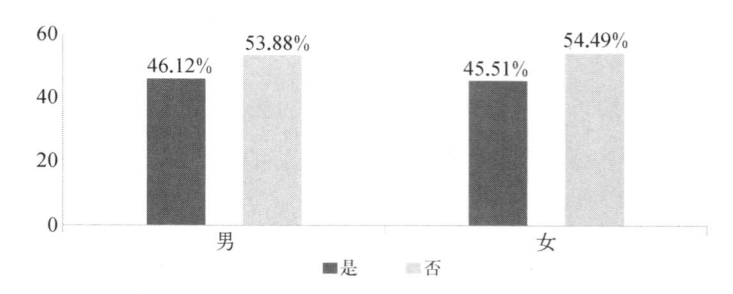

图表2-2-6A 性别对是否是视频网站付费会员的影响

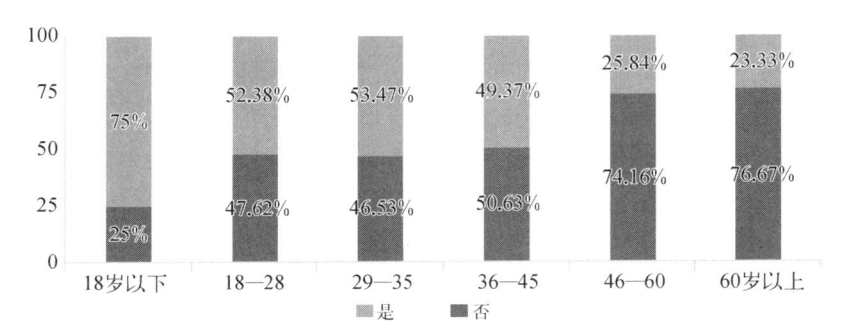

图表 2-2-6B　年龄对是否是视频网站付费会员的影响

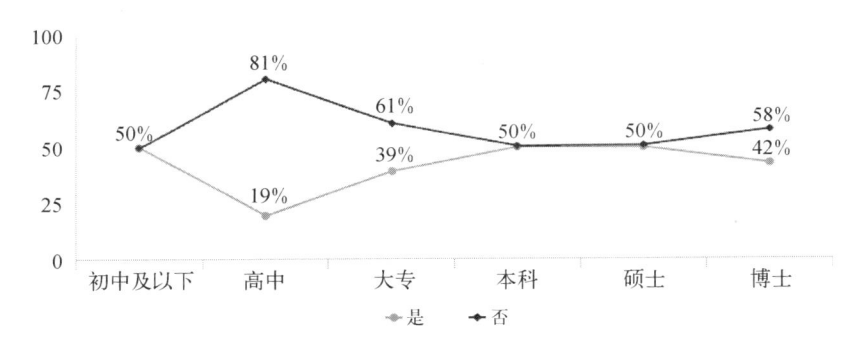

图表 2-2-6C　学历对是否是视频网站付费会员的影响

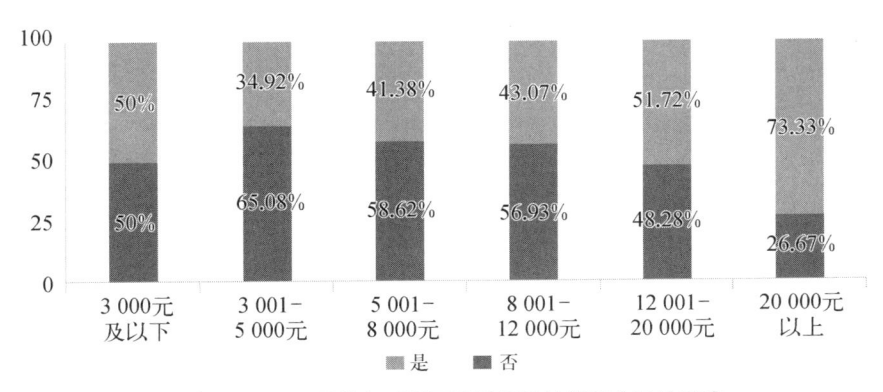

图表 2-2-6D　月收入对是否是视频网站付费会员的影响

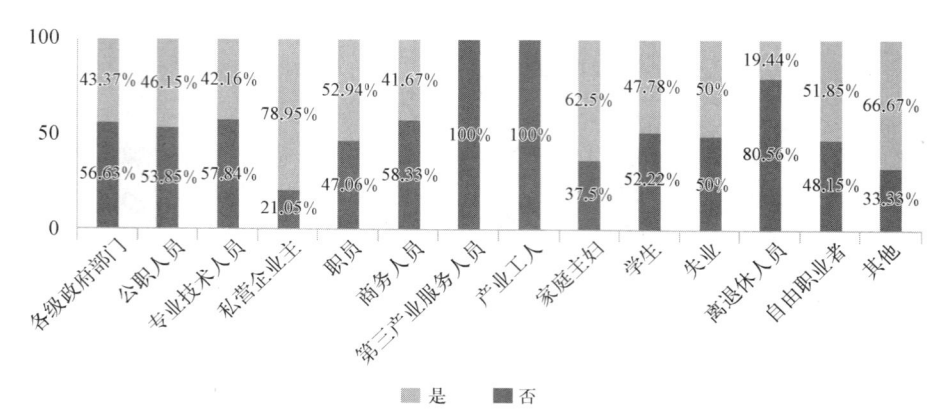

图表2-2-6E 职业对是否是视频网站付费会员的影响

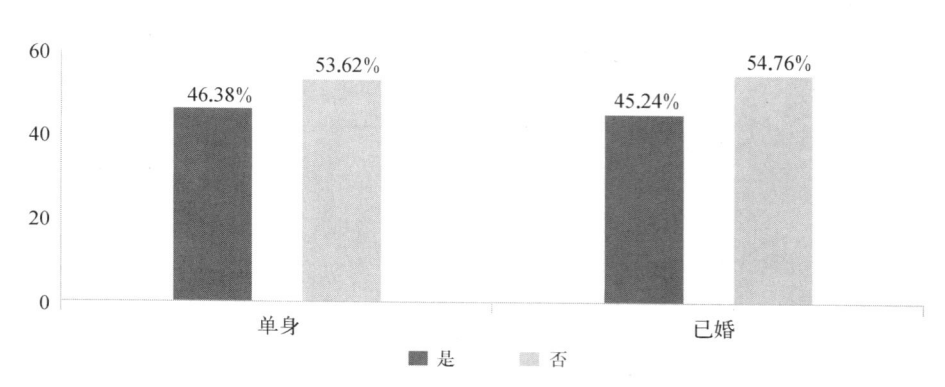

图表2-2-6F 婚姻状况对是否是视频网站付费会员的影响

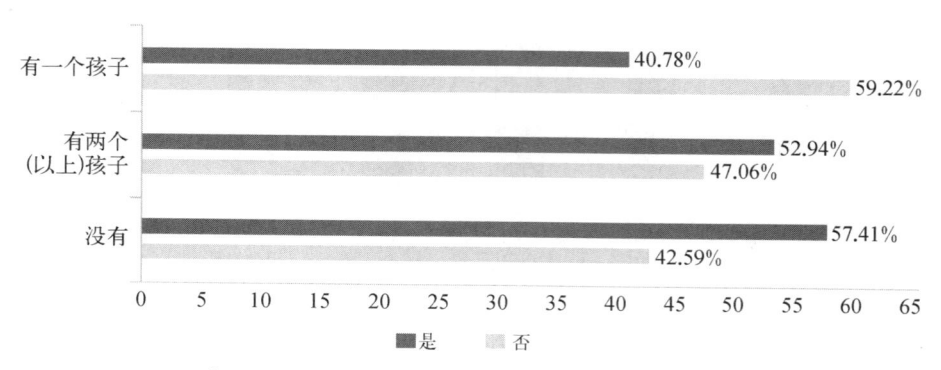

图表2-2-6G 子女数量对是否是视频网站付费会员的影响

上海居民电影消费调查分析报告

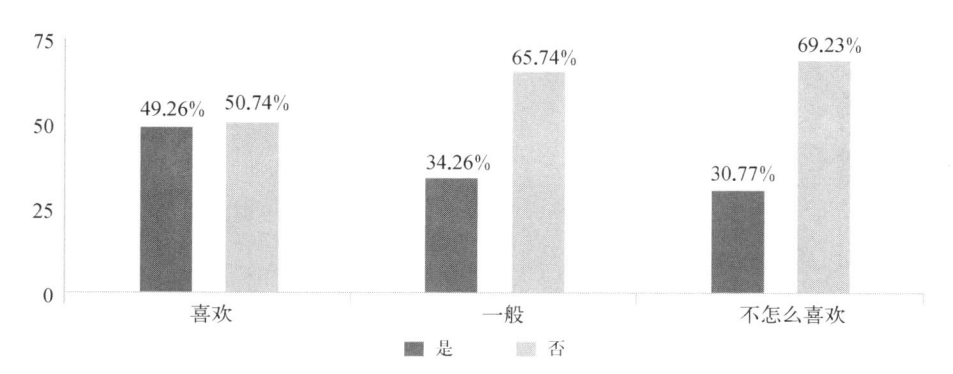

图表2-2-6H 喜欢看电影的程度对是否是视频网站付费会员的影响

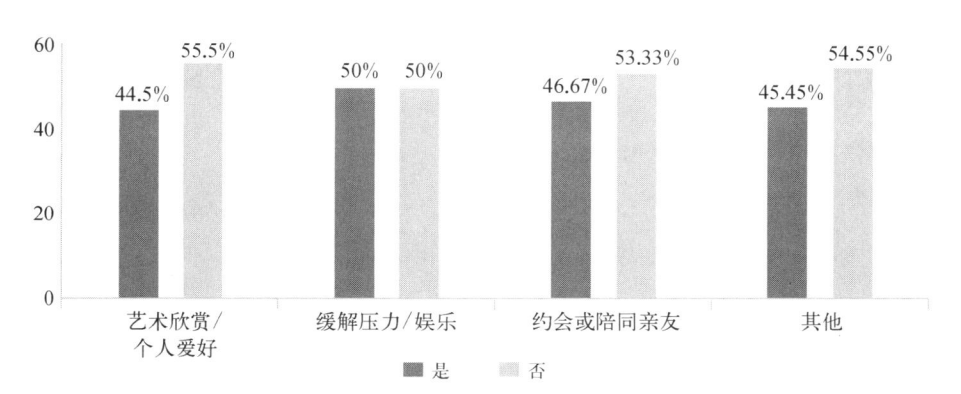

图表2-2-6I 看电影的最主要目的对是否是视频网站付费会员的影响

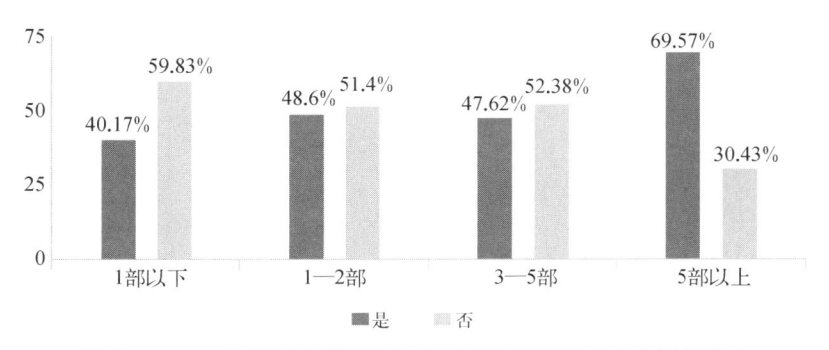

图表2-2-6J 每周看电影的数量对是否是视频网站付费会员的影响

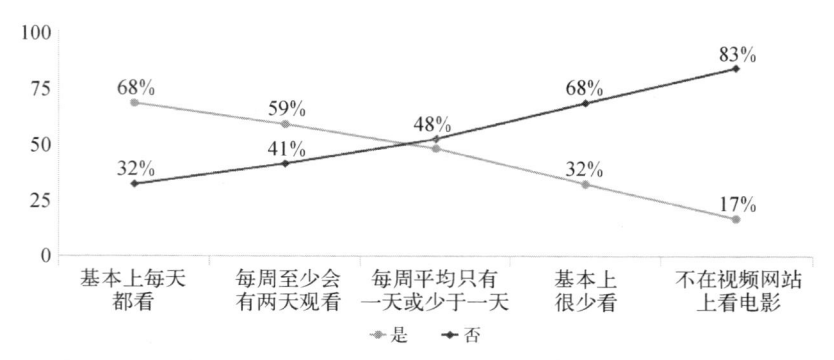

图表 2-2-6K　在视频网站看电影的频率对"是否是视频网站付费会员"的影响

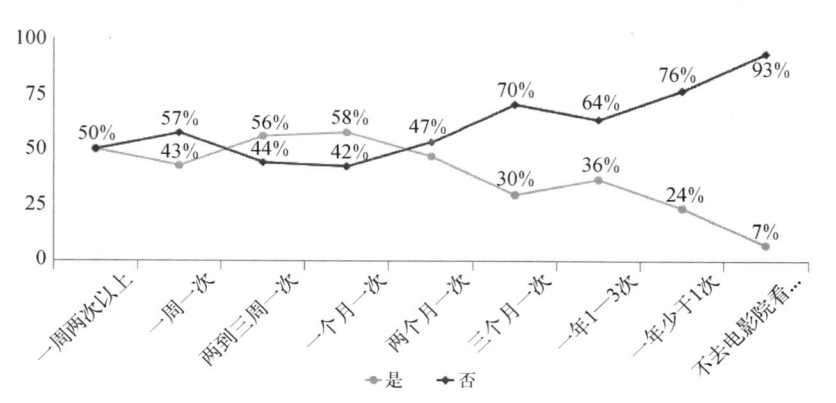

图表 2-2-6L　去电影院看电影的频率对"是否是视频网站付费会员"的影响

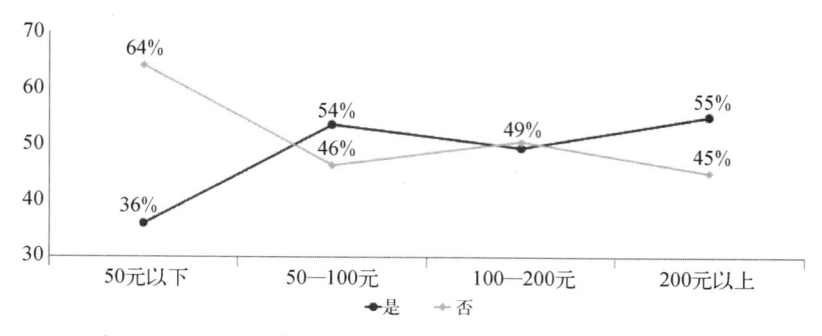

图表 2-2-6M　每月看电影开支对"是否是视频网站付费会员"的影响

状态,有大量市场潜力可供挖掘。是否会从网络下载电影与是否是视频网站付费会员之间的相关性不大;是否是视频网站付费会员与"去电影院看电影的频率"及"每月电影开支情况"呈现出一定的正相关关系。

7. 不是视频网站付费会员的原因

在回答"不是视频网站付费会员"的287人中,在"原因"选项中选择"没时间"的占26.48%(76人),选择"经济原因,视频网站每月的会员费是一笔额外开支"的占21.6%(62人),选择"节目内容原因,视频网站提供的节目不够精彩,不值得付费"的占21.25%(61人),对经济与内容原因的选择比例几乎相同;选择"不喜欢在电脑及网络上看电影"的占17.42%(50人)。结论:时间、金钱、内容及观影习惯都是阻碍人们成为视频网站付费会员的重要因素;对视频网站来说,降低会员费并提升内容以满足不同群体的需要,是其拓展市场的主要手段。

交叉分析显示,男性选择"经济原因"的比例(14.56%)高于女性(9.91%),而女性选择"时间原因"(14.86%)和"不喜欢在电脑及网络上看电影"(9.91%)的比例略高于男性(13.59%、8.74%);年龄因素的影响体现为:"时间原因"是"36—45岁""46—60岁"年龄组中"不是视频网站付费会员"的最主要原因,分别占比17.09%和25.84%;"经济原因"是"18—28岁"

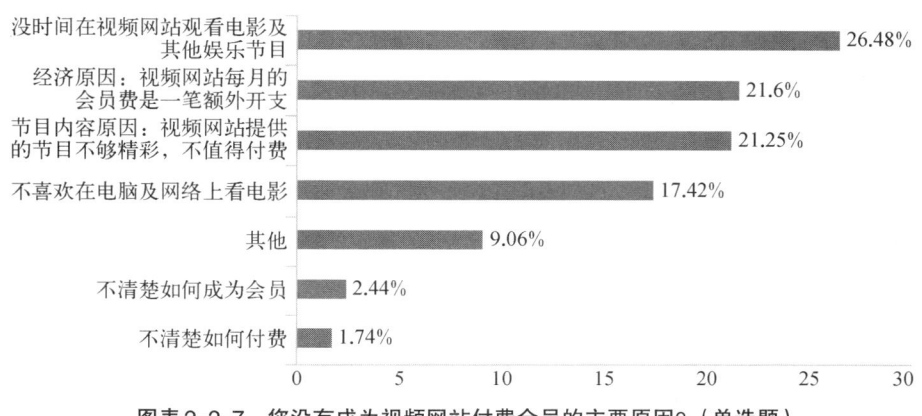

图表2-2-7 您没有成为视频网站付费会员的主要原因?(单选题)

- 没时间在视频网站观看电影及其他娱乐节目: 26.48%
- 经济原因:视频网站每月的会员费是一笔额外开支: 21.6%
- 节目内容原因:视频网站提供的节目不够精彩,不值得付费: 21.25%
- 不喜欢在电脑及网络上看电影: 17.42%
- 其他: 9.06%
- 不清楚如何成为会员: 2.44%
- 不清楚如何付费: 1.74%

（16.33%）、"29—35岁"（13.86%）年龄组的最主要原因——体现了读书、刚开始工作及毕业工作10年以后对经济与内容的不同诉求；"60岁以上"及"46—60岁"年龄段样本选择"不喜欢在电脑上看视频"的比例明显高于其他年龄组，分别为23.33%及16.85%，说明在电脑上看电影作为新兴观影方式，在年纪较大的人中的接受度没有在年轻人中的接受度高。选择"不清楚如何成为会员"的7人中，女性为6人，年龄皆在46岁以上，且都属于"喜欢看电影"类

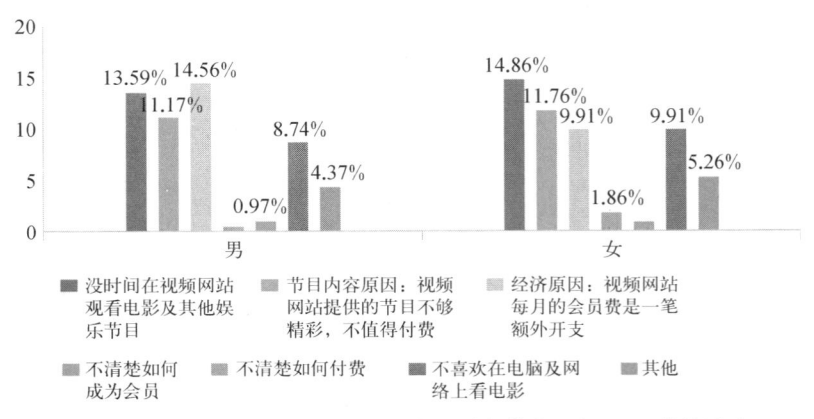

图表2-2-7A　性别对"没有成为视频网站付费会员主要原因"的影响

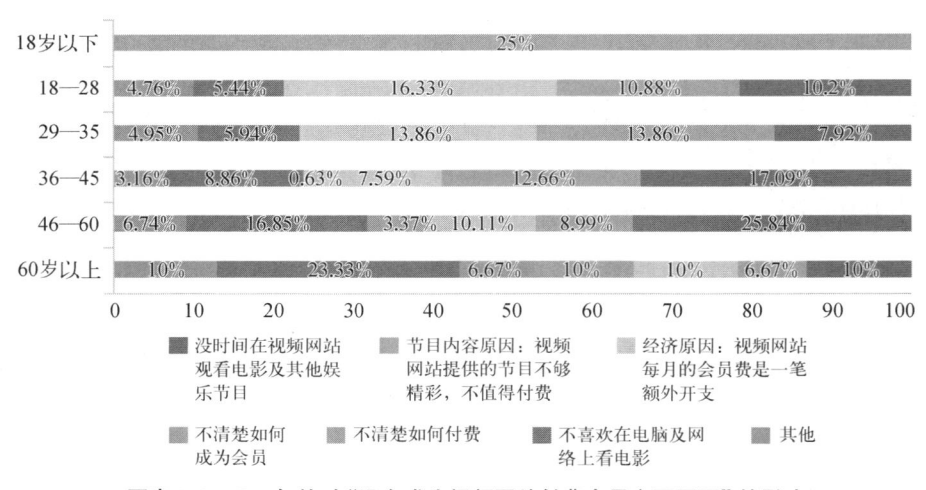

图表2-2-7B　年龄对"没有成为视频网站付费会员主要原因"的影响

别;选择"不清楚如何付费"的5人中,男性和女性分别为2人和3人,年龄在46岁以上为4人,说明**对于**"前互联网一代"来说——"互联网一代"通常指与互联网一同成长起来的"80后",在互联网技术得到普遍应用的时代成长起来的"95后"通常被称为"互联网原生代"——视频网站需要加大宣传力度并简化成为会员及付费的手续。

8. 最近两年平均去电影院看电影的次数

对这一问题,选择比例最高的为"两到三周一次"(116人,占比21.93%);其次为"一个月一次"(104人,占比19.66%)、"一年1—3次"(88人,占比16.64%)、"两个月一次"(62人,11.72%);10.21%的人(54人)回答"一周一次",8.32%的人(44人)回答"三个月一次",5.67%的人(30人)回答"一周两次以上";回答"一年少于1次"的为17人,占比3.21%;"不去电影院看电影"为14人,占比2.65%。综合起来,样本中57.47%的人至少一个月去电影院看一次电影。按照2017年上海常住人口2 418.33万人[①]、影院观影人次8 305.97万人次[②]的官方统计数据计算,2017年上海常住人口人均影院观影3.43次,平均每个季度人均观影不到1次;该项调查得出的数据偏高,与调查者本身从事电影研究工作,朋友圈的较多朋友工作在电影评论、电影研究及文化领域有关。

性别对"最近两年平均去电影院看电影次数"的影响不大,男性和女性去电影院看电影的频率呈现出相似的人口比例分布形态,但是在高频度样本中,男性比例超过女性比例:选择"一周两次"的男性比例为8.74%,女性比例为3.72%;选择"一周一次"的男性比例为11.65%,女性比例为"9.29%";在低频度样本中,男性比例同样高于女性:选择"一年少于1次"的男女比例分别为4.37%和2.48%,选择"不去电影院看电影"的男女比例分别为2.91%和2.48%。综合起来,可以认为女性对去电影院看电影的接受度高于男性,其观影行为较男性平和,高频度观影者比例较低。

---

① 东方财富网: http://finance.eastmoney.com/news/1354,20180122824479429.html
② 上海市人民政府官网: http://www.shanghai.gov.cn/nw2/nw2314/nw2315/nw31406/u21aw1281987.html

与年龄进行交叉分析显示,"18—28岁"(35.37%)、"29—35岁"(27.72%)年龄组对"去电影院次数"这一问题选择比例最高的皆为"两到三周一次";"36—45岁"和"46—60岁"年龄组选择比例最高的皆为"一年1—3次",分别为25.32%和22.47%;"60岁以上"选择比例最高的为"一个月一次",占比26.67%;说明18—35岁的青年人看电影次数以"两到三周一次"为多,36—60岁的中年组以"一年1—3次"为多,中年与青年样本在去电影院看电影频率上显示出较大差距——青年组最多人选择的影院观影频率是中年组最多人选择的影院观影频率的6倍以上,对这一结果,可以用中年人生活、工作压力增大、看电影时间成本升高,因此影院观影频率降低来进行解释;60岁以上老年组影院观影次数高于中年组但低于青年组,反映了老年人退休后比较有闲暇、但又不像青年人那样对电影消费的口味比较随意,同时也暗示了市场上适合老年人观赏的电影也许有供应不足的问题。

"3 000元以下"收入水平样本中选择比例最高的看电影频率为"一个月一次"(33.33%);"3 001—5 000元"收入水平样本中选择比例最高的有两个,"一个月一次"和"一年1—3次"的选择比例皆为19.05%;"5 001—8 000元"选择比例最高的为"两到三周一次"和"一个月一次",选择比例相同,皆为21.55%;"8 001—12 000元"和"12 001—20 000元"收入水平样本选择比例最高的皆为"一年1—3次",比例分别为20.44%和27.59%,居第二位的皆为"两到三周一次",比例分别为19.71%和17.24%;"20 000元以上"收入样本选择比例最高的为"一个月一次"(23.33%)。可以看出,收入较高的群体去电影院看电影的次数较多,但在收入超过8 000元的群体中,选择频率最高的"去电影院看电影的次数"呈负增长趋势,由之前的"一个月一次"变为"一年1—3次";而在"20 000元以上"收入样本中,选择比例最高的观影频率又恢复为"一个月一次"——这似乎意味着月收入在8 000—20 000元之间的样本所面临的工作与时间压力最大,从而普遍降低了这一收入区间的人去电影院看电影的次数。

将看电影的次数与婚姻状况进行交叉分析,发现单身者排在前三位的选项为"两到三周一次"(29.79%)、一个月一次(22.55%)、一周一次(11.06%);

上海居民电影消费调查分析报告

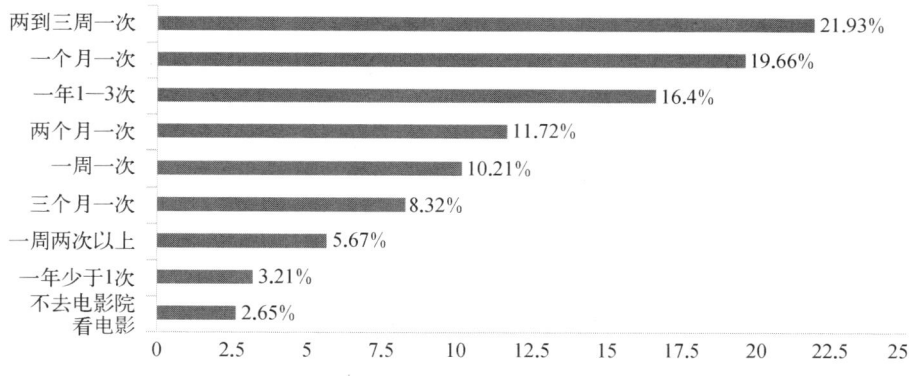

图表 2-2-8 最近两年,您平均去电影院看电影的次数?(单选题)

- 两到三周一次 21.93%
- 一个月一次 19.66%
- 一年1—3次 16.4%
- 两个月一次 11.72%
- 一周一次 10.21%
- 三个月一次 8.32%
- 一周两次以上 5.67%
- 一年少于1次 3.21%
- 不去电影院看电影 2.65%

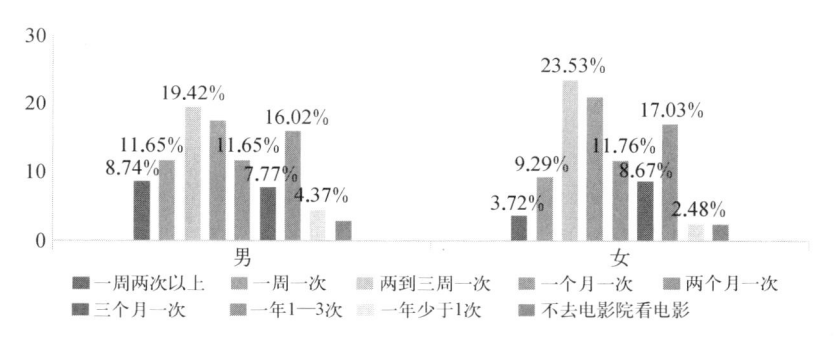

图表 2-2-8A 性别对"最近两年平均去电影院看电影次数"的影响

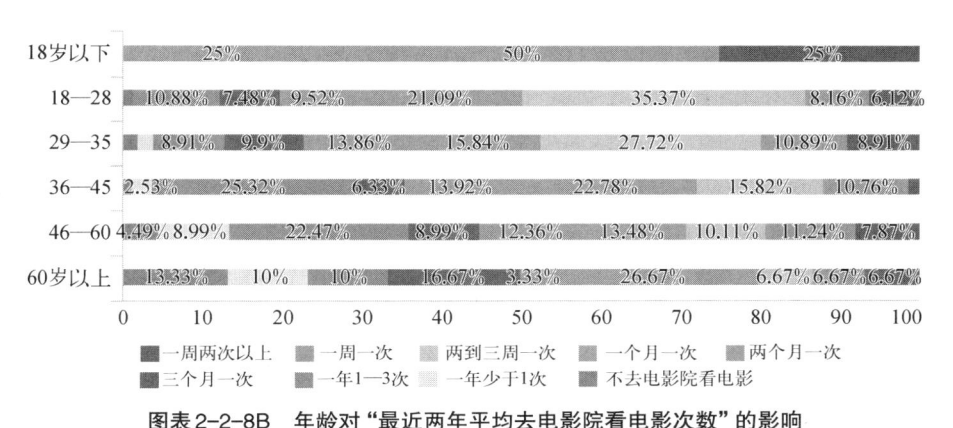

图表 2-2-8B 年龄对"最近两年平均去电影院看电影次数"的影响

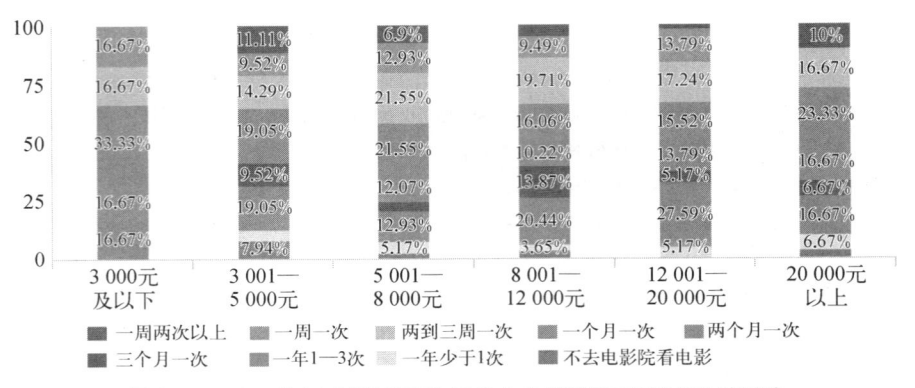

图表2-2-8C 收入对"最近两年平均去电影院看电影次数"的影响

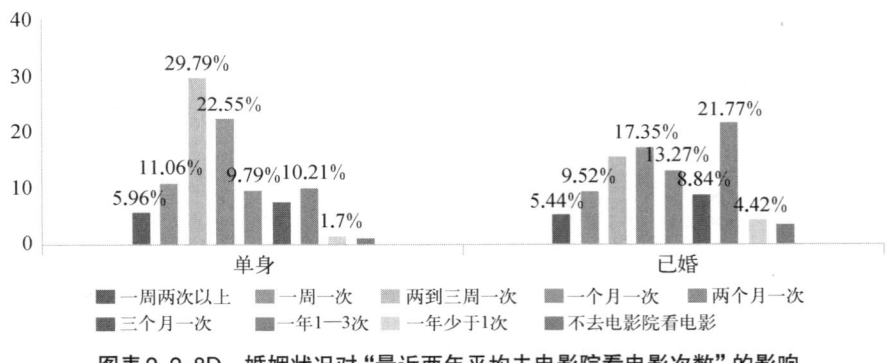

图表2-2-8D 婚姻状况对"最近两年平均去电影院看电影次数"的影响

已婚者排在前三位的选项为"一年1—3次"(21.77%)、"一个月一次"(17.35%)、"两到三周一次"(15.65%),整体来看,单身者去电影院看电影的频率要高于已婚者。

9. 每月用于看电影的开支

除去回答"不去电影院看电影"的14人,余下样本515人对"每月用于看电影的开支"这一问题,选择比例最高的为"50—100元之间"(40.19%,207人)——按上海电影票的平均票价42.16元(2017年数据)[①]计算,意味着这些

---

① 上海市人民政府官网:http://www.shanghai.gov.cn/nw2/nw2314/nw2315/nw31406/u21aw1281987.html

人平均每月看电影在1—2部之间；35.15%的人（181人）每月用于看电影的开支在50元以下；16.89%的人（87人）每月用于看电影的开支在100—200元之间（每月看电影的数量在2—4部之间）；7.77%的人（40人）每月用于看电影的开支在200元以上。根据电影开支与电影票价计算出来的每月看电影数量，略高于样本对"最近两年平均去电影院的次数"这一问题的回答所得出的数据。以"平均每月去电影院看电影一次或一次以上"这一统计数据为例，通过电影开支计算得出的样本数量为334人（占去电影院观影者515人样本总数的64.85%），直接询问"次数"所得出的该统计数据为304人（占519人样本总数的58.57%），但这一差异在可接受范围之内，原因有二：一是不同电影的电影票价有差异，人们对电影开支的记忆也未必十分准确；二是有的样本对"看电影的开支"的理解可能将视频网站会员费包括在内，这是调研者对问题设计不够严谨所致。

交叉分析显示，男女性别差异对电影开支未造成显著影响，女性在"100—200元"开支选项上的比例高于男性（女性17.96%、男性14.08%）、在"200元以上"开支选项上的比例低于男性（女性6.5%、男性9.22%）的调查结果，与前文分析所得出的"女性对电影消费持普遍接受但较温和的态度"相一致。"年龄"影响的趋势不明显——46岁以上样本每月开支在"50元以下"的比例（41.57%、40%）略高于46岁以下样本（在25.74%到36.08%之间），说明年纪越大，电影开支低消费人口所占比例越高。个人月收入状况对每月用于电影开支情况呈正向影响，将"月电影开支高于100元"设定为"高消费"的话，用"高消费"在样本中所占比例来进行比较，"个人月收入在3 000元及以下"样本高消费比例为16.67%，样本中无人选择"200元以上"这一选项；"3 001—5 000元"收入样本高消费比例总计为19.05%，"5 001—8 000元"收入样本高消费比例总计为23.28%，"8 001—12 000元"收入样本高消费比例总计为28.47%，"12 001—20 000元"收入样本高消费比例总计为25.86%（该收入群体电影开支高消费比例与上一收入群体相比略有缩减，与"去电影院看电影次数"呈相同趋势，可能意味着收入增加导致样本用于文化消费的时间减少),"20 000元以上"样本高消费比例总计为40%——明显高出其他收入样本一截。

已婚者电影开支的高消费比例为24.15%,略高于单身者(23.83%)。子女情况对"个人每月用于电影开支"呈负相关影响,随孩子数量递增而递减:"没有孩子"的样本电影开支高消费比例为35.18%,"有一个孩子"的高消费比例为22.33%,"有两个(以上)孩子"样本的高消费比例为17.64%,体现了子女数量对家庭娱乐内容或频率的改变,但具体原因待考(未成年子女的家长是否会将"带孩子去看电影"的开支算作"个人每月用于电影开支",对此需要进一步展开调查)。选择看电影的主要目的为"艺术欣赏/个人爱好"的样本高消费比例为25.74%,选择"缓解压力/娱乐"的样本高消费比例为23.4%,

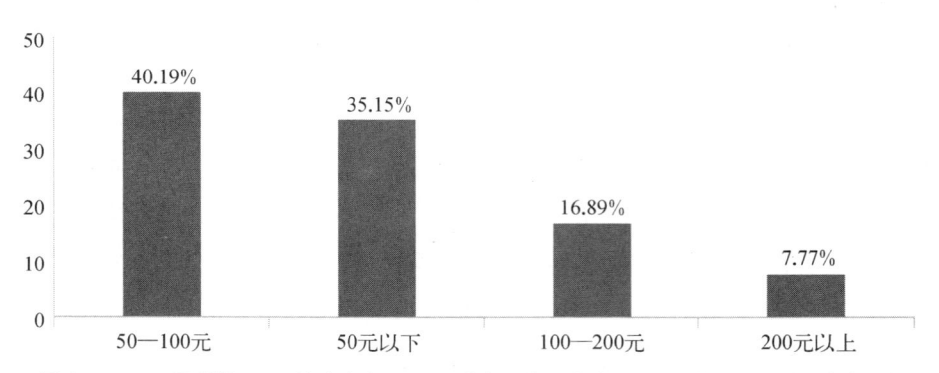

图表2-2-9 通常情况下,您个人每月用于看电影的开支为?(样本数为515人,单选题)

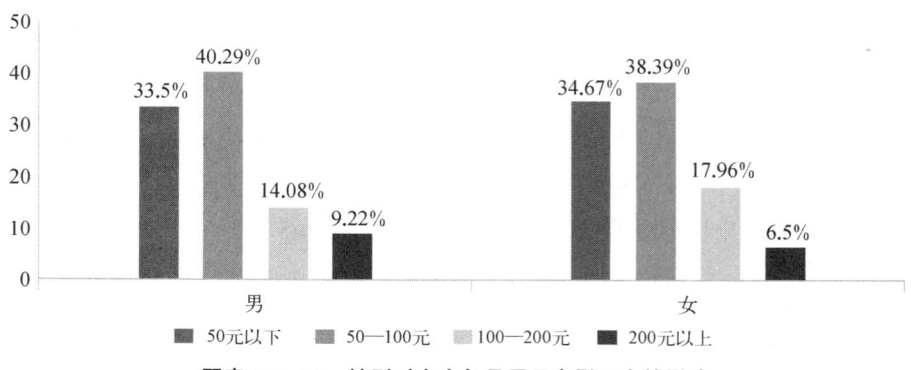

图表2-2-9A 性别对个人每月用于电影开支的影响

上海居民电影消费调查分析报告

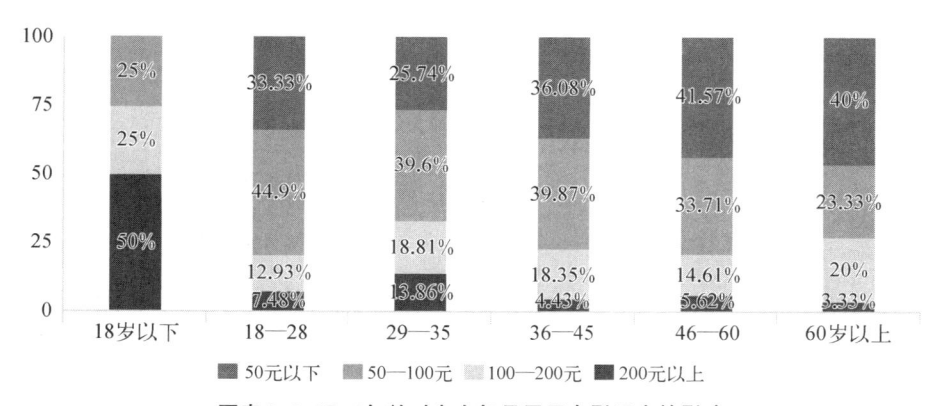

图表2-2-9B 年龄对个人每月用于电影开支的影响

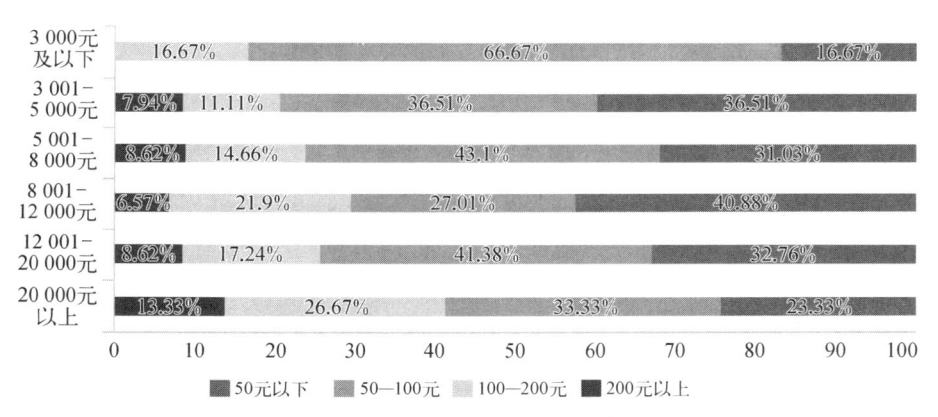

图表2-2-9C 收入对个人每月用于电影开支的影响

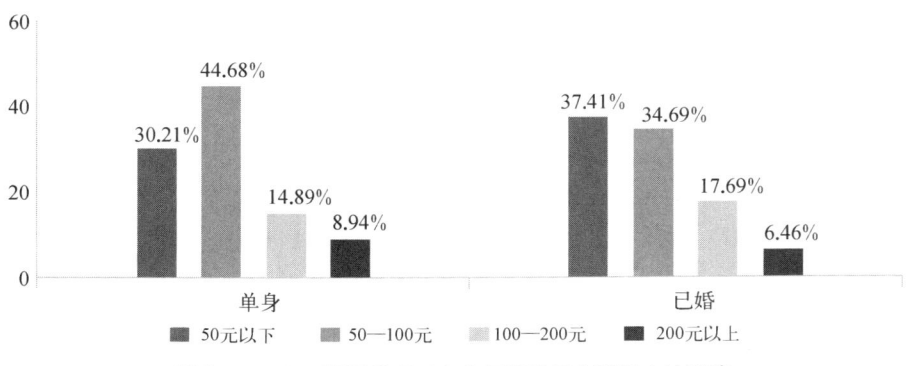

图表2-2-9D 婚姻状况对个人每月用于电影开支的影响

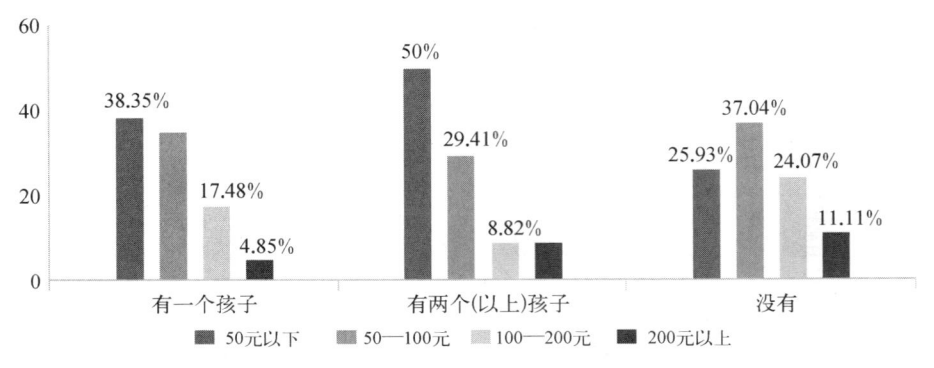

上海文化消费调查：方法、数据和应用

图表2-2-9E 子女情况对个人每月用于电影开支的影响

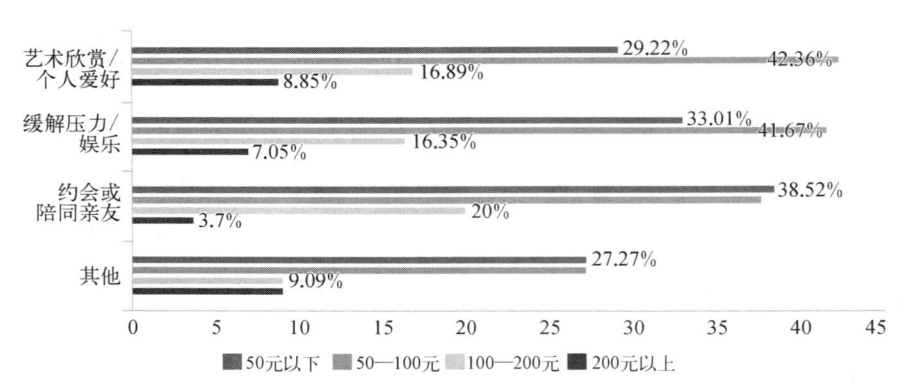

图表2-2-9F 看电影的主要目的对个人每月用于电影开支的影响

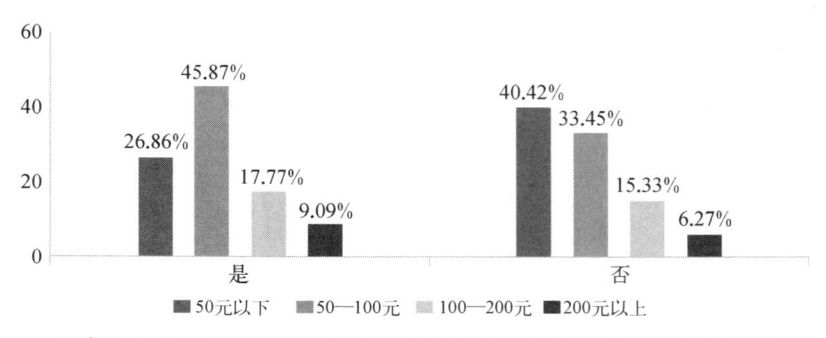

图表2-2-9G 是否是视频网站付费会员对个人每月用于电影开支的影响

选择"约会或陪亲友"的样本高消费比例为23.7%,选择"其他"的为18.18%,说明看电影的主要目的对电影消费支出影响不大,电影产业可以通过满足人们对看电影的不同期待,扩大自身市场规模。视频网站付费会员有26.86%在电影支出上属于高消费范围,非付费会员有21.6%属于高消费范围,说明是否是视频网站付费会员体现了样本对看电影的兴趣,该兴趣会外溢到"去电影院看电影"等消费活动中去,但相关性并不显著,说明在电影开支高消费群体中,有相当比例目前还不是视频网站消费会员。

(三) 获取新片上映信息的渠道、购票渠道、影院产品消费、偏好及满意度等

1. 获取新片上映信息的渠道

在515位样本中,选择最主要通过"网络"获取新片上映信息的占2/3以上(67.77%),其次为"微信朋友圈"(48.54%),近一半;其余选项依次为"朋友推荐"(42.91%)、"售票网站"(24.08%)、"影院推广"(23.5%)、"电视"(16.31%)、"户外广告"(14.95%)和"报刊"(4.85%)。对"报刊"的选择比例远远低于其他信息渠道,说明纸质媒体作为信息传播媒介影响力衰落已经不可阻挡。

交叉分析显示,对新片上映信息渠道,女性选择"朋友圈信息"(51.39%、40.78%)、"朋友推荐"(45.2%、36.41%)、"户外广告"(16.41%、11.65%)的比例要高于男性,其余各选项,男性、女性差别不大。就年龄段来说,整体选择比例最高的"网络"(67.77%),除了在"60岁以上"年龄段样本中是排在第二位的选项(36.67%,排在"微信朋友圈信息"46.67%的选择比例之后——"微信朋友圈信息"是"60岁以上"样本选择比例最高的信息来源渠道,显示了"微信"作为社交媒体对一部分老年人的生活产生了巨大的影响与改变),在其余各年龄段皆为选择率最高的选项——但选择比例从46岁以下年龄段样本高于70%的比例,下降到"46—60岁"样本42.7%、"60岁以上"样本36.67%的选择比例,说明对网络作为信息渠道的依赖程度仍然存在着代际差异;选择"微信朋友圈信息"的比例从高到低排序,依次为"36—45岁"(55.06%)、"29—35岁"(47.52%)、"60岁以上"(46.67%)、"18—28岁"(45.58%)、"46—60岁"(38.2%)——"18岁以下"样本4人无一人选择"微信朋友圈信息"作为信息渠道(此后的分析将"18岁以下"样本排除在外);"46—60岁"样本选择"微信朋友圈信息"比例低于其他年龄段,调研者的猜测是这个年龄段的人年纪渐长,不像更年轻的样本那样愿意在朋友圈发布"新片上映"等娱乐信息。排在第三位的"朋友推荐"的选择比例依次为"36—45岁"(46.2%)、"18—28岁"(45.58%)、"46—60岁"(37.08%)、"60岁以上"(36.67%)、"29—35岁"(35.64%)——数据显示"年龄"对受"朋友推荐"的影响趋势不明显。选择"售票网站"作为新片上映信息来源的比例基本呈随年龄递增而递减的趋势:从最高值31.68%(29—35岁),逐步下降到15.73%(46—60岁)和3.33%(60岁以上),显示售票网站对中老年观众的影响能力较低;除了在"60岁以上"样本中选择比例为10%,"影院推广"作为新片信息渠道在各样本中选择比例差别不大,约在21%—26%之间,并且各样本对"影院推广"的选择比例基本上都高于"户外广告"的选择比例——其中"46—60岁"年龄段选择比例差距最大:"影院推广"与"户外广告"选择比例分别为21.35%和5.62%。说明"影院推广"这种在固定时间、场所、针对特定对象所展开的宣传,效果要好于"户外广告"这种面向大众、容易被人们因行色匆匆而忽视的宣传形式;"60岁以上"样本选择"户外广告"的比例(13.33%)高于"影院推广"的比例(10%)。"电视"作为信息渠道,选择比例大致呈随年龄增长而递增的趋势——"60岁以上"样本选择比例最高(43.33%),18—60岁之间的样本选择比例基本上都在20%以下(排除"18岁以下"样本),说明"电视"至少对60岁以下人群来说,不再是主要的信息渠道。"报刊"在"18岁以下"和"36—45岁"两个年龄段无一人选择,其余年龄段选择比例由高至低排列分别为"60岁以上"(20%)、"46—60岁"(8.99%)、"29—35岁"(6.93%)、"18—28岁"(2.72%),报纸影响力呈现随年龄递减而递减的趋势。虽然整体影响力排在最后,对"46—60岁"样本来说,"报纸"(8.99%)是影响力大于"户外广告"(5.62%)的信息来源;对"60岁以上"样本来说,"报纸"(20%)作为信息媒介的影响力大于"户外广告"(13.33%)、"影院推广"(10%)和售票网站(3.33%)。

高频度影院观影者受"户外广告"影响的比例要低于低频度影院观影者,去电影院看电影频率"一周两次以上"的样本,选择受户外广告影响的比例(3.33%)远低于看电影频率为"一年少于1次"的样本(23.53%),说明高频度观影者对新片上映有自己的信息渠道,较少受"户外广告"这样的公共空间宣传方式的影响;看电影频率为"一周两次以上"的样本,选择受"朋友推荐"影响的比例为16.67%,远低于其他样本从33.33%("一周一次")到

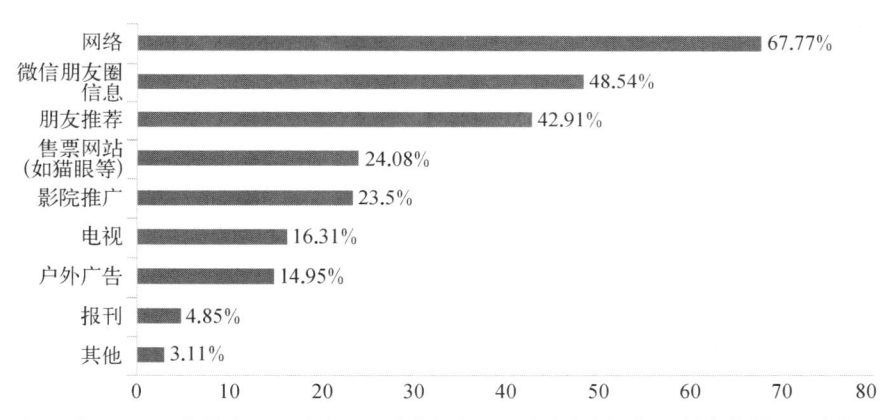

渠道	百分比
网络	67.77%
微信朋友圈信息	48.54%
朋友推荐	42.91%
售票网站(如猫眼等)	24.08%
影院推广	23.5%
电视	16.31%
户外广告	14.95%
报刊	4.85%
其他	3.11%

图表2-3-1 您最主要通过什么渠道获得电影上映信息(多选题,样本数量515人)

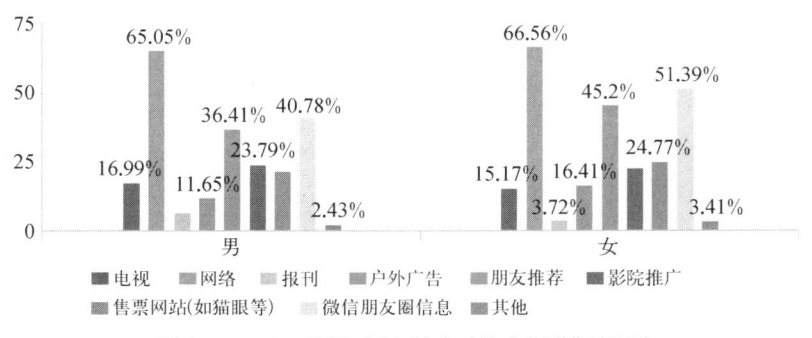

	电视	网络	报刊	户外广告	朋友推荐	影院推广	售票网站(如猫眼等)	微信朋友圈信息	其他
男	16.99%	65.05%	11.65%	36.41%	23.79%			40.78%	2.43%
女	15.17%	66.56%	3.72%	16.41%	45.2%	24.77%		51.39%	3.41%

图表2-3-1A 性别对"新片上映信息渠道"的影响

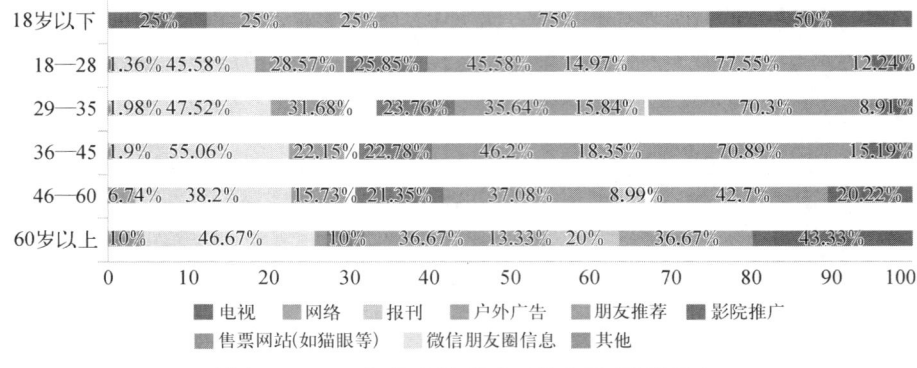

图表 2-3-1B 年龄对"新片上映信息渠道"的影响

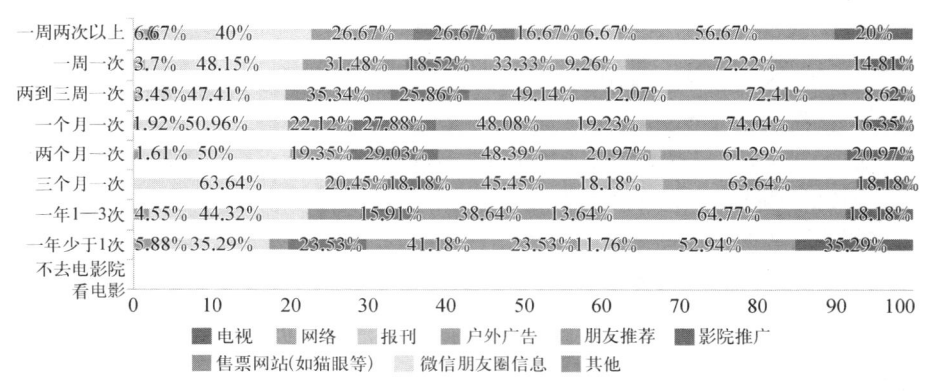

年龄	电视	网络	报刊	户外广告	朋友推荐	影院推广	售票网站(如猫眼等)	微信朋友圈信息	其他
18岁以下	25%	25%		25%	75%			50%	
18—28	1.36%	45.58%	28.57%	25.85%	45.58%	14.97%	77.55%	12.24%	
29—35	1.98%	47.52%	31.68%	23.76%	35.64%	15.84%	70.3%	8.91%	
36—45	1.9%	55.06%	22.15%	22.78%	46.2%	18.35%	70.89%	15.19%	
46—60	6.74%	38.2%	15.73%	21.35%	37.08%	8.99%	42.7%	20.22%	
60岁以上	10%	46.67%	10%	36.67%	13.33%	20%	36.67%	43.33%	

图表 2-3-1C 观影频率对"新片上映信息渠道"的影响

观影频率	电视	网络	报刊	户外广告	朋友推荐	影院推广	售票网站(如猫眼等)	微信朋友圈信息	其他
一周两次以上	6.67%	40%	26.67%	26.67%	16.67%	6.67%	56.67%	20%	
一周一次	3.7%	48.15%	31.48%	18.52%	33.33%	9.26%	72.22%	14.81%	
两到三周一次	3.45%	47.41%	35.34%	25.86%	49.14%	12.07%	72.41%	8.62%	
一个月一次	1.92%	50.96%	22.12%	27.88%	48.08%	19.23%	74.04%	16.35%	
两个月一次	1.61%	50%	19.35%	29.03%	48.39%	20.97%	61.29%	20.97%	
三个月一次		63.64%	20.45%	18.18%	45.45%	18.18%	63.64%	18.18%	
一年1—3次	4.55%	44.32%	15.91%	38.64%	13.64%		64.77%	18.18%	
一年少于1次	5.88%	35.29%	23.53%	41.18%	23.53%	11.76%	52.94%	35.29%	
不去电影院看电影									

49.14%("两到三周一次")不等的选择比例；这一比例也低于该样本选择受"影院推广"(26.67%)及"售票网站"(26.67%)影响的比例，说明对该群体(作为高频度影院观影者)来说，"去电影院看电影"更多是自身的一种生活方式与娱乐渠道，而非与他人互动的文化交往方式，影院如果要提高自身的"黏性"，应该更多地了解与满足这部分人的需求。

2. 购票方式

样本选择网上购票比例为88.93%(458人)，现场购票比例为11.07%(57人)。交叉分析显示，现场购票比例随年龄增高而递增，60岁以上样本一半选择现场购票，"46—60岁"样本28.09%选择现场购票。

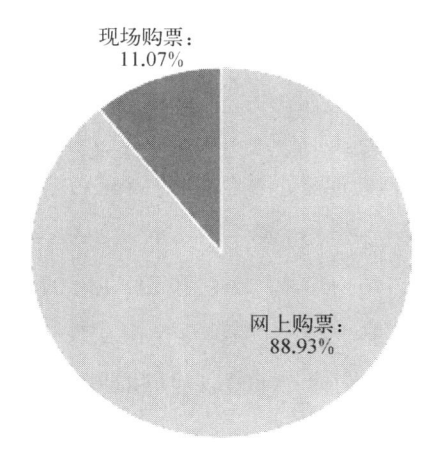

图表2-3-2 您一般选择的购票方式(单选题,样本人数515人)

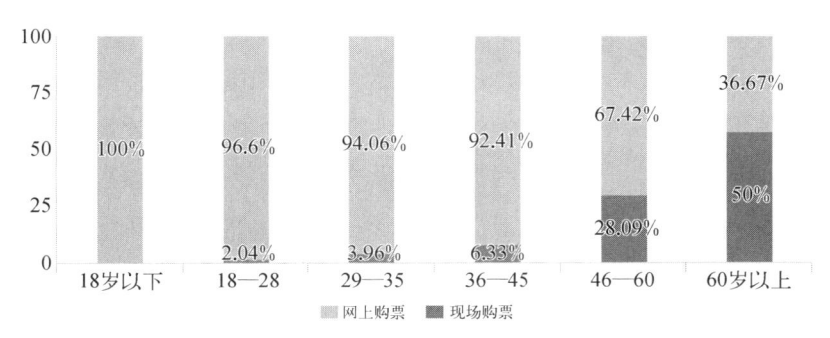

图表2-3-2A 年龄对购票方式的影响

3. 看电影的时间段

通常去看电影的时间,选择"17∶00—21∶00之间"的比例最高(38.25%,197人),符合电影院客流规律,说明有较多人习惯下班及晚饭后去看电影,作为放松与娱乐的一部分;选择"不固定"的为32.82%(169人),说明近1/3的观众看电影的时间有较强的机动性,具体是受影院排片还是其他个人因素影响,待考。其余时间段选择比例依次为:"13∶00—17∶00之间"(20.58%,106人)、"21∶00—24∶00"(4.66%,24人)、"13∶00以前"(3.69%,19人)。考虑到这是单选题,说明任何时间段都会有人选择去看电影,只不过是人数多少的问题。

交叉分析显示，男性样本选择"17：00—21：00"时间段去看电影的比例（44.66%）高于女性（32.51%），而女性样本选择"13：00—17：00"时间段（25.08%）的比例高于男性（12.14%），其余时间段男女选择比例相差不大；说明有更多女性选择在下午观看电影。年龄因素影响表现为：排除"18岁以下"样本，"13：00以前"和"13：00—17：00"时间段选择比例基本上随年龄增长而渐增——除了"46—60岁"年龄段对"13：00—17：00"时间段选择比例（21.35%）略低于"36—45岁"年龄段（24.05%）；综合起来，36.67%"60岁以上"年龄段样本通常选择17：00以前的时间段观看电影；对"17：00—21：00"高峰时间段的选择比例，18—60岁样本的选择比例相差不大（从34.18%到44.9%之间），但"60岁以上"样本急剧减少到16.67%的选择比例，显示大部分老年观众倾向于避开观影高峰时间。各年龄段选择"不固定"的比例相差不大，在26.97%到37.62%之间。结婚与否对通常看电影的时间段的影响不大。对"17：00—21：00"高峰时间段的选择比例，有孩子的样本要低于没有孩子的样本，排序为"没有孩子"（40.74%）、"有一个孩子"（33.98%）、"有两个（以上）孩子"（29.41%）；对17：00以前时间段的选择，有孩子的样本要高于没有孩子的样本，排序为"有两个（以上）孩子"（29.41%）、"有一个孩子"（28.64%）、"没有孩子"（12.96%）。近1/3"有孩子"的样本倾向于选择白天（17：00以前）观看电影，而没有孩子的样本只有不到13%倾向于白天观看电影。

将"看电影的主要目的"与"通常选择看电影的时间"进行交叉分析，发现各样本对"17：00—21：00"高峰时间段的选择比例几乎没有差别（在37.53%到39.42%之间）；看电影的主要目的为"约会或陪同亲友"的样本选择"13：00—17：00之间"的比例（25.93%）略高于"艺术欣赏/个人爱好"（19.3%）和"缓解压力/娱乐"（19.87%），选择"13：00以前"和"21：00—24：00"的比例略低于后两者，原因可能为：出于约会或陪亲友的原因去看电影的话，通常会选择先看电影再用餐，或者用完午餐以后看电影，"13：00以前"和"21：00—24：00"这两个时间段不太符合"看电影+用餐"的时间安排：前者太早，后者太晚。

与"最主要的去电影院看电影的原因"进行交叉分析，发现除了选择"受影院展映、点映活动吸引"和"其他"的样本，其他样本选择比例最高的观影时间段皆为"17：00—21：00"之间，说明"17：00—21：00"确实是各类观众选择去电影院看电影的高峰时间段；选择"与恋人约会时的活动内容"的样本选择该时间段的比例为58.9%，远高于排在第二位的"娱乐，放松自己"（40.63%）。选择"受影院展映、点映活动吸引"和"其他"选项的样本，选择比例最高的时间段选项为"不固定"（选择比例分别为50.72%和66.67%）；有两个样本未选择"13：00以前"时间段，分别为选择"与恋人约会时的活动

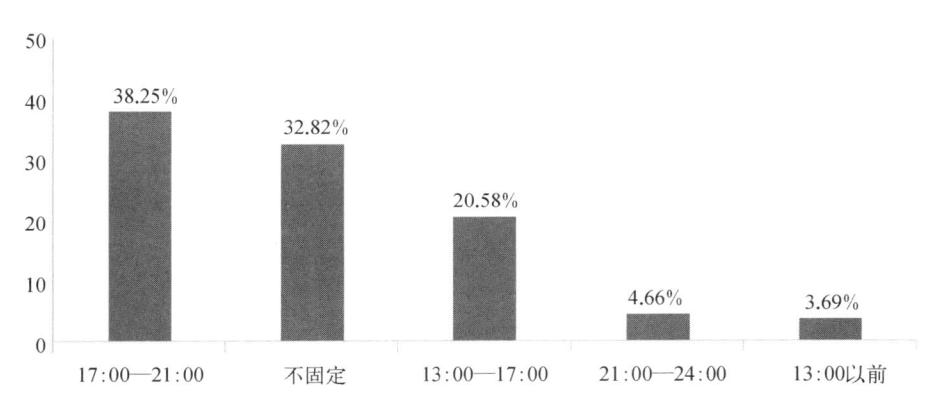

图表2-3-3 您通常选择什么时间去电影院看电影（单选题，样本人数为515人）

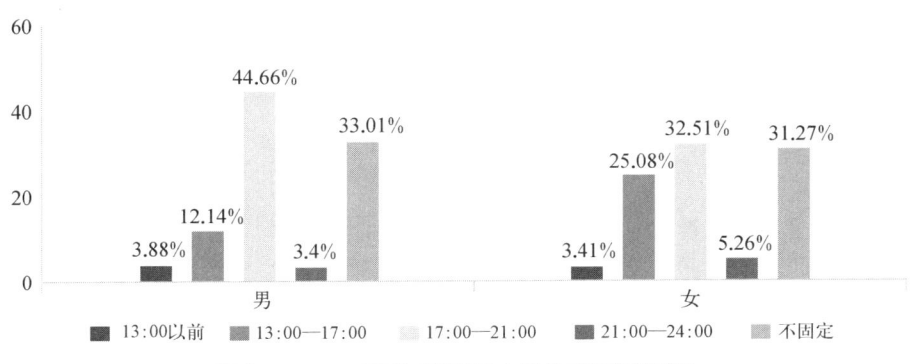

图表2-3-3A 性别对通常看电影的时间段的影响

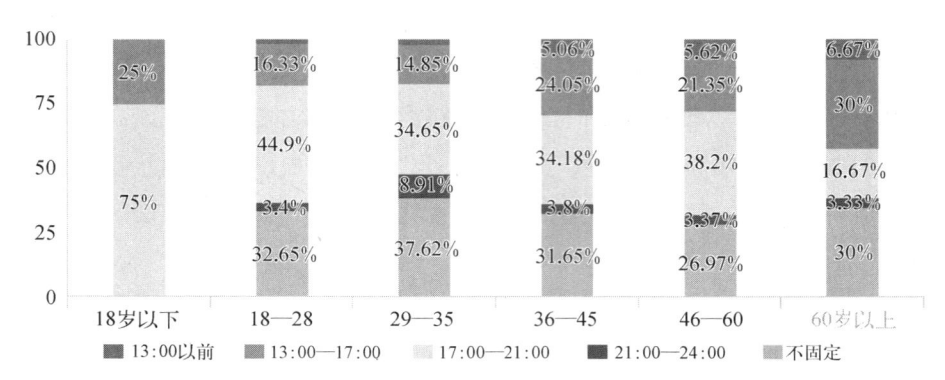

图表2-3-3B　年龄对通常看电影的时间段的影响

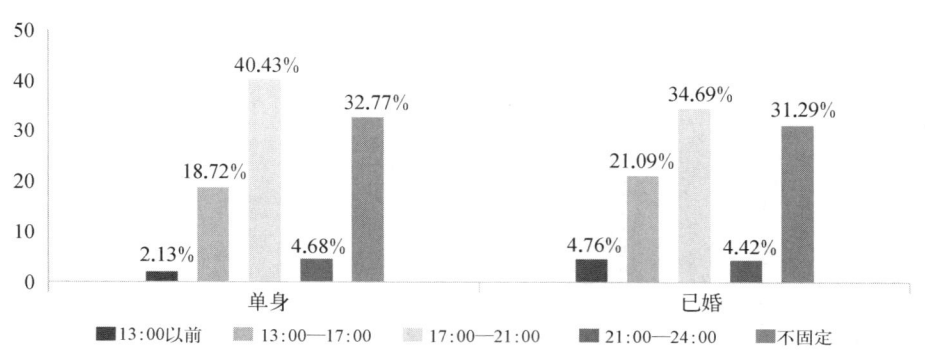

图表2-3-3C　婚姻状况对通常看电影的时间段的影响

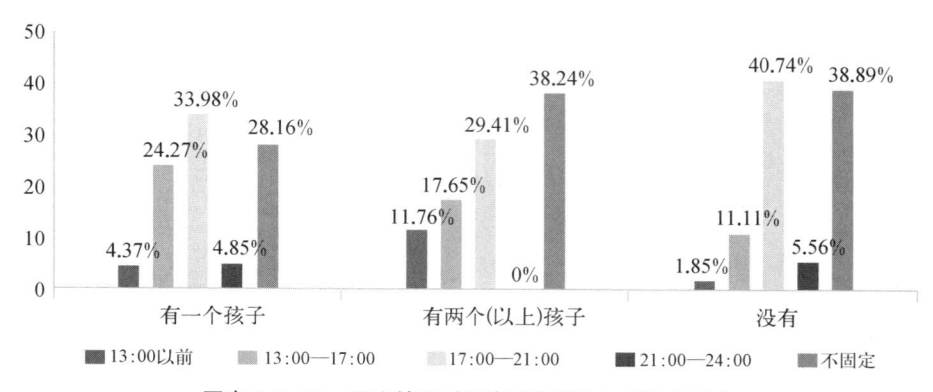

图表2-3-3D　子女情况对通常看电影的时间段的影响

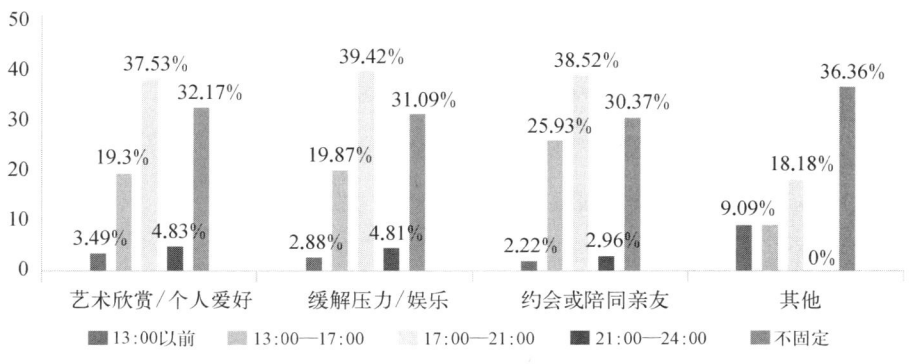

图表2-3-3E 看电影的主要目的对通常看电影的时间段的影响

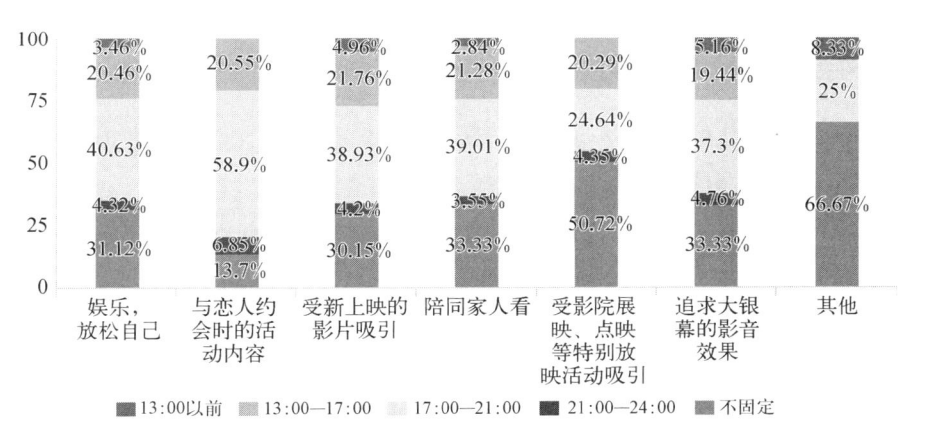

图表2-3-3F 最主要的去电影院看电影的原因对通常看电影的时间段的影响

内容"及"受影院展映、点映活动吸引"的样本；各样本对"21：00—24：00"时间段的选择比例基本上在3.55%—4.76%之间（观影目的为"其他"的样本对此时间段的选择比例为"零"），在各样本中的选择比例与"13：00以前"时间段相差不大——除了选择"与恋人约会时的活动内容"的样本对"21：00—24：00"选择为6.85%，对"13：00以前"时间段选择比例为"零"。

4. 最主要的去电影院看电影的原因

选择比例最高的选项为"娱乐，放松自己"（347人，67.38%），其余依次是"受新上映的影片吸引"（262人，50.87%）、"追求大银幕的影音效果"（252人，

上海文化消费调查：方法、数据和应用

选项	比例
娱乐，放松自己	67.38%
受新上映的影片吸引	50.87%
追求大银幕的影音效果	48.93%
陪同家人看	27.38%
与恋人约会时的活动内容	14.17%
受影院展映、点映等特别放映活动吸引	13.4%
其他	2.33%

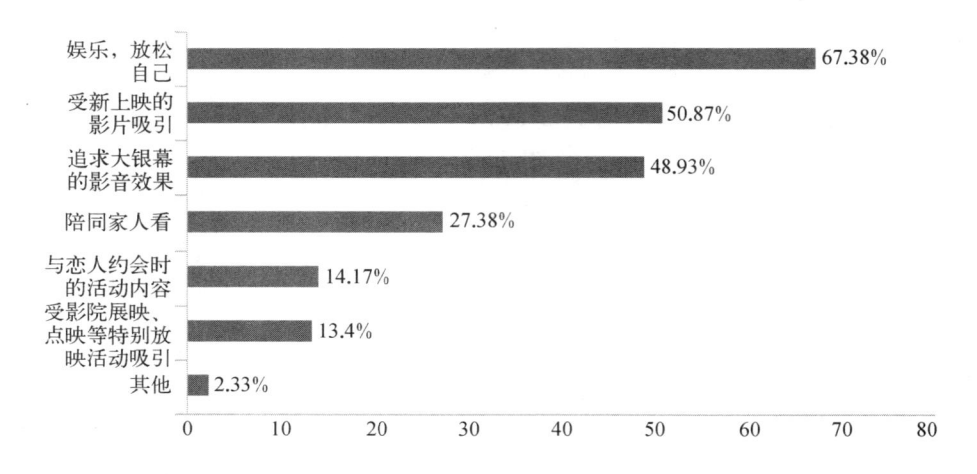

图表2-3-4 请选择对您来说最主要的去电影院看电影的原因（多选题，样本数量515人）

48.93%）、"陪同家人看"（141人，27.38%）、"与恋人约会时的活动内容"（73人，14.17%）、"受影院展映、点映等特别放映活动吸引"（69人，13.4%）、"其他"（12人，2.33%）。此项调查结果说明，对大多数人来说，到电影院看电影是受"看电影"这一行为本身的价值所驱动——包括电影的娱乐价值、新作品的吸引力、影音效果享受等，"看电影"的群体属性如作为家庭及约会活动内容等远排在其后，说明电影产业要提高自身吸引力，满足人们对娱乐的需求及对影音效果的高标准要求仍然是主要手段。有13.4%的样本将参加展映、点映等文化活动作为去电影院的主要目的，说明影院定期举办文化活动会对特定观众产生一定吸引力。

5. 选择某一电影院的最主要因素

选择比例最高的选项是"影院距离及交通便捷性"（323人，62.72%），其余选项依次为："影院内部硬件设施（20.19%）""影院价格及促销活动"（包括会员优惠、看电影送饮料等促销活动，8.54%）、"影院周边配套设施"（餐饮、娱乐等，6.99%）、"其他"（1.55%）。

交叉分析显示，女性选择"影院距离及交通便捷性"的比例（64.4%）高于男性（55.83%），男性选择"影院内部硬件设施"（23.79%）及"影院周边配套设

施"(8.25%)的比例高于女性(17.03%);男性女性对"影院价格及促销活动"的选择比例非常接近(8.25%、8.36%)。年龄因素影响主要表现为:将"18岁以下"样本排除在外,"29—35岁"年龄段对"影院内部硬件设施"的选择比例(28.71%)要高于其余年龄段(大体在17.09%—18.37%之间,"60岁以上"选择比例最低,为6.67%,说明年长的观众最不在意影院硬件设施);不同年龄段对价格因素的在意程度依次为:"60岁以上"(16.67%)、"18—28岁"(10.88%)、"36—45岁"(6.96%)、"29—35岁"(6.93%)、"46—60岁"(5.62%),可以看出,60岁以上观众对价格因素比较在意,可以针对老年观众开展特殊时段优惠观影活动。此外,有孩子的样本对影院距离及交通便捷性更为在意,选择比例分别为66.99%(一个孩子)和64.71%(两个孩子),"没有孩子"的样本对该项的

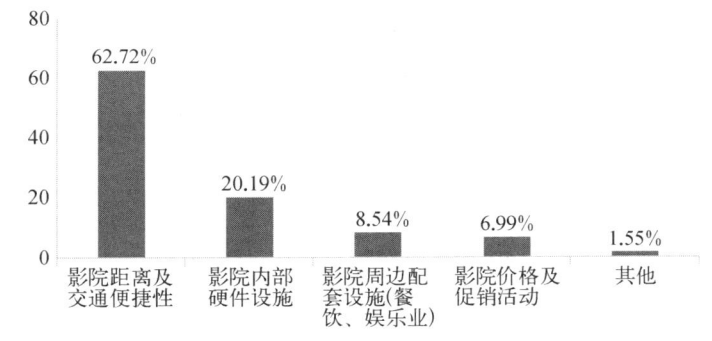

图表2-3-5 通常来说,影响您选择某一电影院的最主要因素是(单选题,样本数量515人)

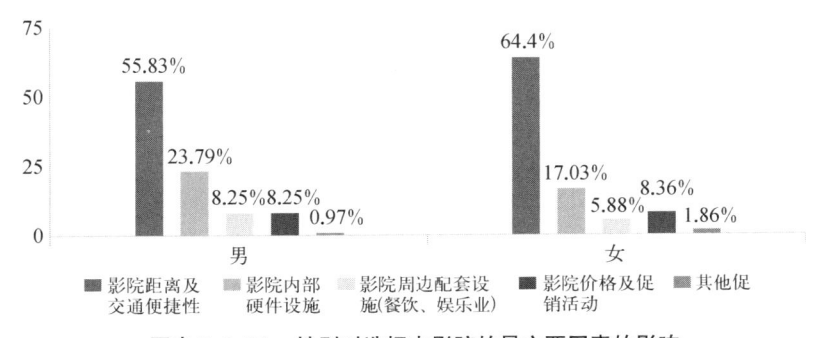

图表2-3-5A 性别对选择电影院的最主要因素的影响

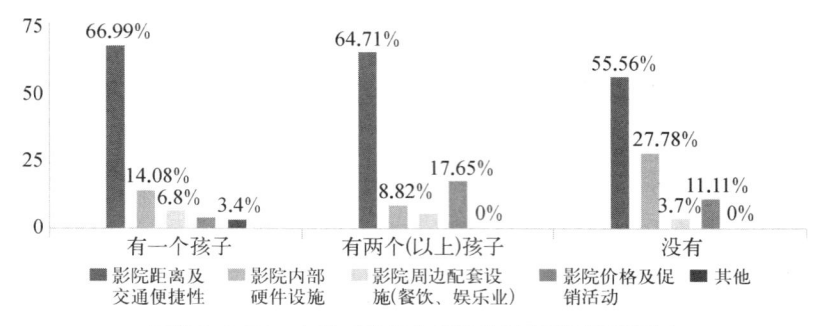

图表 2-3-5B 年龄对选择电影院的最主要因素的影响

有一个孩子：66.99%、14.08%、6.8%、3.4%
有两个(以上)孩子：64.71%、8.82%、17.65%、0%
没有：55.56%、27.78%、3.7%、11.11%、0%

图例：影院距离及交通便捷性；影院内部硬件设施；影院周边配套设施(餐饮、娱乐业)；影院价格及促销活动；其他

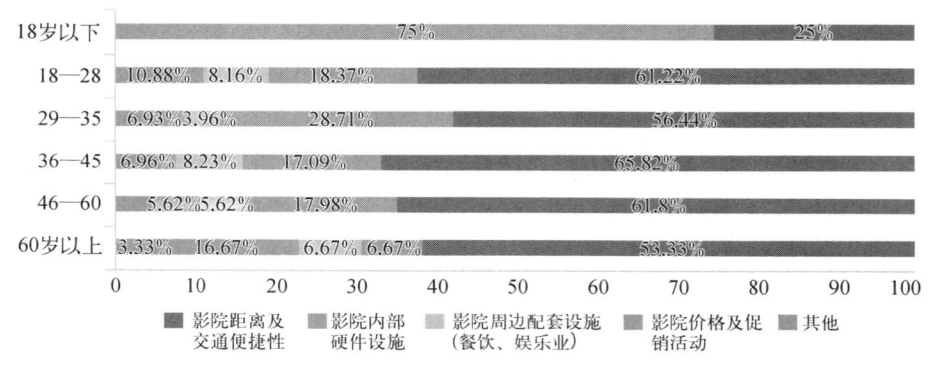

图表 2-3-5C 子女情况对选择电影院的最主要因素的影响

18岁以下：75%、25%
18—28：10.88%、8.16%、18.37%、61.22%
29—35：6.93%、3.96%、28.71%、56.44%
36—45：6.96%、8.23%、17.09%、65.82%
46—60：5.62%、5.62%、17.98%、61.8%
60岁以上：3.33%、16.67%、6.67%、6.67%、53.33%

图例：影院距离及交通便捷性；影院内部硬件设施；影院周边配套设施(餐饮、娱乐业)；影院价格及促销活动；其他

选择比例为55.56%;"没有孩子"的样本对"影院内部硬件设施"的选择比率为27.78%,远高于"有一个孩子"(14.08%)及"有两个孩子"(8.82%)样本的选择比例;"有两个孩子"的样本对"影院价格"最为敏感,17.65%的选择比率远高于"没有孩子"(11.11%)和"有一个孩子"(4.37%)的样本,说明有针对性地推出"家庭套票"等优惠措施将会是吸引全家观影的一个有效手段。

6. 是否会单纯为了看电影而外出

选择"我常常为了看电影而外出到电影院去"的比例高达64.08%,说明看电影已经成为大家一种主动进行且常常单独成立的文化娱乐活动;余下的样本(35.92%)选择"我很少仅仅为了看电影而外出到电影院去",说明对这部分人来说,看电影可能是其外出休闲活动的一部分,但不是其唯一动机。

交叉分析显示，"性别"因素对此题影响不大；就年龄来说，选择"我常常为了看电影而外出到电影院去"的比例随年龄递增而递减，从"18岁以下"的75%逐步下降到"60岁以上"的53.33%，说明年轻人对"去电影院看电影"的热衷程度要高于年长者——但年长者热衷于为看电影而外出的比例仍然占一半以上。学历因素中，"初中及以下"学历的样本为了看电影而外出的意愿最低（20%），其次为博士学历的样本（48.48%）及大专学历的样本（51.56%），高中、本科、硕士学历的样本为了看电影而外出的意愿较高（64.52%、69.32%、64.49%）。职业因素中，排除数量低于10人的"家庭主妇""其他""第三产业服务人员""产业工人"和"失业"5种样本，"为了看电影而外出"选择比例由低到高为私营企业主（52.63%）、离退休人员（52.78%）、专职技术人员（56.86%）、公职人员（59.62%）、政府部门及企业管理者（60.24%）、商务人员（66.67%）、职员（67.06%）、自由职业者（70.37%）、学生（73.33%）等，"学生"为看电影而外出的比例最高。

"月收入水平"对外出看电影的热衷程度的影响并不明显，但最高比例出现在"5 001—8 000元"（67.24%）和"8 001—12 000元"（60.58%），最低比例出现在"3 001—5 000元"（47.62%）和"3 000元以下"（50%，总数为6人）；月收入"20 000元以上"样本对该项的选择比例（53.33%）仅略高于月收入最低水平"3 000元以下"的选择比例，再一次说明了收入水平只是影响观影意愿与观影频率的因素之一。

就婚姻状况来说，单身者为了看电影而外出的比例（69.36%）要高于已婚者（56.8%）。"有两个（以上）孩子"样本为看电影而外出的意愿最低（41.18%），其次为"有一个孩子"（56.31%）、"没有孩子"（68.52%）；说明孩子数量影响到样本去电影院看电影的频率或意愿。

对电影的喜爱程度越高，单纯为了看电影而外出的比例越高（"喜欢"73.53%，"一般"26.85%，"不怎么喜欢"7.69%）。看电影的主要目的为"艺术欣赏/个人爱好"及"缓解压力/娱乐"的样本，为看电影而外出的频率要高于"约会或陪同亲友"，选择比例分别为67.29%、66.67%和54.81%。日常看电影的主要渠道并非"电影院"的样本中，仍有最低比例为33.96%的样本选择"常常为了看电影而外出到电影院去"，比例由高到低排序依次为：DVD（83.33%）、"其他"（63.64%）、视频网站（手机端，58.73%）、传统电视节目（电影频道，48.39%）、视频网站（电脑端，47.17%）、网络电视（IPTV，33.96%），说明外出看电影是一项被广泛接受的外出文化活动。在"去电影院看电影的主要目的"选项中，选择"陪同家人看"的样本为了看电影而外出的意愿与频率最低，选择比例只有48.94%，远低于其他样本65%以上的选择比例——这符合家庭观影活动经常与购物、餐饮等休闲活动搭配在一起进行的认知。

图表2-3-6 是否常常为了看电影而到电影院去（单选题，本题样本数为515人）

影院距离对"是否常常为了看电影而到电影院去"的影响不大。值得注意的是，选择离家最近的影院"距离居住地较远且没有方便的公共交通"的样本（共24人），为了观影而外出的意愿略高于影院离家较近或交通方便的样本，对此的假设是，这部分样本也许下班后从工作场所出发去看电影。去看电影的交通方式对"是否常常为了看电影而到电影院去"的影响不大。"通常和谁一起去看电

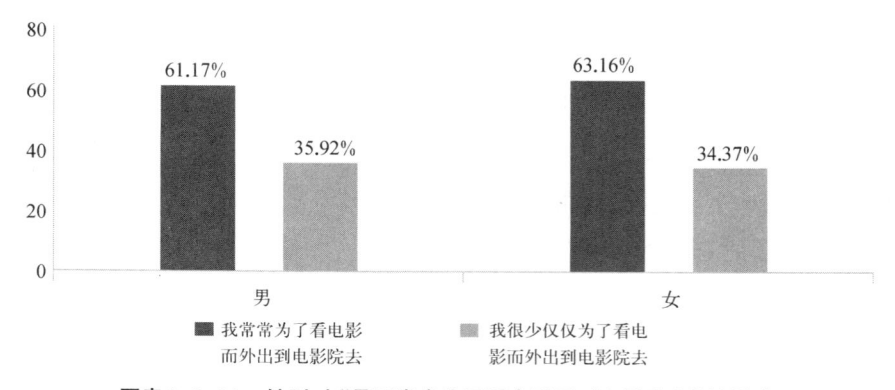

图表2-3-6A 性别对"是否常常为了看电影而到电影院去"的影响

上海居民电影消费调查分析报告

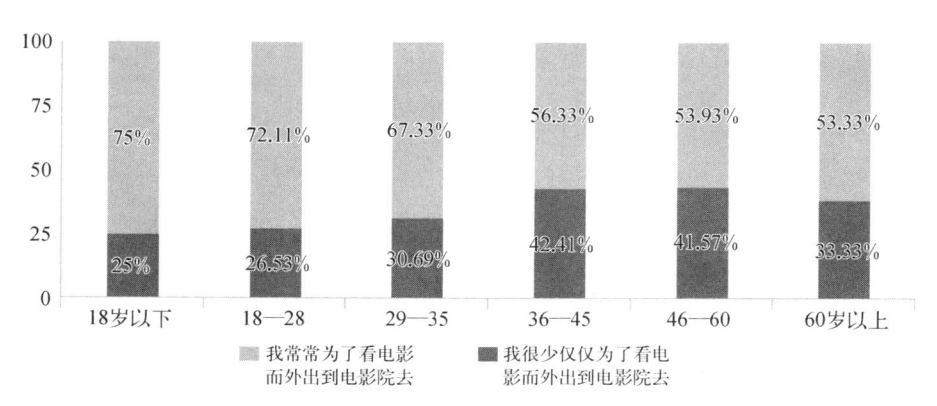

图表 2-3-6B 年龄对"是否常常为了看电影而到电影院去"的影响

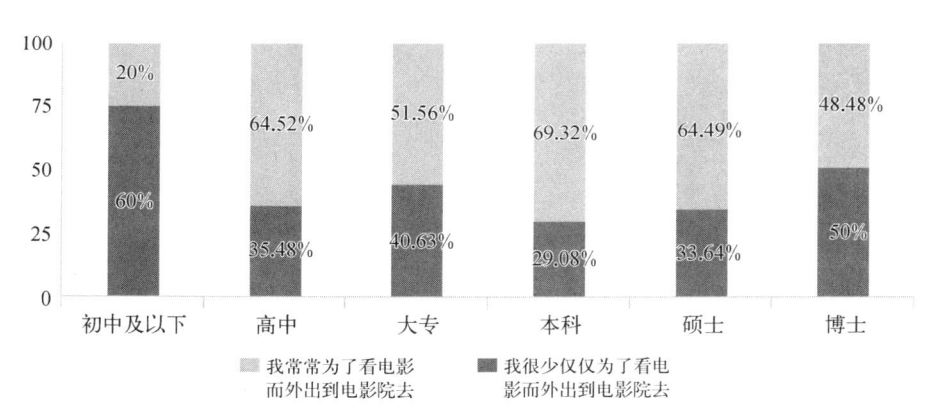

图表 2-3-6C 学历对"是否常常为了看电影而到电影院去"的影响

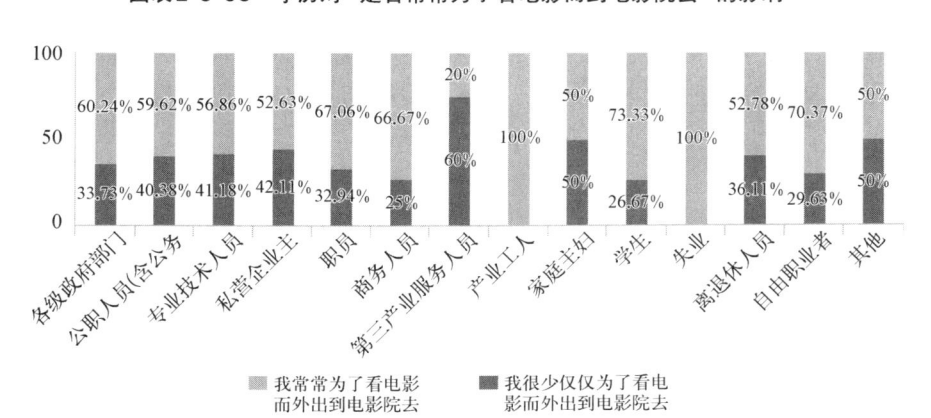

图表 2-3-6D 职业对"是否常常为了看电影而到电影院去"的影响

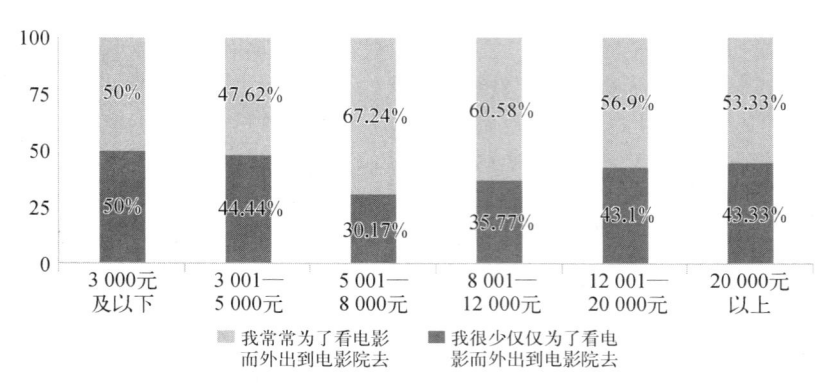

上海文化消费调查：方法、数据和应用

图表2-3-6E 月收入对"是否常常为了看电影而到电影院去"的影响

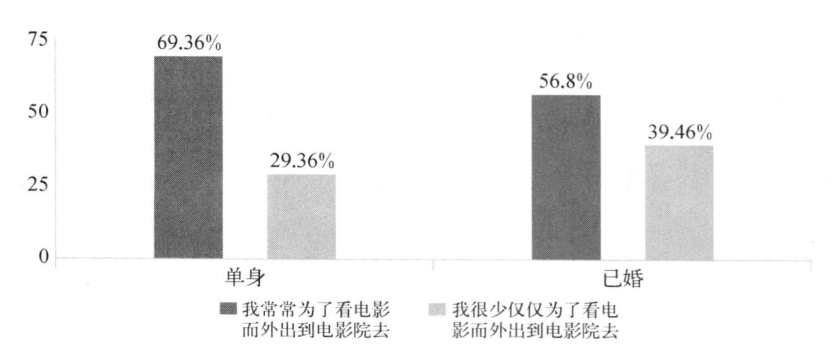

图表2-3-6F 婚姻状况对"是否常常为了看电影而到电影院去"的影响

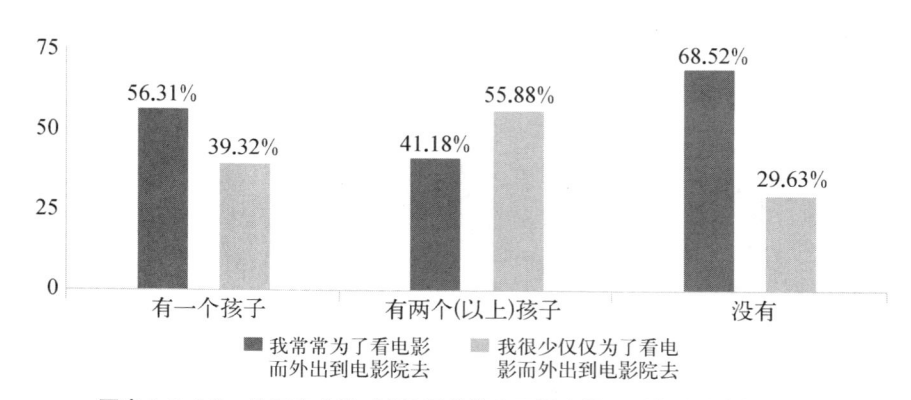

图表2-3-6G 是否有小孩对"是否常常为了看电影而到电影院去"的影响

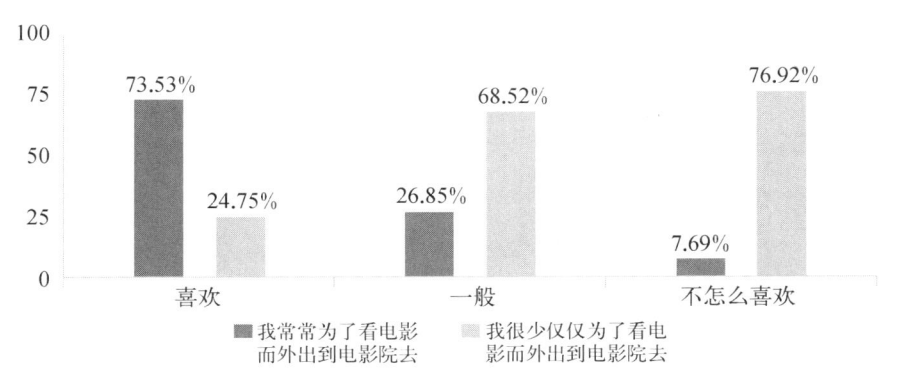

图表2-3-6H 是否喜欢看电影对"是否常常为了看电影而到电影院去"的影响

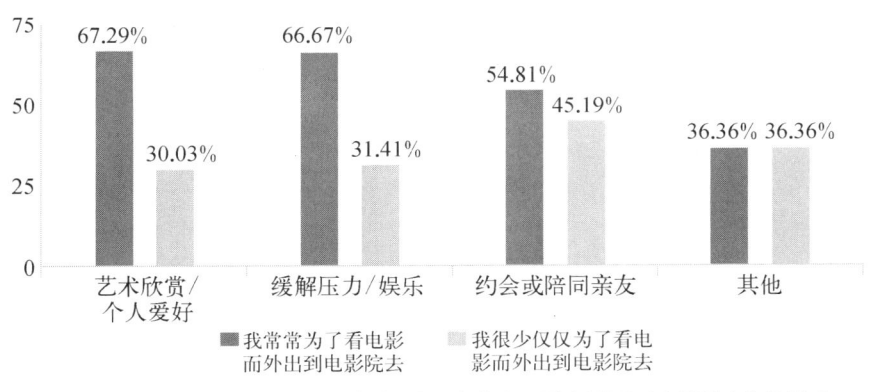

图表2-3-6I 看电影的主要目的对"是否常常为了看电影而到电影院去"的影响

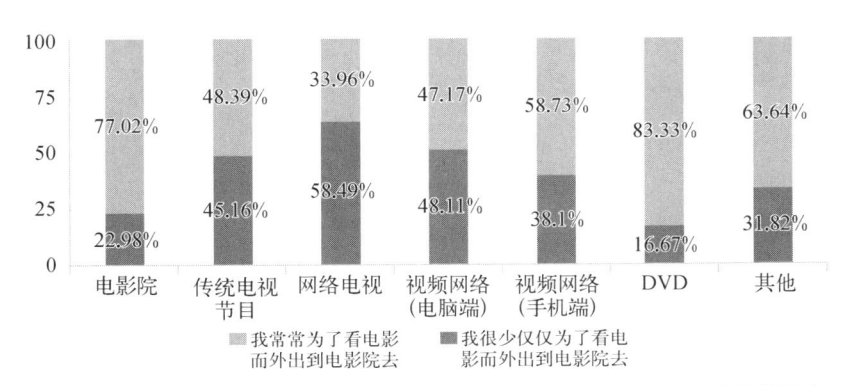

图表2-3-6J 看电影的主要渠道对"是否常常为了看电影而到电影院去"的影响

上海文化消费调查：方法、数据和应用

娱乐，放松自己	与恋人约会时的活动	受新上映的影片吸引	陪同家人看	影院展映、点映	追求大银幕的影音	其他
65.71%	72.6%	72.52%	48.94%	76.81%	75.4%	50%
34.29%	27.4%	27.48%	51.06%	23.19%	24.6%	50%

■ 我常常为了看电影而外出到电影院去　■ 我很少仅仅为了看电影而外出到电影院去

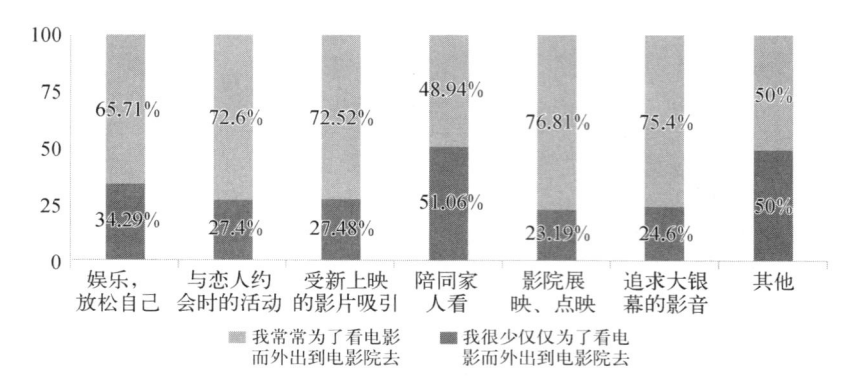

图表2-3-6K　去电影院看电影的主要目的对"是否常常为了看电影而到电影院去"的影响

距离居住地步行15分钟以内	距离居住地步行15分钟以上但乘…	距离居住地较远且没有方便的公…	不知道
64.14%	65.02%	70.83%	41.18%
35.86%	34.98%	29.17%	58.82%

■ 我常常为了看电影而外出到电影院去　■ 我很少仅仅为了看电影而外出到电影院去

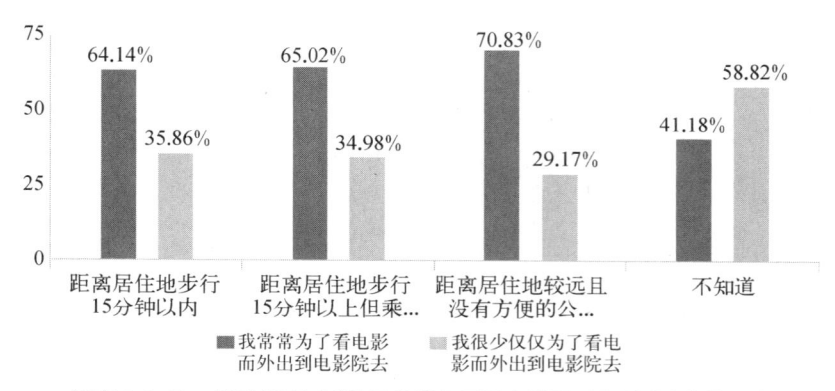

图表2-3-6L　影院距离对"是否常常为了看电影而到电影院去"的影响

步行	搭乘地铁、公交车等公共交通	自己开车	不会仅仅为了看电影而去电影院
63.53%	67.87%	64.1%	16.67%
36.47%	32.13%	35.9%	83.33%

■ 我常常为了看电影而外出到电影院去　■ 我很少仅仅为了看电影而外出到电影院去

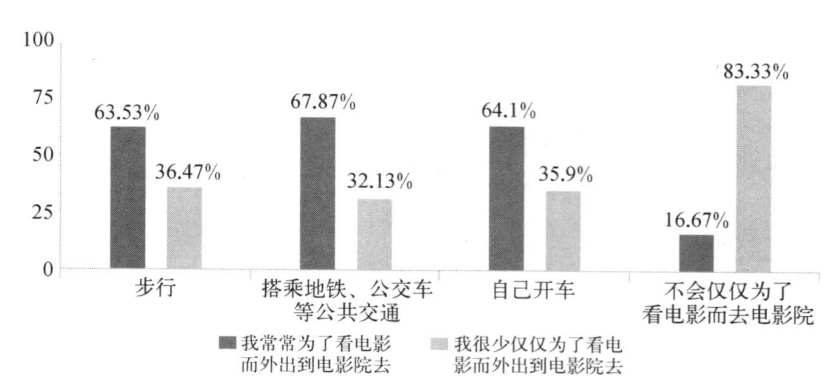

图表2-3-6M　看电影的交通方式对"是否常常为了看电影而到电影院去"的影响

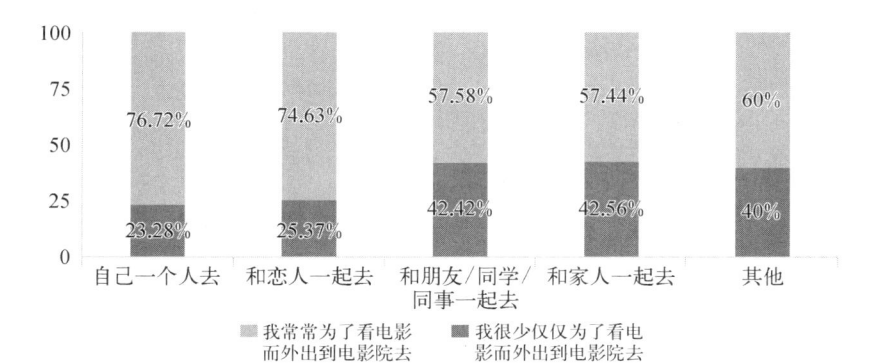

图表2-3-6N 通常和谁一起去看电影对"是否常常为了看电影而到电影院去"的影响

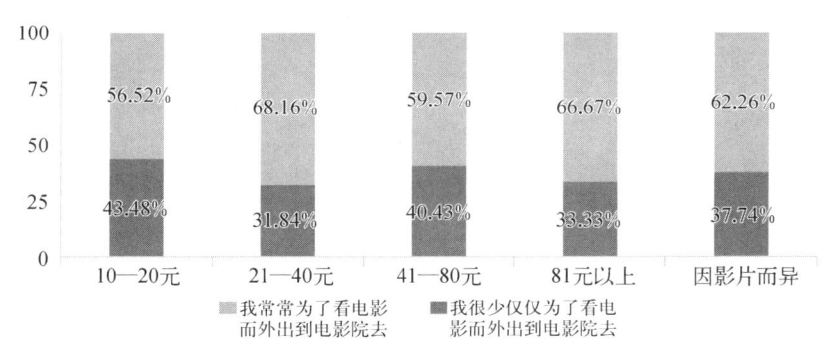

图表2-3-6O 心目中的合理票价对"是否常常为了看电影而到电影院去"的影响

影"选项中,选择"自己一个人去"(76.72%)及"和恋人一起去"(74.63%)的样本,为了看电影而外出的意愿要高于"和朋友/同学/同事一起去"(57.58%)及"和家人一起去"(57.44%)的样本。"心目中的合理票价"对外出看电影的频率与意愿影响不大,认为合理票价范围在"10—20元"之间的样本,选择"常常为了看电影而外出到电影院去"的比例为56.52%,在各样本中最低,但差距并不显著,再次说明票价目前并不是影响影院观影频率及意愿的主要因素。

7. 离居住地最近的电影院的距离

选择比例最高的是最近影院"距离居住地步行15分钟以内"(48.74%),"居住地步行15分钟以上但乘坐公共交通15分钟可以抵达"的比例为43.3%,

两者加起来的比例超过92%,说明目前上海影院分布对大多数人来说,看电影比较方便,乘坐公共交通15分钟可以抵达;4.66%的人选择"距离居住地较远且没有方便的公共交通可以抵达",3.3%的人选择"不知道"。与样本居住地行政区划交叉分析显示,除青浦区、奉贤区、金山区、崇明区分别只有5、4、4、1位样本不具有统计学价值之外,各区影院分布便利程度差不多。

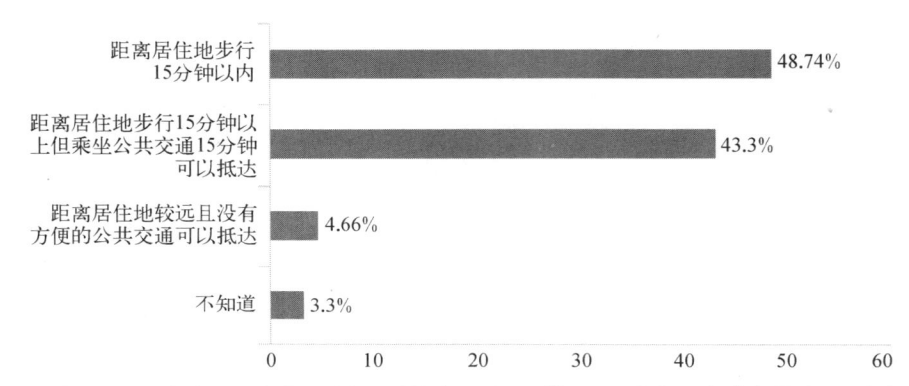

图表2-3-7 离您居住地最近的电影院符合下列哪项描述?(单选题,样本数量为515人)

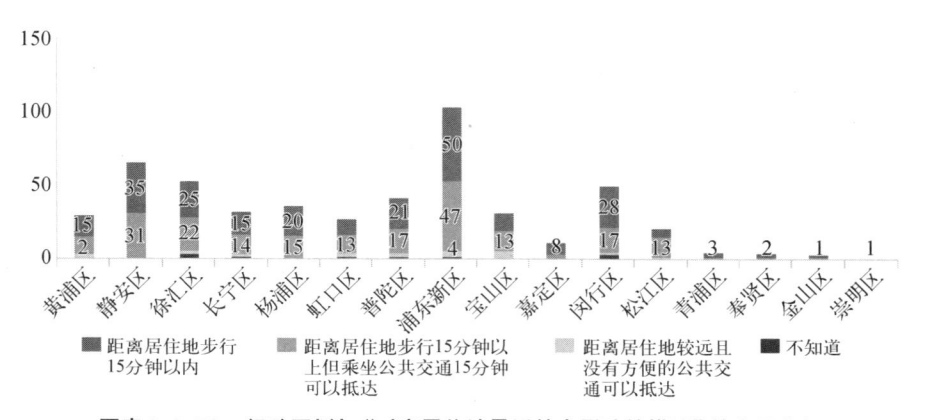

图表2-3-7A 行政区划与"对离居住地最近的电影院的描述"的交叉分析

8. 到电影院看电影的交通工具

选择"搭乘地铁、公交车等公共交通"的样本比例最高,接近一半(48.35%),其次为"步行"(33.01%)、"自己开车"(15.15%)、"不会仅仅为了看电影而去电影院"(3.5%)。交叉分析显示,"有两个(以上)孩子"(样本总数34人)的样本选择"自己开车"和"步行"的比例在三个样本群中最高,两项选择比例皆为38.24%,选择"搭乘地铁、公交车等公共交通"的比例(20.59%)最低,远低于"没有孩子"(46.3%)和"有一个孩子"(39.81%)的样本。多子女家庭对公共交通工具的较低使用比例,说明随着"二胎"开放,出行问题可能会导致越来越多的家庭购买小汽车,从而增加城市交通压力。

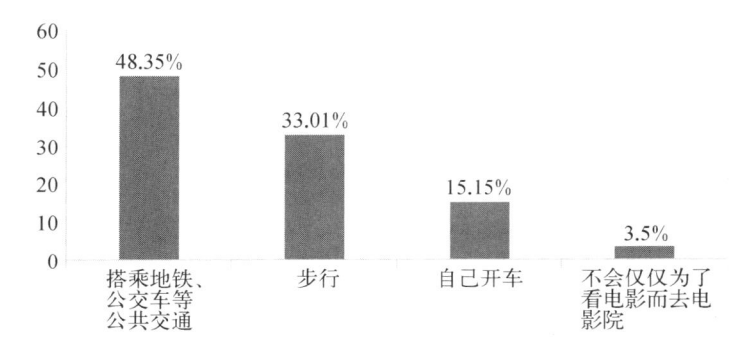

图表2-3-8 您通常采取哪种方式到电影院去看电影?(单选题,样本数量为515人)

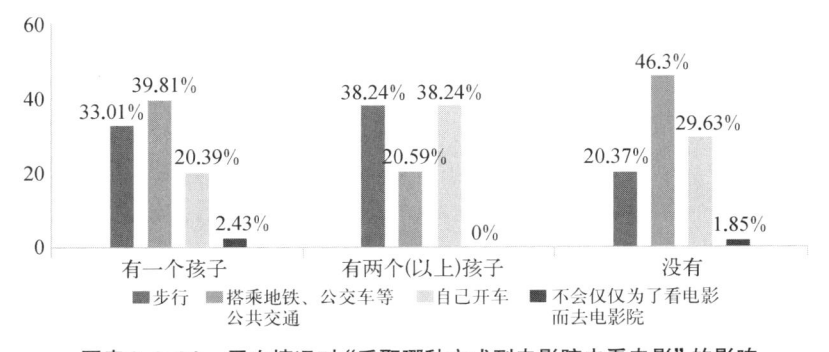

图表2-3-8A 子女情况对"采取哪种方式到电影院去看电影"的影响

9. 通常一起去看电影的人

选择比例最高的为"和家人一起去"(37.86%),其余依次为:"和朋友/同学/同事一起去"(25.63%)、"自己一个人去"(22.52%)、"和恋人一起去"(13.01%)、"其他"(0.97%)(注:选择"其他"的样本的具体说明表明,5位样本是因为自己去看电影以及和家人、朋友看电影的频率差不多,因此感觉无法做出单项选择)。结论:看电影作为休闲娱乐活动,主要是和家人、朋友、同学、同事等结伴而行的行为;选择"自己一个人去"的样本占比超过1/5,说明有相当一部分人已经将去电影院看电影作为个人娱乐活动,这一趋势应该与自家庭录影带发明以来,人们逐渐开始养成的独自观影习惯有关。选择"和恋人一起去"比例最低(13.01%),与样本中未婚人士所占比例(235人,44.42%)较低并且学生所占比例(90人,17.01%)较低有关。

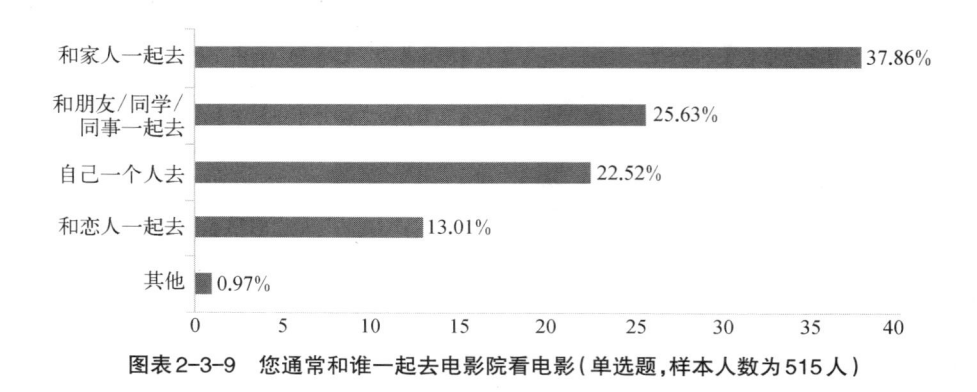

- 和家人一起去 37.86%
- 和朋友/同学/同事一起去 25.63%
- 自己一个人去 22.52%
- 和恋人一起去 13.01%
- 其他 0.97%

图表2-3-9　您通常和谁一起去电影院看电影(单选题,样本人数为515人)

10. 电影档期的影响力

选择比例最高的选项是"看电影基本不受档期影响"(422人,81.94%),高达8成以上的样本选择此项,说明电影界曾有的"档期"观念需要更新,以免大片、好片在一些"热门"档期扎堆,自相残杀。档期影响力按选择比例排序依次为:春节档(20.97%)、暑期档(17.67%)、国庆档(9.51%)、元旦档(7.38%)、圣诞档(4.66%)、情人节档(4.08%)。结论:样本看电影受档期因素影响较小;目前影响力较大的档期是春节、暑假、国庆及元旦,圣诞节和情人节的档期影响力最弱。交叉分析显示,男性受各档期影响的比例普遍高于女性——除了"情人节档",男性选择比例略微低于女性(3.88%、4.02%);说明男性的电影消费行为更容易受节日与热点宣传影响;"18—28岁"年龄段受档期影响最明显,其选择"春节档"(27.21%)和"暑期档"(25.85%)比例明显超

上海居民电影消费调查分析报告

```
看电影基本
不受档期影响 ████████████████████ 81.94%
春节档 █████ 20.97%
暑期档 ████ 17.67%
国庆档 ██ 9.51%
元旦档 █ 7.38%
圣诞档 █ 4.66%
情人节档 █ 4.08%
        0  10  20  30  40  50  60  70  80  90
```

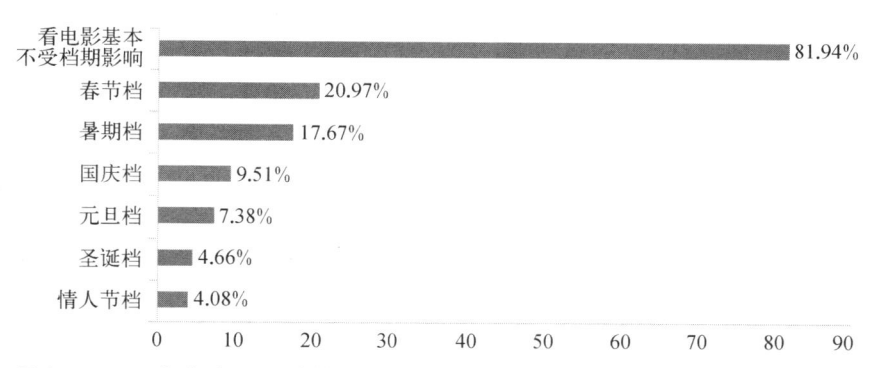

图表2-3-10 您会受以下哪个档期影响去电影院看电影？（多选题，样本人数为515人）

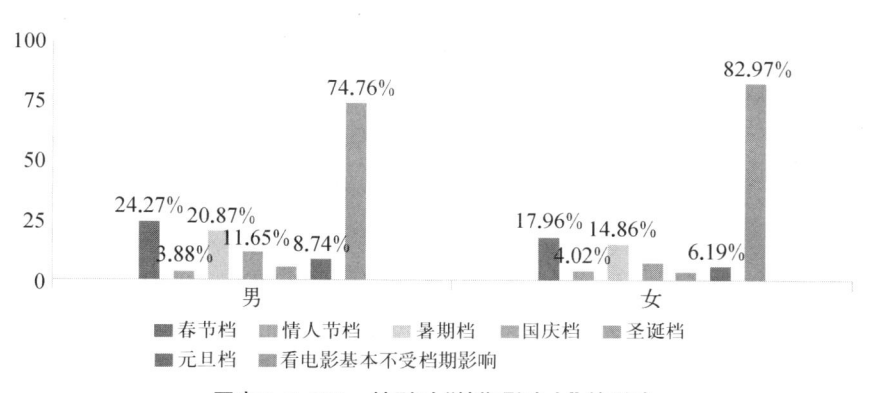

男: 春节档 24.27%，情人节档 3.88%，暑期档 20.87%，国庆档 11.65%，圣诞档 8.74%，看电影基本不受档期影响 74.76%

女: 春节档 17.96%，情人节档 4.02%，暑期档 14.86%，圣诞档 6.19%，看电影基本不受档期影响 82.97%

图例：春节档 情人节档 暑期档 国庆档 圣诞档 元旦档 看电影基本不受档期影响

图表2-3-10A 性别对"档期影响力"的影响

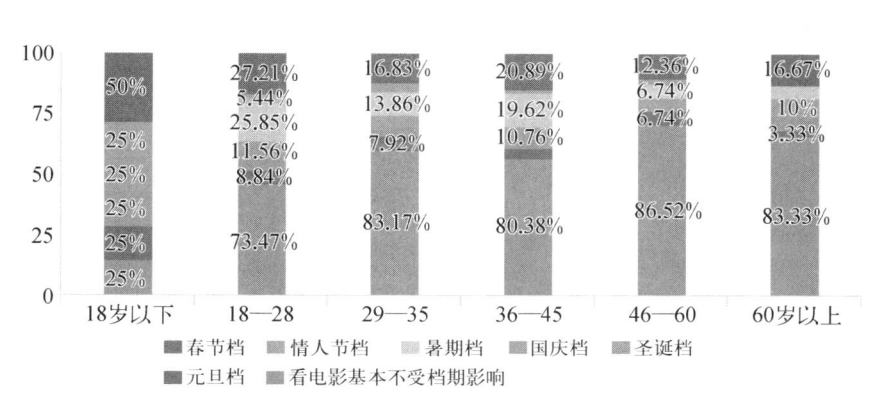

18岁以下: 50%, 25%, 25%, 25%, 25%, 25%
18—28: 27.21%, 5.44%, 25.85%, 11.56%, 8.84%, 73.47%
29—35: 16.88%, 13.86%, 7.92%, 83.17%
36—45: 20.89%, 19.62%, 10.76%, 80.38%
46—60: 12.36%, 6.74%, 6.74%, 86.52%
60岁以上: 16.67%, 10%, 3.33%, 83.33%

图例：春节档 情人节档 暑期档 国庆档 圣诞档 元旦档 看电影基本不受档期影响

图表2-3-10B 年龄对"档期影响力"的影响

过其他年龄段,说明学生是最容易受档期影响的群体;"36—45岁"年龄段选择受暑期档影响比例(19.62%)仅次于"18—28岁"年龄段,可能跟该年龄段的子女大多处于学生阶段有关。

11. 是否去电影院之前已决定看哪部电影

选择"去电影院之前已决定看哪部电影"的样本占绝大数,比例高达96.89%(499人),说明电影的前期宣传(包括公映日期、放映后的口碑、评论等意见领袖影响因素)对观众观影选择及消费行为有重大影响,是决定一部电影票房是否能取得成功的关键因素。交叉分析显示,性别、年龄因素对样本是否去电影院之前就已经决定看哪一部电影的影响不明显。与"去电影院看电影的频率"进行交叉分析,发现答案选择"否"的样本(16人,3.11%)中,"一年中去电影院观看电影少于一次"的比例最高,近24%,说明对很少去电影院看电影的人来说,去电影院看电影是一种随机选择或一时兴起的行为,因此售票窗口附近及影院周围地区的宣传活动,要重点吸引这部分人的注意力。

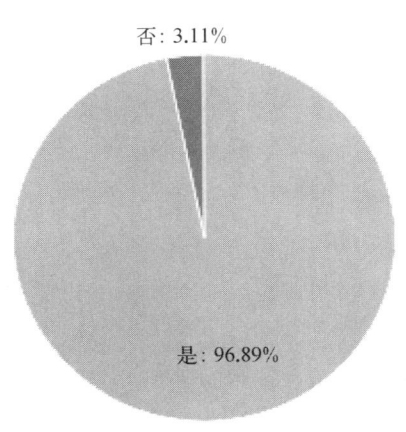

图表2-3-11 通常来说,您是否在去电影院之前已决定看哪部电影?(单选题,样本人数为515人)

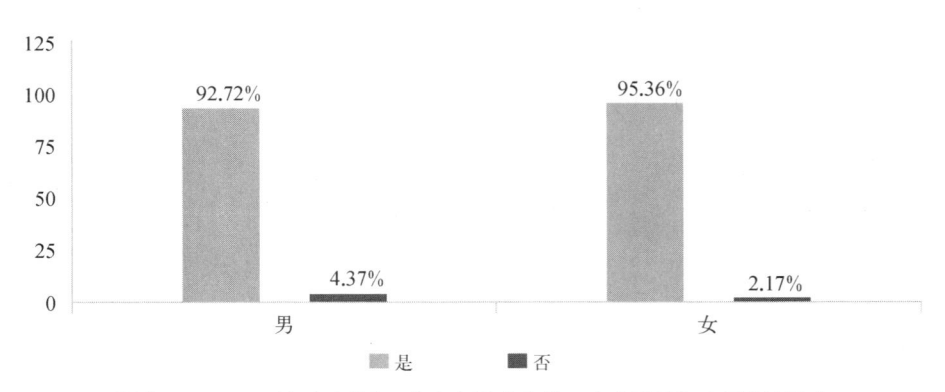

图表2-3-11A 性别对"是否在去电影院之前已决定看哪部电影"的影响

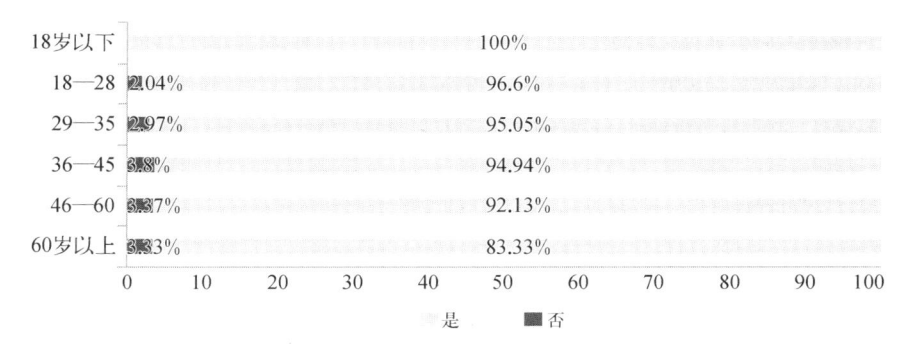

年龄	是	否
18岁以下		100%
18—28	3.04%	96.6%
29—35	4.97%	95.05%
36—45	5.08%	94.94%
46—60	7.87%	92.13%
60岁以上	16.33%	83.33%

图表2-3-11B　年龄对"是否在去电影院之前已决定看哪部电影"的影响

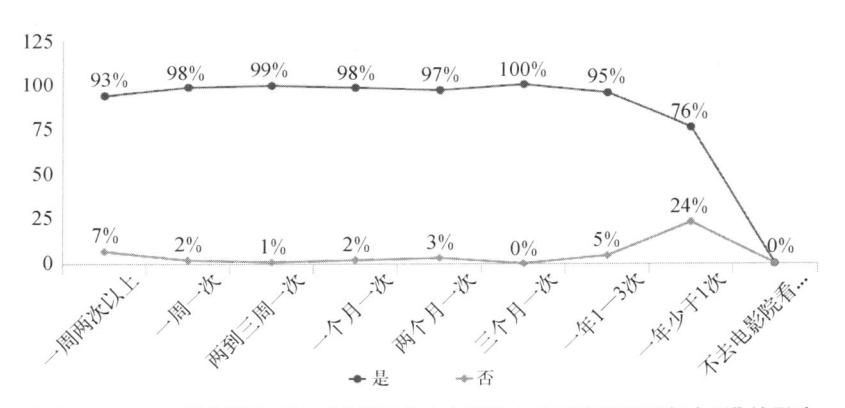

频率	是	否
一周两次以上	93%	7%
一周一次	98%	2%
两到三周一次	99%	1%
一个月一次	98%	2%
两个月一次	97%	3%
三个月一次	100%	0%
一年1—3次	95%	5%
一年少于1次	76%	24%
不去电影院看…	0%	0%

图表2-3-11C　看电影的频率对"是否在去电影院之前已决定看哪部电影"的影响

12. 看电影之前是否会先搜索、阅读别人对影片的评价

选择"是"的样本比例为51.46%，选择"不一定"的样本比例为40.39%，选择"否"的为8.16%——说明有超过一半的样本养成了看电影之前借鉴他人评价的习惯，另有4成观众不固定，只有不到10%的人完全不这样做。影片放映后的口碑及网友、影评人发表在网络上的评论对票房影响力不容小觑。（注：此题目设计有缺陷，"看电影之前"这一表述比较含糊，容易使样本将"去电影院看电影之前"及"在视频网站上看电影"等行为都包括在内；不过调研者设计此题目是想考察样本在决定看某部电影时的信息参照情况，因此该项调查结果仍然具有参照意义。）

交叉分析显示，女性比男性更倾向于在决定看某部电影之前参考他人评价（52.01%、47.09%），相应地，男性对此题目选择"否"的比例要高于女性（10.19%、6.5%）；"年龄"对该题的影响体现为：将"18岁以下样本"排除在外，对该题目选择"否"的比例随年龄递增而递增（从"18—28岁"的3.4%增长到"46—60岁"的11.24%），说明年轻一代更倾向于通过搜索他人评价来决定是否观看一部电影；与此趋势形成对比的是"60岁以上"样本选择"否"的比例在所有年龄段中最低（3.33%），这一"例外"说明该年龄段也许因退休而闲暇时间增多、从而有时间关注他人评论作为自己的观影参考。"学历"因素影响体现为：排除"初中及以下"样本，选择"否"的比例基本上呈随学历递增而递增的趋势（从"大专"学历样本3.13%的选择比例渐增到"博士"学历样本15.15%的选择比例），说明样本学历越高，看电影前不阅读他人评价作为参考的人数越多，具体是因为时间压力还是因学历增高而文化欣赏品位独立性增强，待考；同时，"博士"学历样本选择"是"的比例（53.03%）与其他学历样本（从37.5%到53.39%）差不多，说明无论什么学历，都有相当比例的观众养成观影前参考他人评价的习惯。月收入因素体现为：排除"3 000元及以下样本"，月收入越高，选择"否"的比例越高，从月收入"3 001—5 000元"样本的4.76%渐增到"20 000元以上"的20%，说明月收入越高的样本，越较少阅读他人评价作为是否观影的参考；与之相对应，月收入"20 000元以上"样本选择"是"的比例（40%）在各样本中也最低。

看电影的主要目的为"艺术欣赏/个人爱好"的观众更倾向于事先搜索、阅读他人的评价——52.82%选择"是"，36.19%选择"不一定"——体现了电影作为"艺术欣赏"对象所具有的寻求交流与共鸣的特性；具有较强思想内容与艺术追求的影片，在宣传发行上应重视发挥意见领袖或个性化解读的力量。看电影的主要目的为"缓解压力/娱乐"（选择"是"与"不一定"的比例分别为47.76%和42.63%）和"约会和陪同亲友"（选择"是"与"不一定"的比例分别为49.63%和44.44%）的样本，事先阅读他人评价的比例要略低于比主要目的为"艺术欣赏/个人爱好"的样本，符合二者将看电影作为个人解压及社交、家庭娱乐活动的一部分,对内容要求不像前者那么高的假设。

在"观看一部电影的最主要因素"选项中选择"大导演"(选择"是""不一定""否"的比例分别为54.6%、34.36%、8.59%)、"看过的人推荐"("是""不一定""否"的比例分别为54.29%、37.14%、6.53%)、"故事情节"("是""不一定""否"的比例分别为49.88%、41.03%、6.76%)的样本更倾向于事先阅读他人评价,高于选择"大明星"("是""不一定""否"的比例分别为44.35%、44.35%、9.57%)、"视觉效果"("是""不一定""否"的比例分别为43.52%、46.63%、6.74%)、"宣传造势及话题热点"("是""不一定""否"的比例分别为41.76%、48.35%、8.79%)的样本,这与导演及故事情节通常体现了电影较深层次的价值观、人们倾向于通过阅读他人意见以寻找深层次共鸣这种心理需求有关;而明星与视觉效果则主要体现为表层价值;选择"看过的人推荐"为观影主要因素的样本本身具有接受他人影响的倾向;受"宣传造势及话题热点影响"的样本,事先阅读他人评价的比例

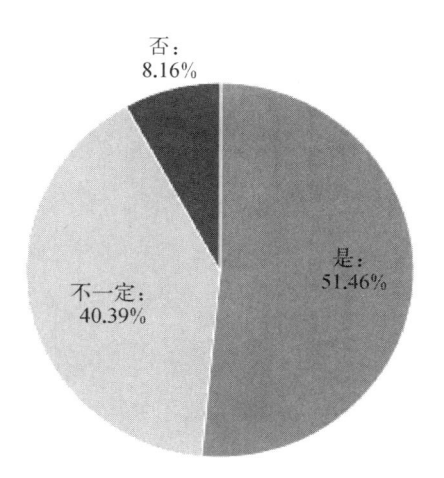

图表2-3-12 在决定看某部电影之前,您是否会先搜索、阅读别人对该片的评价?(单选题,本题样本数量为515人)

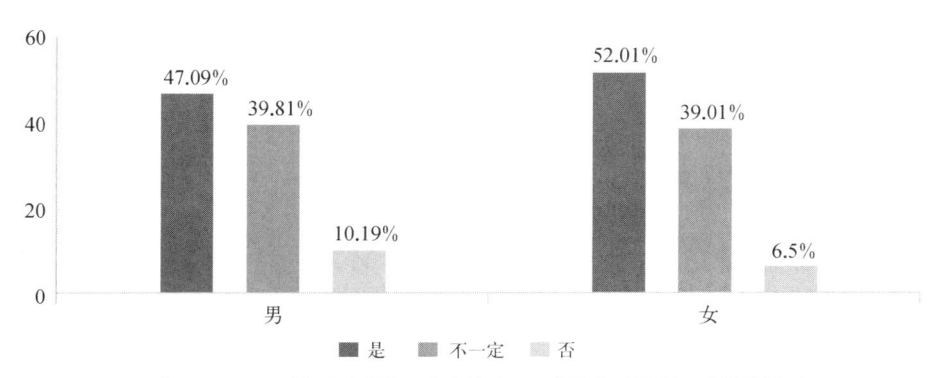

图表2-3-12A 性别对"是否事先搜索、阅读他人对影片评价"的影响

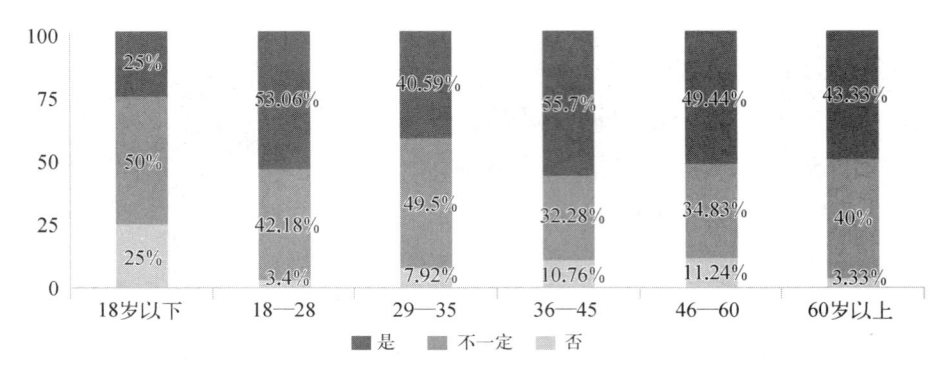

图表2-3-12B　年龄对"是否事先搜索、阅读他人对影片评价"的影响

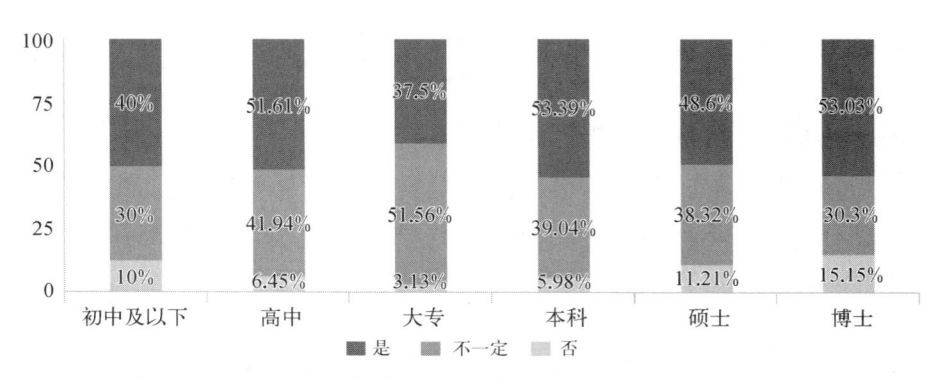

图表2-3-12C　学历对"是否事先搜索、阅读他人对影片评价"的影响

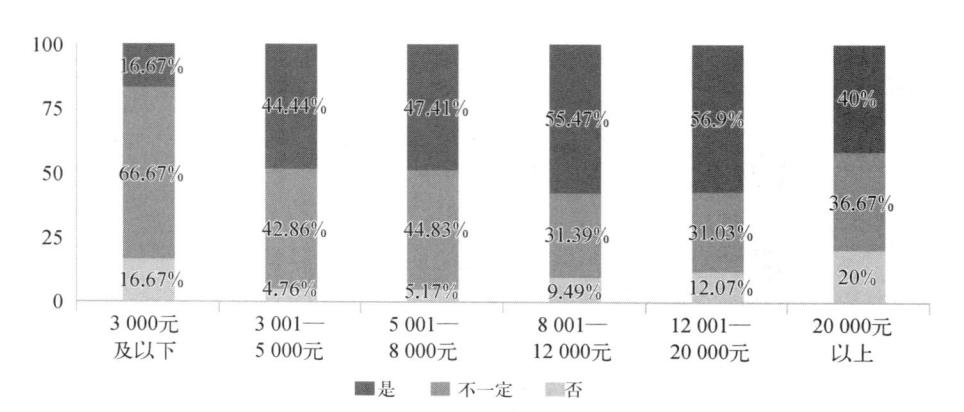

图表2-3-12D　收入对"是否事先搜索、阅读他人对影片评价"的影响

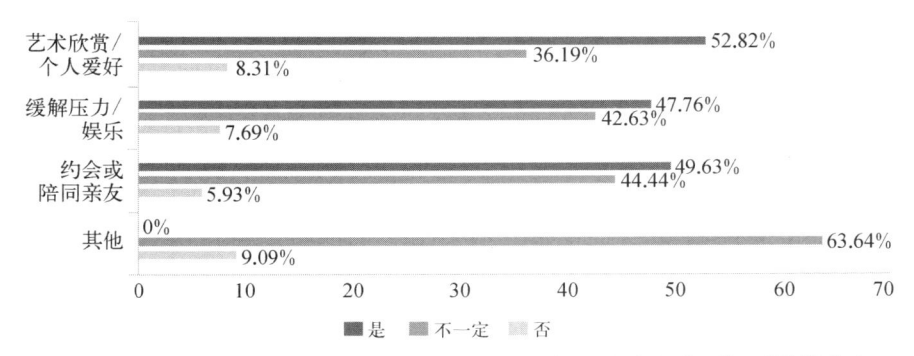

图表 2-3-12E　看电影的主要目的对"是否事先搜索、阅读他人对影片评价"的影响

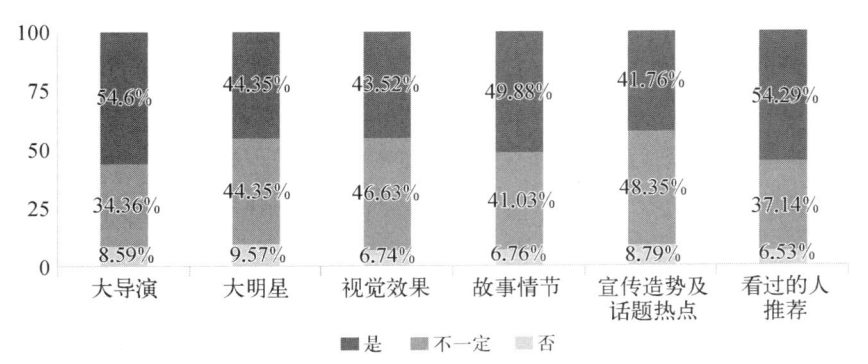

图表 2-3-12F　"影响你选择观看一部电影最主要的因素"对是否提前搜索阅读他人评价的影响

不高,因为宣传造势及话题热点本身就提供了对这部分观众具有决定性影响的价值。

13. 观影前是否会考察电影宣传片

对于"在决定看某部电影之前,您是否会先考察一下该片的宣传片?"这一问题,选择"不一定"的比例最高(260人,50.49%),其次是选择"是"(33.59%),选择"否"的比例为15.92%。结论:有超过1/3的观众看电影之前会先考察宣传片,说明宣传片的质量与内容吸引力对这部分观众的观影选择有着重大影响,值得制片公司及宣发团队认真准备。

交叉分析显示,性别、年龄因素对观影前是否会考察宣传片的影响不大,"60岁以上"样本选择"否"的比例（3.33%）显著低于其他年龄段样本（在13.29%到25%之间），与"是否会事先阅读他人评价"选项结果类似,说明退休以后的观众有更多时间在观影前通过考察他人意见及宣传片等资料作为参考。学历因素体现为：排除"初中及以下"样本,对"观影前是否考察宣传片"选择"是"的比例基本上随学历递增而递减,从"高中"学历样本45.16%的选择比例,下降到"硕士"学历样本22.43%、"博士"学历样本25.67%的选择比例,说明样本学历越高,将宣传片作为观影参照的人数越少。月收入的影响因素体现为：月收入在12 000元以上的样本选择"是"的比例低于月收入12 000元以下的样本,选择"否"的比例高于月收入在12 000元以下的样本,说明月收入较高的样本较少将宣传片作为观影参考。

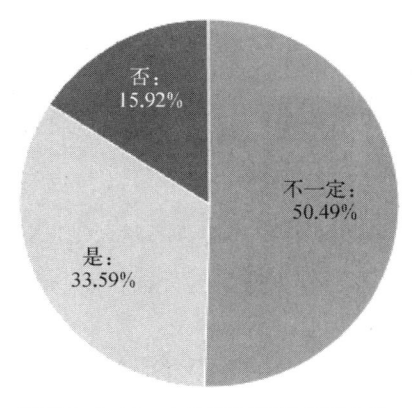

图表2-3-13 在决定看某部电影之前，您是否会先考察一下该片的宣传片？（单选题,本题样本人数为515人）

去电影院看电影的主要原因选择"与恋人约会时的活动内容"及"受影院展映、点映等特别放映活动吸引"的样本,提前看宣传片的比例较低,分别

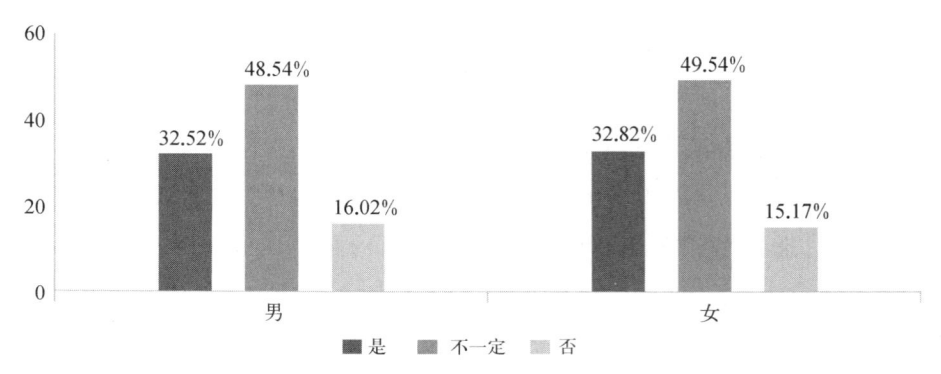

图表2-3-13A 性别对"看电影之前是否会先考察一下该片的宣传片"的影响

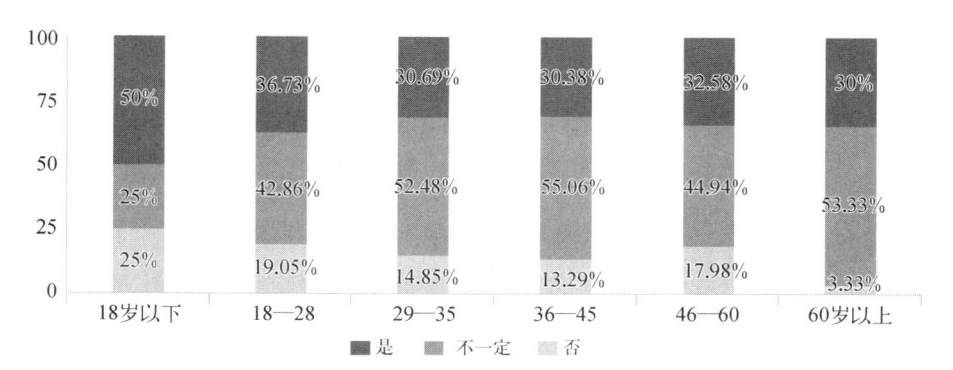

图表2-3-13B 年龄对"看电影之前是否会先考察一下该片的宣传片"的影响

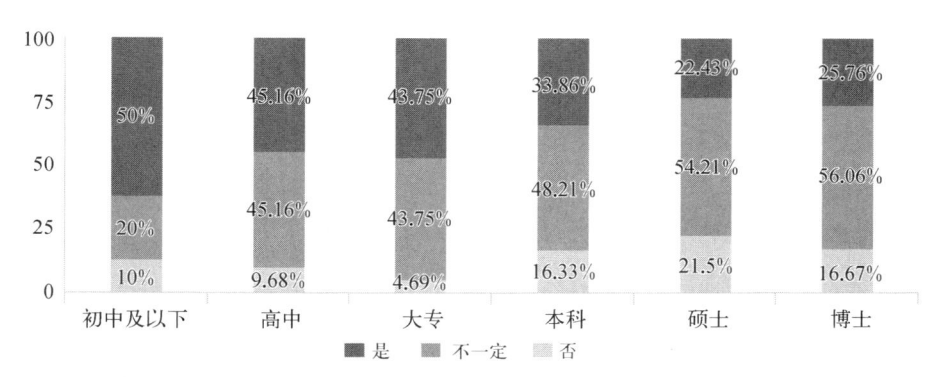

图表2-3-13C 学历对"看电影之前是否会先考察一下该片的宣传片"的影响

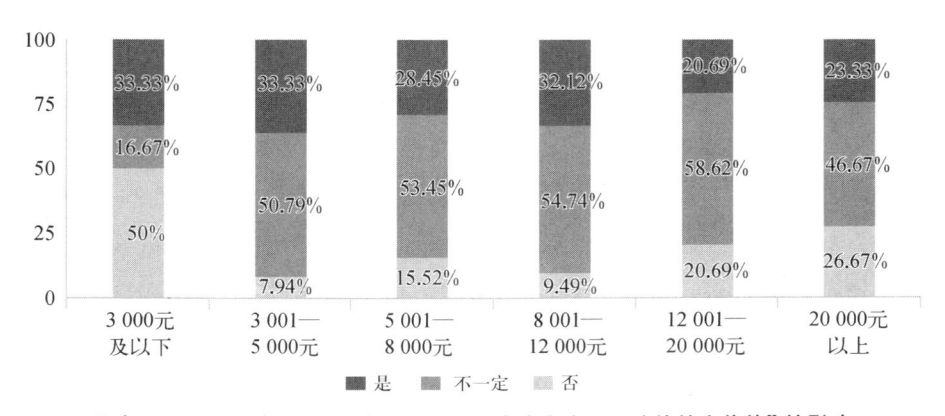

图表2-3-13D 收入对"看电影之前是否会先考察一下该片的宣传片"的影响

娱乐，放松自己 11.82% 51.01% 37.18%
与恋人约会时的活动内容 19.18% 56.16% 24.66%
受新上映的影片吸引 13.74% 51.15% 35.11%
陪同家人看 13.48% 51.77% 34.75%
受影院展映、点映等特别放映活动吸引 20.29% 52.17% 27.54%
追求大银幕的影音效果 17.86% 50% 32.14%
其他 33.33% 50% 16.67%

■是 ■不一定 ■否

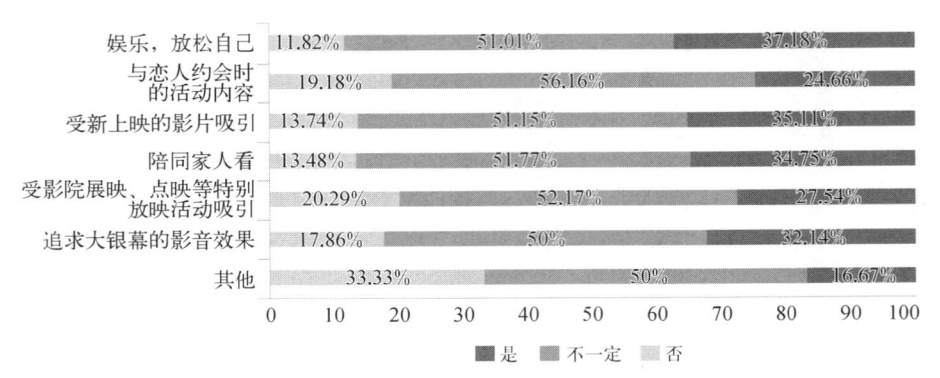

图表2-3-13E 去电影院看电影的主要原因对"看电影之前是否会先考察一下该片的宣传片"的影响

为24.66%和27.54%，低于整体比例的33.59%——这一结果符合这两个样本群的行为习惯：前者作为约会时的内容，基本上是一种或随机、或按部就班的消费行为，影片质量不是该行为的主要关注点；后者将看电影作为一种文化活动，通常对将要观看的影片已有文化上的了解与判断。

14. 在电影院购买爆米花、饮品等的频率

选择"很少买"的样本比例为53.2%，其次为"从不购买"（21.36%）、"几乎每次看电影都要买"（16.89%）、"很难说"（8.54%）。结论：上海只有不到20%的观众养成了看电影时吃爆米花的习惯。交叉分析显示，"从不购买"的男性比例（26.7%）高于女性比例（17.03%），"几乎每次都买"的女性比例（18.27%）高于男性比例（13.59%），说明女性比男性热衷于消费影院食品；年龄对影院食品消费也显示出一定的影响：18—45岁样本之间，"几乎每次看电影都要买"的样本比例呈随年龄增长而增长的趋势（"18—28岁"为11.56%，"29—35岁"为16.83%，"36—45岁"为24.68%），但年龄超过45岁的样本，该比例呈现负增长趋势："46—60岁"为15.73%，60岁以上为零，说明老年观众购买影院食品的比例较低。月收入的影响体现为：排除"3 000元及以下"样本，选择"从不购买"比例呈随收入递增而递减的趋势，从月收入"3 001—5 000元"样本31.75%的选择比例下降到"20 000元以上"样本13.33%的选择比例，说

上海居民电影消费调查分析报告

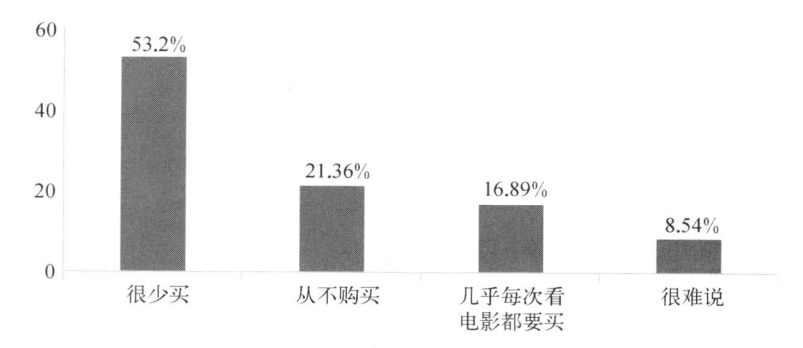

图表2-3-14 您在电影院购买爆米花、饮品等的频率（单选题，本题样本数量为515人）

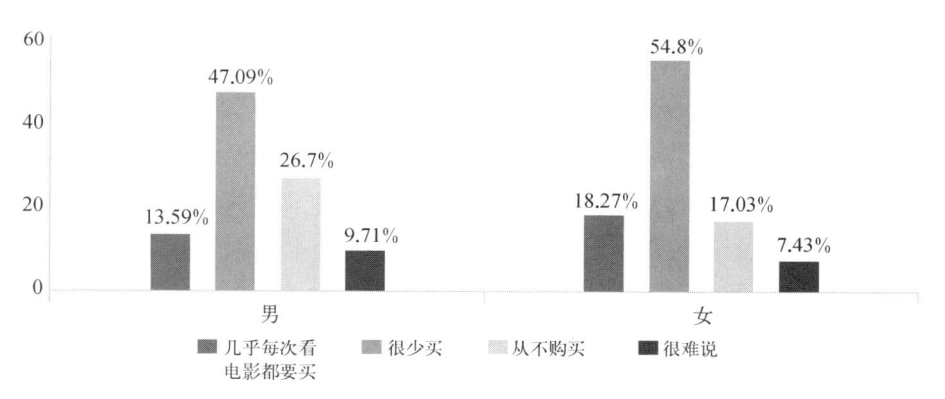

图表2-3-14A 性别对在电影院购买爆米花、饮品等的频率的影响

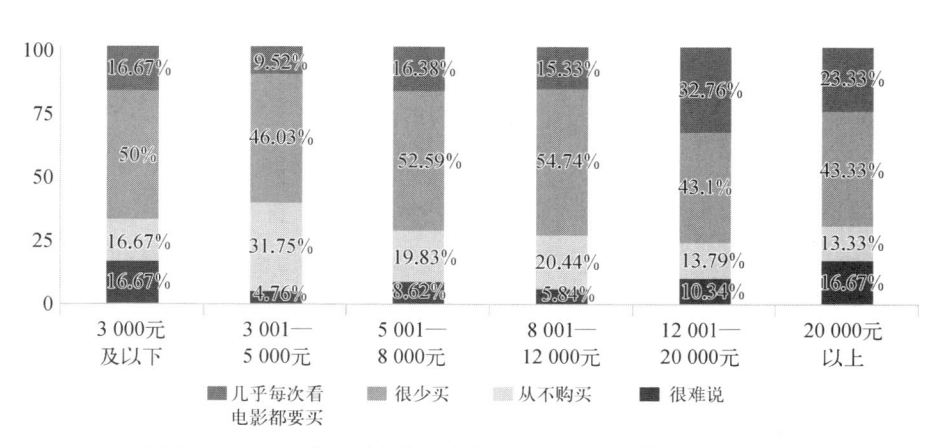

图表2-3-14B 收入对在电影院购买爆米花、饮品等的频率的影响

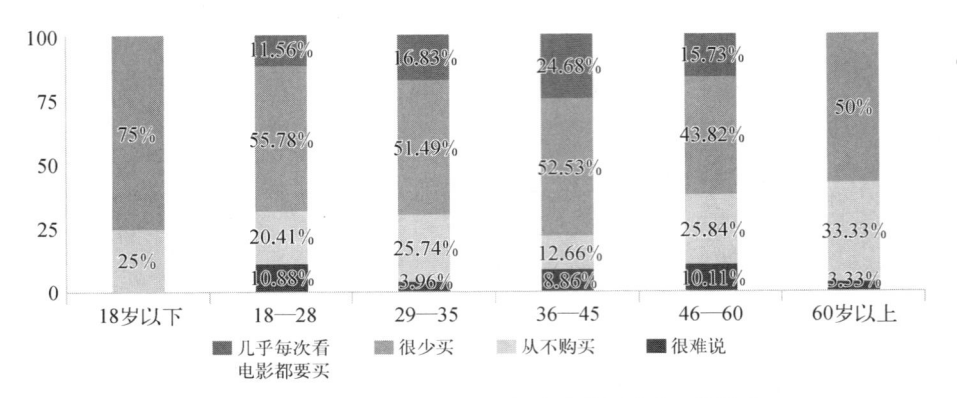

图表2-3-14C 年龄对是否购买爆米花等影院食品的影响

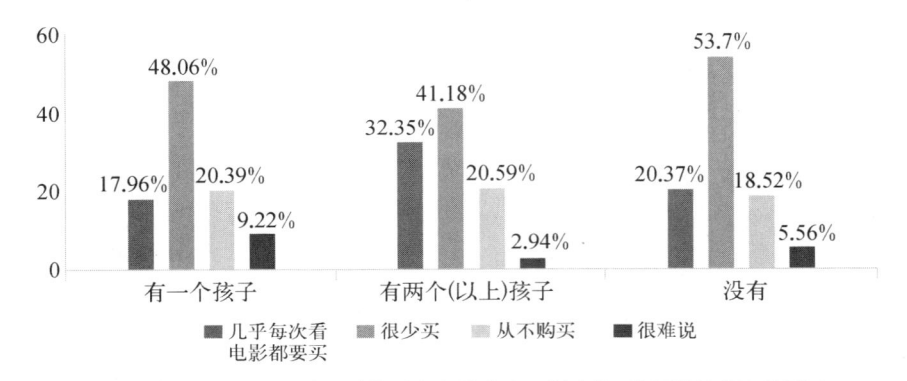

图表2-3-14D "是否有小孩"对在电影院购买爆米花、饮品等的频率的影响

明消费影院食品的倾向随收入递增而呈递增趋势。对"几乎每次看电影都买"选项,"有两个(以上)孩子"选择比例最高(32.35%),远高于"有一个孩子"(17.96%)和"没有孩子"(20.37%)的选择比例;同时,"有两个(以上)孩子"样本选择"很少买"的比例最低(41.18%),低于"有一个孩子"(48.06%)和"没有孩子"(53.7%)的选择比例,说明子女数量是推动影院食品消费的一个重要因素。

15. 不在电影院购买爆米花、饮品等零食的主要原因

去掉上一题中选择"几乎每次都买"的87位样本,余下样本428人对该题选项排序如下:超过1/3的样本不喜欢在看电影时吃东西(38.32%),

其次是价格原因——影院食品价格过高(25.7%),再次是营养与热量原因(22.2%),"没有自己喜欢的零食"也占相当比例(11.21%)。交叉分析显示,选择"不喜欢看电影时吃东西"及"价格原因"的男性比例(35.92%、25.24%)高于女性比例(27.86%、17.96%),选择"营养与热量原因"的女性比例(22.6%)高于男性比例(10.68%),显示了女性看电影时购买零食的意愿比男性高,但也比男性更在意营养与热量等特点。

年龄因素显示:46岁以上年龄段接近一半选择"不喜欢看电影时吃东西"("46—60岁"样本为49.44%,"60岁以上"样本为46.67%),远超过46岁以下三个年龄段对该项的选择比例:"18—28岁"选择比例为19.73%、"29—35岁"为32.67%、"36—45岁"为26.58%("18岁以下"样本因总量原因排除在外),说明年纪较轻的观众对看电影时吃东西的接受度更高,也从侧面说明了不管哪个年龄段,都有超过一半的人并不反对在看电影时吃东西,影响他们不购买影院食品的因素是价格、营养、热量及口味等原因,影院可以通过改善上述问题,推动比例远远超出一半的观众开始消费影院食品,如推出优惠政策、加强营养、降低热量、增加口味及品种选择等;选择"价格原因"的样本呈现随年龄增长而比例下降的趋势,暗示了随年龄增长所带来的收入增长,使得样本对价格敏感度降低;对"营养与热量原因"的在意比例,18—45岁年龄段样本高于46岁以上年龄段样本,分别为19.05%(18—28岁)、19.8%(29—35岁)、21.52%(36—45岁)、10.11%(46—60岁)和13.33%(60岁以上),说明中国年轻一代电影观众更为在意影院零食的营养与热量因素。

收入因素显示,选择"价格原因"的比例随收入增加而递减——说明对影院食品价格的关注与收入情况直接相关;选择"不喜欢看电影时吃东西"的比例在各收入样本中相差不大,基本上在30%左右,月收入2万元以上的样本选择此项的比例(36.67%)略高于其他收入群体——说明对高收入群体,影院提供更多食品选择并不是最好策略,要提高高收入群体在影院的消费水平,需要从其他方面入手。

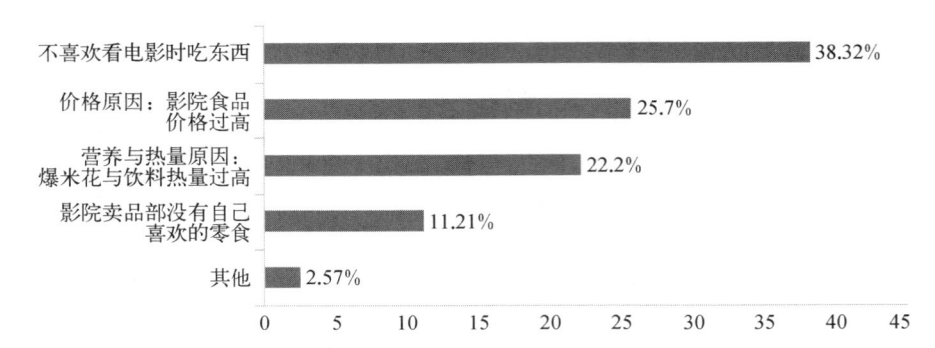

图表2-3-15 不在电影院购买爆米花、饮品等零食的主要原因是什么（单选题，本题样本为428人）

不喜欢看电影时吃东西 38.32%
价格原因：影院食品价格过高 25.7%
营养与热量原因：爆米花与饮料热量过高 22.2%
影院卖品部没有自己喜欢的零食 11.21%
其他 2.57%

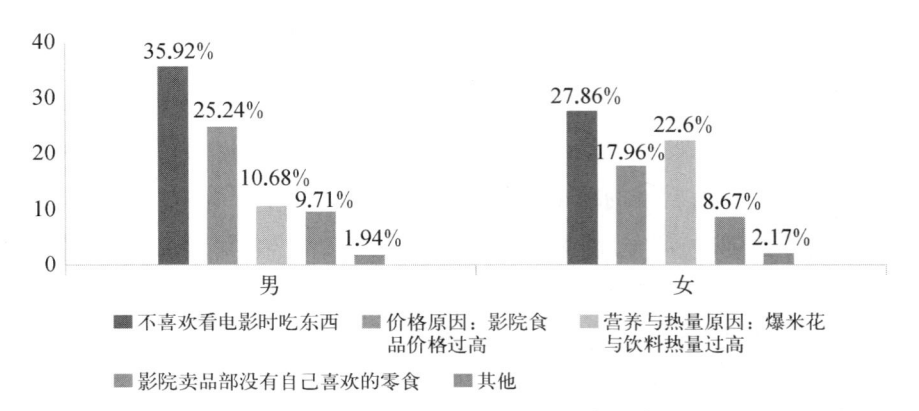

图表2-3-15A 性别对不在电影院购买爆米花、饮品等零食的主要原因的影响

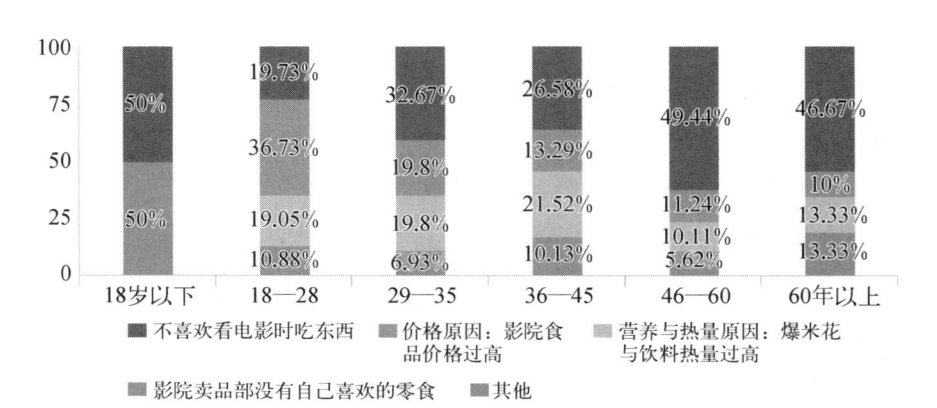

男：不喜欢看电影时吃东西 35.92%；价格原因：影院食品价格过高 25.24%；营养与热量原因：爆米花与饮料热量过高 10.68%；影院卖品部没有自己喜欢的零食 9.71%；其他 1.94%

女：不喜欢看电影时吃东西 27.86%；价格原因：影院食品价格过高 17.96%；营养与热量原因：爆米花与饮料热量过高 22.6%；影院卖品部没有自己喜欢的零食 8.67%；其他 2.17%

图表2-3-15B 年龄对不在电影院购买爆米花、饮品等零食的主要原因的影响

18岁以下：不喜欢看电影时吃东西 50%；影院卖品部没有自己喜欢的零食 50%

18—28：不喜欢看电影时吃东西 19.73%；价格原因：影院食品价格过高 36.73%；营养与热量原因：爆米花与饮料热量过高 19.05%；影院卖品部没有自己喜欢的零食 10.88%

29—35：不喜欢看电影时吃东西 32.67%；价格原因：影院食品价格过高 19.8%；营养与热量原因：爆米花与饮料热量过高 19.8%；其他 6.93%

36—45：不喜欢看电影时吃东西 26.58%；价格原因：影院食品价格过高 13.29%；营养与热量原因：爆米花与饮料热量过高 21.52%；影院卖品部没有自己喜欢的零食 10.13%

46—60：不喜欢看电影时吃东西 49.44%；价格原因：影院食品价格过高 11.24%；营养与热量原因：爆米花与饮料热量过高 10.11%；其他 5.62%

60年以上：不喜欢看电影时吃东西 46.67%；价格原因：影院食品价格过高 10%；营养与热量原因：爆米花与饮料热量过高 13.33%；影院卖品部没有自己喜欢的零食 13.33%

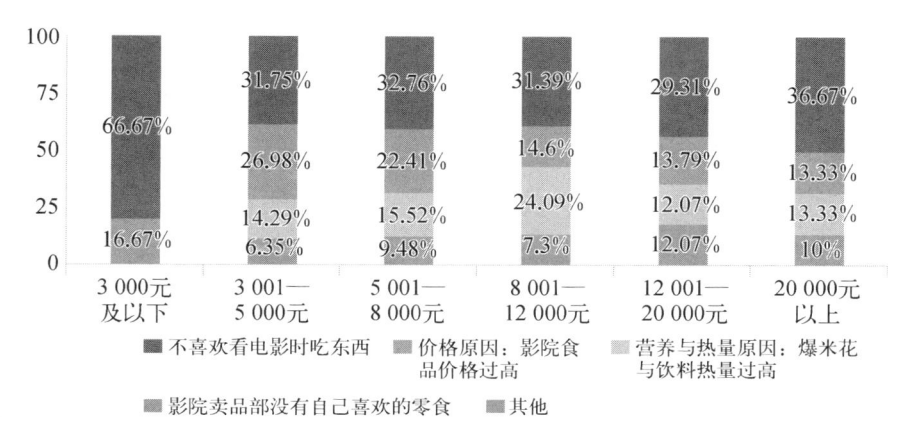

图表2-3-15C　收入对不在电影院购买爆米花、饮品等零食的主要原因的影响

16. 电影票价的合理范围

近70%的样本对合理票价的选择为"21—40元"(358人,69.51%),其次为"因影片而异"(106人,20.58%),选择"41—80元"(94人,18.25%)和"10—20元"(92人,17.86%)的比例差不多,仅有6人选择"81元以上"(1.17%)。结论:近70%的样本选择"21—40元"为合理影价,与目前电商平台票价大体相当,说明目前的电影票价大部分观众认为是合理及能承受得起的。

交叉分析显示,性别对心目中的票价合理范围影响不大,女性选择"因影片而异"的比例高于男性(22.91%、15.53%),说明女性对电影消费有着比男性更高的心理价格弹性。将"18岁以下"样本排除在外,认为电影票价合理范围在"10—20元"之间的比例随年龄递增而递增,从"18—28岁"13.61%的选择比例增长到"60岁以上"36.67%的选择比例;与之相对应,选择"21—40元""41—80元"为合理票价的比例基本上呈随年龄递增而递减的趋势("18—28岁"样本对"41—80元"合理票价选择比例略低于"29—35岁""36—45岁"年龄段样本,原因是"18—28岁"样本中,学生群体占较大比例),说明年纪越轻、对电影票价的接受度越高。收入对"心目中的合理票价"的影响呈正相关关系,即收入越高,越能接受定

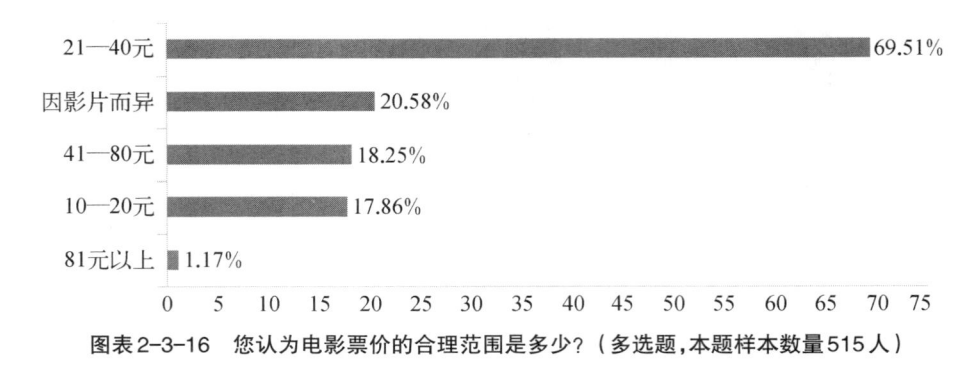

21—40元 69.51%
因影片而异 20.58%
41—80元 18.25%
10—20元 17.86%
81元以上 1.17%

图表2-3-16　您认为电影票价的合理范围是多少？（多选题，本题样本数量515人）

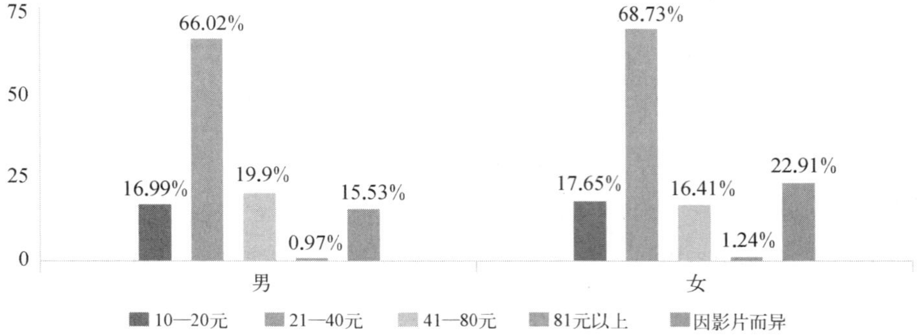

图表2-3-16A　性别对电影票价的合理范围的影响

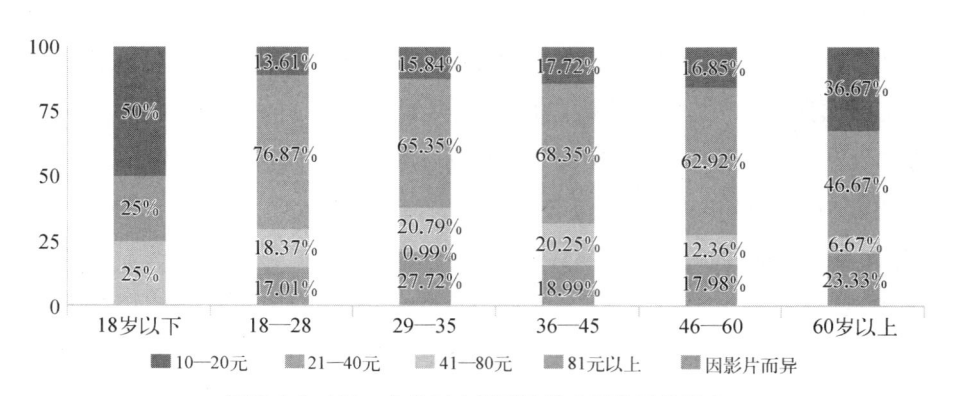

图表2-3-16B　年龄对电影票价的合理范围的影响

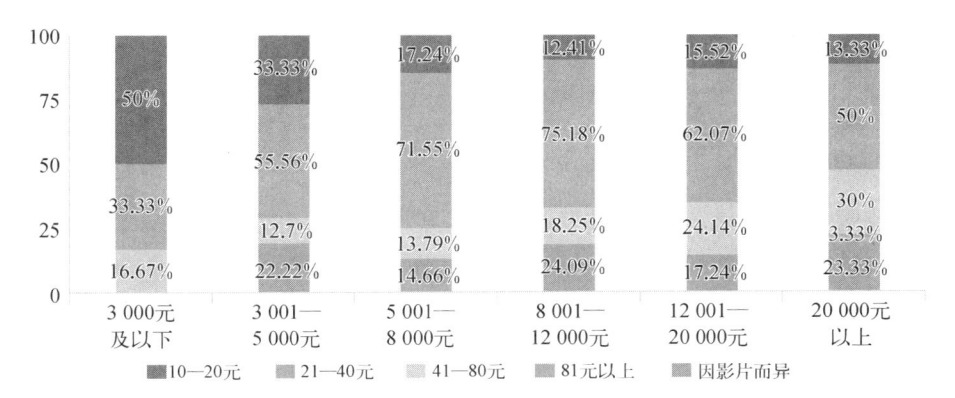

图表2-3-16C 月收入对电影票价的合理范围的影响

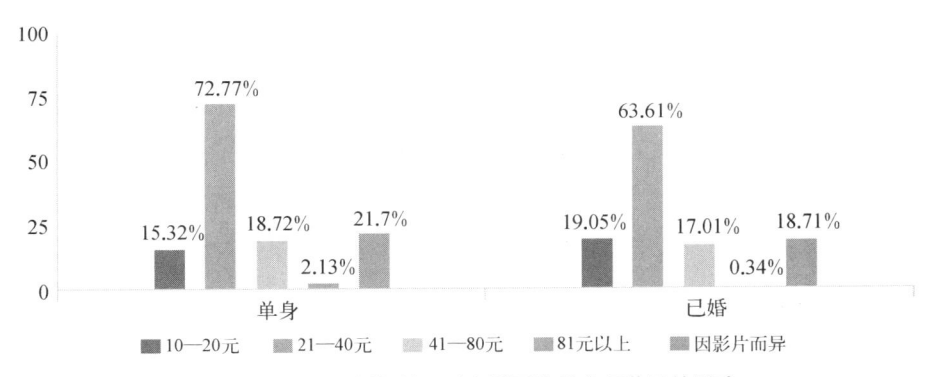

图表2-3-16D 婚姻状况对电影票价的合理范围的影响

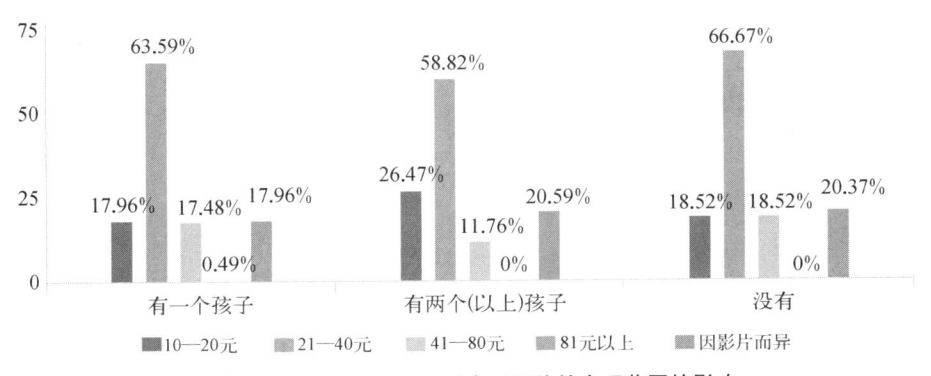

图表2-3-16E 子女情况对电影票价的合理范围的影响

价较高的合理票价;对高价位合理票价("41—80元""81元以上")的接受比例呈随月收入增高而递增趋势,依次为"3 001—5 000元"(14.29%)、"5 001—8 000元"(14.65%)、"8 001—12 000元"(18.25%)、"12 001—20 000元"(24.14%)、"20 000元以上"(33.33%)。婚姻状况对电影票价合理范围影响不大,已婚者选择"10—20元"的比例(19.05%)略高于未婚者(15.32%)。"有两个(以上)孩子"样本选择"10—20元"为合理票价的比例要高于"有一个孩子"和"没有孩子"的样本,比例分别为26.47%、17.96%、18.52%,并且对较高票价的选择比例要低于"有一个孩子"和"没有孩子"的样本,说明子女数量是影响家庭文化娱乐支出价格敏感度的一个较重要因素。

17. 对电影周边产品的消费意愿

64.27%的样本(331人)选择"不会"消费电影周边产品,选择"会"的样本为184人(35.73%),说明六成以上的观众尚未养成消费电影衍生品的习惯。交叉分析显示,男女性别差异对购买电影周边产品的意愿影响不大。年龄影响体现为:选择"会"消费电影衍生品的比例随年龄增加而递减,"18—28岁"年龄段有39.46%的人选择"会","60岁以上"年龄段只有23.33%选择"会"。收入对购买电影周边产品的意愿只有细微正向影响,选择"会"的比例从月收入"3 001—5 000元"样本的28.57%渐增到月收入"20 000元以上"样本的40%。"有两个(以上孩子)"样本消费电影周边产品的意愿高于"有一个孩子"和"没有"孩子的样本,选择比例分别为41.18%、30.58%和29.63%——这也许与电影周边产品为多子女家庭提供了便捷的游戏产品选择并且可以推动孩子间基于电影展开游戏与交流有关。

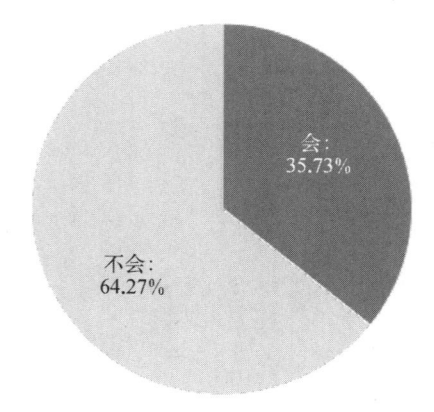

图表2-3-17 您会消费电影周边产品吗?(单选题,本题样本数为515人)

上海居民电影消费调查分析报告

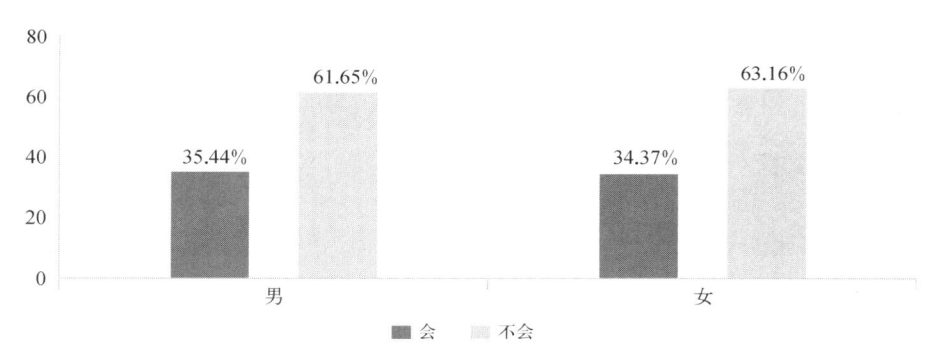

图表2-3-17A 性别对是否会消费电影周边产品的影响

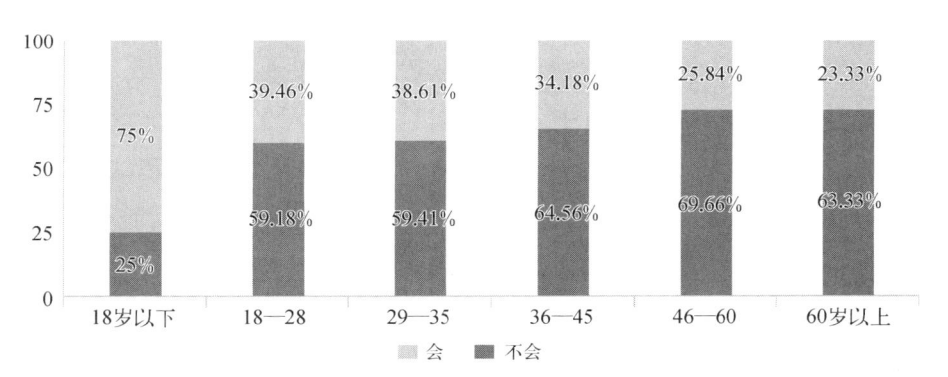

图表2-3-17B 年龄对是否会消费电影周边产品的影响

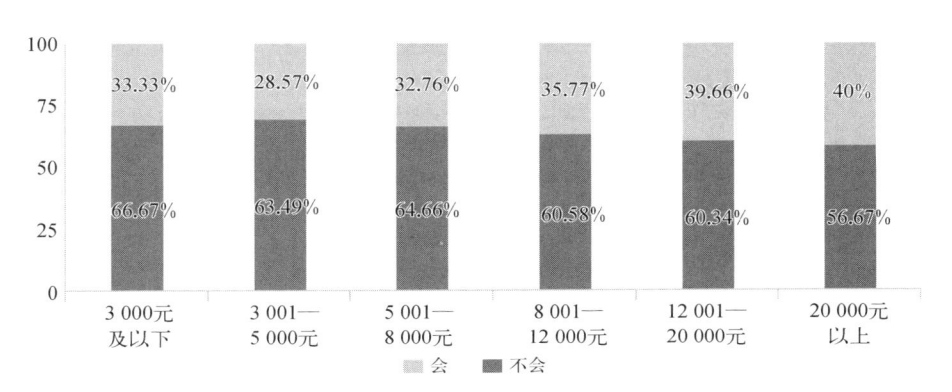

图表2-3-17C 月收入对是否会消费电影周边产品的影响

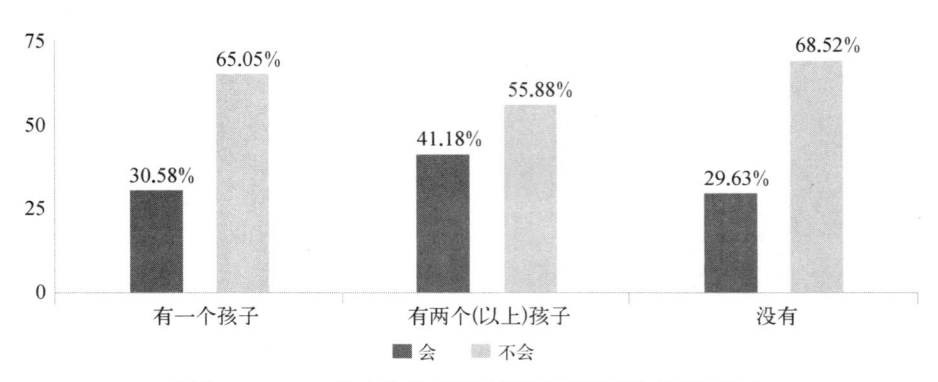

上海文化消费调查：方法、数据和应用

图表2-3-17D 子女情况对是否会消费电影周边产品的影响

18. 上海影院存在的问题

对12个选项的选择比率从高至低依次为："票价过高"（223人，43.3%）、"排片受热门影片影响，没有更多影片可供选择"（222人，43.11%）、"所放影片太过商业化，人文艺术水准不高"（183人，35.53%）、"影院环境缺少文化氛围与特色"（162人，31.46%）、"影院缺少特展、专题展映等策划活动"（138人，26.8%）、"引进影片基本上是好莱坞大片，多样性不够丰富"（126人，24.47%）、"影院缺少与周围社区居民的互动并提供相应优惠活动"（111人，21.55%）、"设备陈旧，放映效果不好"（87人，16.89%）、"清洁卫生差"（78人，

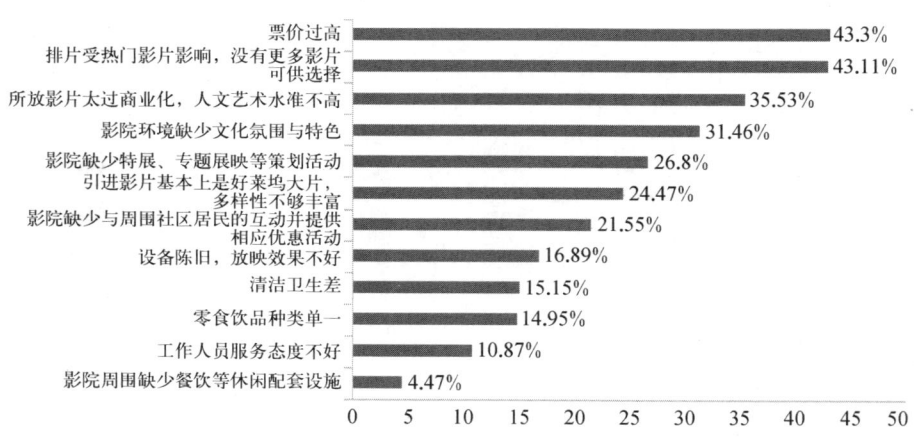

图表2-3-18 您觉得上海的影院目前存在哪些问题？（多选题，本题有效样本为515人）

15.15%)、"零食饮品种类单一"(77人,14.95%)、"工作人员服务态度不好"(56人,10.87%)、"影院周围缺少餐饮等休闲配套设施"(23人,4.47%)。可以看出,"票价过高"和"排片受热门影片影响"并列成为上海影院存在的主要问题。在选择比例排在前六位的选项中,除了排在第一位的"票价问题"和排在第四位的"影院环境缺少文化氛围与特色",其余四项都跟影院放映内容相关,分别为排片单一、所放影片太过商业化、缺少特展等策划活动、引进影片多为好莱坞大片等。值得指出的是,影院设备、卫生及工作人员服务态度这三个选项,都各有10%以上的样本认为存在问题。

19. 希望电影院具有的配套设施

按选择比例排序依次为"咖啡厅"(48.54%)、"餐厅"(40%)、"3D4D体验区"(31.26%)、"游乐休闲区"(30.49%)、"衍生品销售"(25.24%)、"其他"

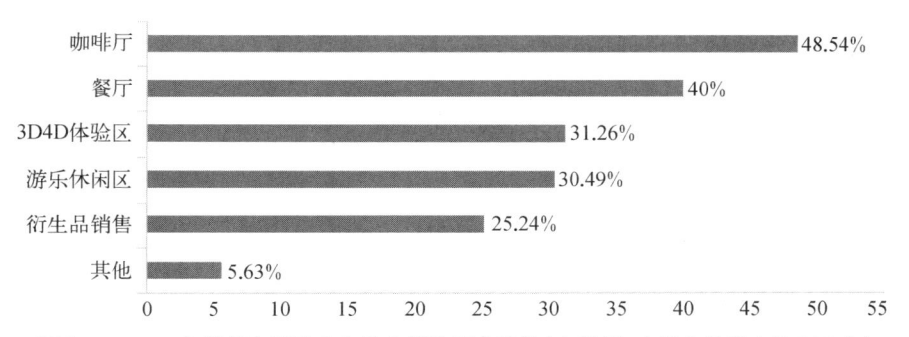

图表2-3-19 您希望电影院内有什么样的配套设施(多选题,本题有效样本为515人)

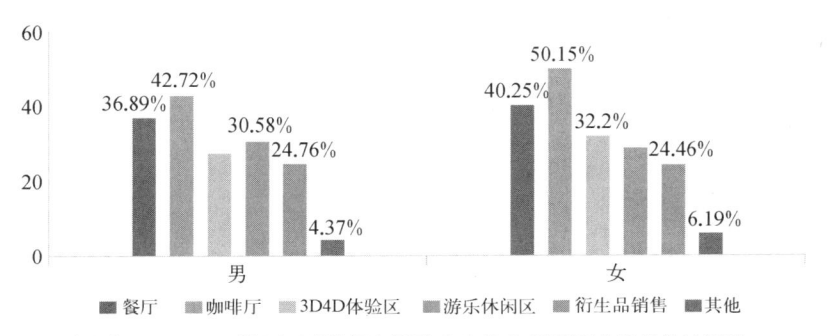

图表2-3-19A 性别对"希望电影院内有什么样的配套设施"的影响

（5.63%）。结论：上海观众对影院配套设施仍有很大需求，以休闲与餐饮空间为主，对与电影相关的新科技体验与衍生品消费也有需求。交叉分析显示：女性对咖啡厅（50.15%）、餐厅（40.25%）作为影院配套设施的需求率要超过男性（42.72%、36.89%）。

（四）对国产片的评价

1. 目前国产电影拍得较好的前三种类型

按选择比例排序，剧情文艺片受认可程度最高（45.83%），其次为喜剧片（41.17%）、武侠动作片（28.35%）、青春爱情片（28.16%）、纪录片（25.44%）、战争片（21.55%）、传记片（8.16%）、恐怖悬疑片（5.05%）、魔幻片（2.33%）、科幻

类型	比例
剧情文艺片	45.83%
喜剧片	41.17%
武侠动作片	28.35%
青春爱情片	28.16%
纪录片	25.44%
战争片	21.55%
传记片	8.16%
恐怖悬疑片	5.05%
魔幻片	2.33%
科幻片	2.14%
动漫片	1.55%
音乐歌舞片	1.17%

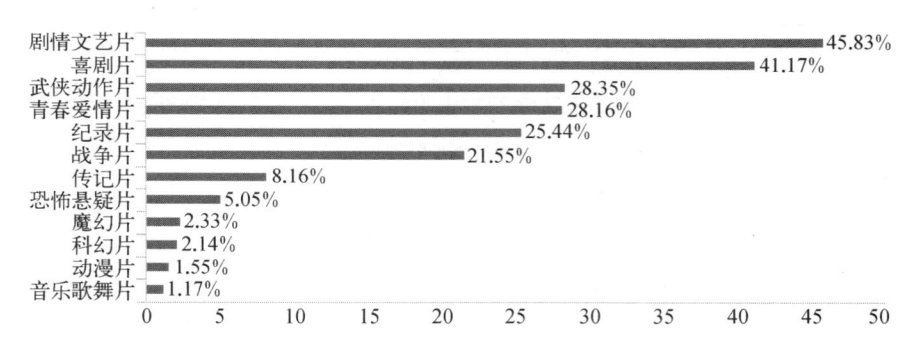

图表2-4-1　比较而言，目前国产电影您觉得拍得较好的前三种类型是？（多选题，样本人数为515人）

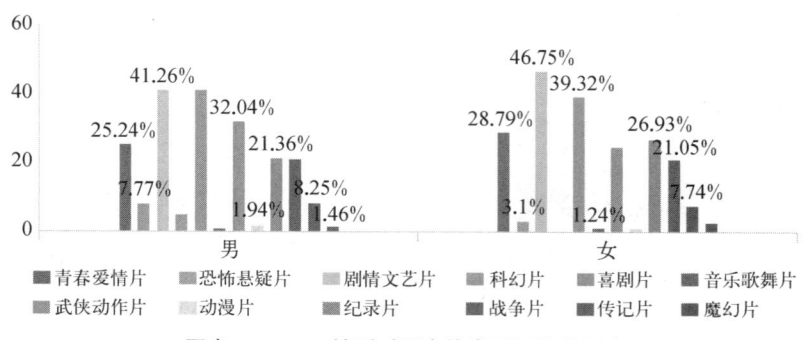

	男	女
青春爱情片	25.24%	28.79%
恐怖悬疑片	7.77%	3.1%
剧情文艺片	41.26%	46.75%
科幻片		1.24%
喜剧片	32.04%	39.32%
音乐歌舞片	1.94%	
武侠动作片	21.36%	26.93%
动漫片		
纪录片	8.25%	21.05%
战争片		
传记片	1.46%	7.74%
魔幻片		

图表2-4-1A　性别对国产片类型评价的影响

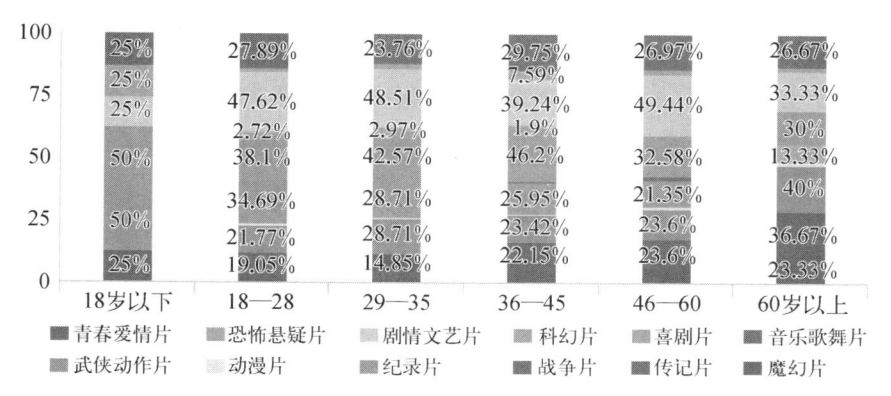

[图表：年龄对国产片类型评价的影响，包含各年龄段（18岁以下、18—28、29—35、36—45、46—60、60岁以上）对青春爱情片、恐怖悬疑片、剧情文艺片、科幻片、喜剧片、音乐歌舞片、武侠动作片、动漫片、纪录片、战争片、传记片、魔幻片等类型的评价百分比]

图表2-4-1B 年龄对国产片类型评价的影响

片（2.14%）、动漫片（1.55%）、音乐歌舞片（1.17%）。值得注意的是，排在第一、二位的"剧情文艺片"和"喜剧片"的选择比例都低于一半，说明观众对上述两种类型国产片的认可程度仍不够高；倒数后6种类型片的选择比例都在10%以下，说明这些类型的国产片只有少数观众认可。交叉分析显示，性别与年龄因素对样本选项未造成明显影响。

2. 国产电影相对于外国电影的主要优势

选择比例最高的选项为"内容更贴近我们的生活，文化思想上有共鸣"（315人，61.17%）——这一结果符合调研者的假设，即国产片对观众最大的吸引力是文化认同及思想上的共鸣，说明国产电影要向前发展，获得观众更多认可，需要加强对思想及文化内容的打磨。排在第二位的选项为"语言相通，不需要看字幕"（51.46%），体现了国产电影天然的语言优势；有23.5%和14.37%的样本分别选择"明星的粉丝效应"和"导演的粉丝效应"作为国产电影相对于外国电影的主要优势。交叉分析显示，男性选择"内容更贴近我们的生活，文化思想上有共鸣"的比例（65.05%）高于女性（56.04%），其余三个选项的选择比例皆是女性高于男性，其中"明星的粉丝效应"的选择比例差距最大，女性选择比例为26.93%，男性为16.5%，说明就国产电影的吸引力来说，男性观众比女性观众更为看重内容，女性观众比男性观众更为看重明星。年龄差异体现为：选择国产电影的主要优势为"思想文化共鸣"的，"36—45岁""46—

上海文化消费调查：方法、数据和应用

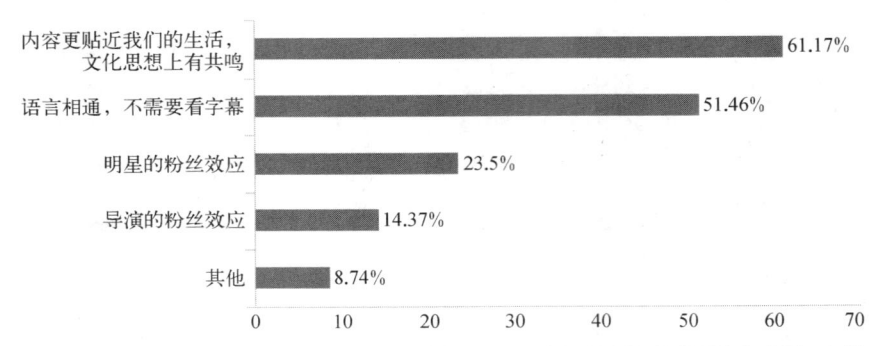

图表2-4-2 一般来说，您认为国产电影相对于外国电影的主要优势是（多选题，本题样本为515人）

- 内容更贴近我们的生活，文化思想上有共鸣：61.17%
- 语言相通，不需要看字幕：51.46%
- 明星的粉丝效应：23.5%
- 导演的粉丝效应：14.37%
- 其他：8.74%

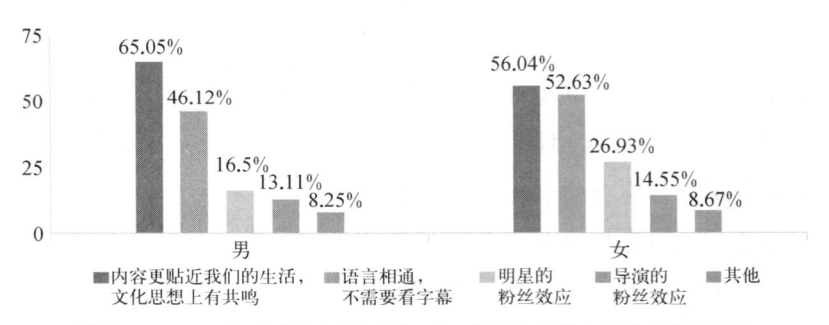

图表2-4-2A 性别对"国产电影相对于外国电影的主要优势"的影响

男：
- 内容更贴近我们的生活，文化思想上有共鸣：65.05%
- 语言相通，不需要看字幕：46.12%
- 明星的粉丝效应：16.5%
- 导演的粉丝效应：13.11%
- 其他：8.25%

女：
- 内容更贴近我们的生活，文化思想上有共鸣：56.04%
- 语言相通，不需要看字幕：52.63%
- 明星的粉丝效应：26.93%
- 导演的粉丝效应：14.55%
- 其他：8.67%

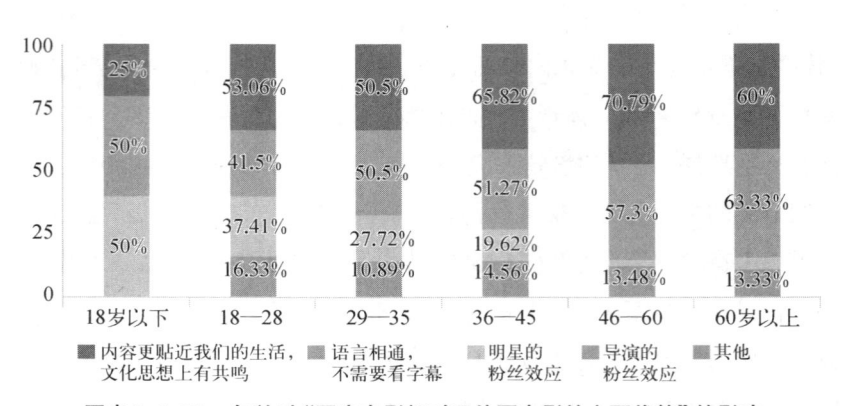

图表2-4-2B 年龄对"国产电影相对于外国电影的主要优势"的影响

年龄	内容更贴近我们的生活，文化思想上有共鸣	语言相通，不需要看字幕	明星的粉丝效应	导演的粉丝效应	其他
18岁以下	50%	50%		25%	
18—28	37.41%	41.5%	16.33%	53.06%	
29—35	27.72%	50.5%	10.89%	50.5%	
36—45	19.62%	51.27%	14.56%	65.82%	
46—60	57.3%	13.48%		70.79%	
60岁以上	63.33%	13.33%		60%	

60岁"年龄段样本选择比例超过平均水平,分别为65.82%和70.79%,说明中青年群体对国产电影的思想文化内涵更为重视,也更能产生共鸣;选择"语言相通"的样本中,"46—60岁""60岁以上"年龄段选择比例超过平均水平,分别为57.3%和63.33%,反向证明了"年轻一代对字幕接受度要高于年长一代"的假设;对"明星的粉丝效应"的选择比例呈与年龄增长负相关效应——"18—28岁"年龄段选择该项的比例为37.41%,"29—35岁"年龄段选择比例为27.72%,凸显了明星粉丝文化的"年轻化"特征;"导演的粉丝效应"的综合选择比例为14.37%,低于"明星的粉丝效应"的综合选择比例23.5%,且各年龄段选择比例相差不大,说明在观众心目中,中国导演与外国导演相比,号召力不占很大优势,并且导演的号召力要低于明星的号召力。有45位样本选择"其他"选项(8.74%),有29人给出具体说明,其中22人认为国产影片相对于外国影片并无任何优势可言,有三人认为是因限制外国影片上映而产生的优势,有一人认为国产影片在数量上占有优势。

3. 国产电影存在的突出问题

按选择比例排序依次为:思想深度(53.2%)、讲故事的能力(51.26%)、演员水平(38.25%)、政府管制(审查)问题(37.67%)、整体工业水平(电影技术团队等)(27.77%)、镜头语言与艺术风格(22.52%)、走出国门问题(6.6%)、市场营销问题(4.47%)、不太清楚国产电影存在什么问题(5.24%)、其他(1.94%)。有超过一半的样本认为"思想深度"和"讲故事的能力"是国产电影存在的突出问题,调研者认为这一结果符合中国电影的现实情况;"演员水平"排在"问题"的第三位,说明观众对目前电影演员的表演水平与专业能力是不满意的,演艺圈天价出场费、有粉丝没演技等乱象亟需得到纠正;"政府管制(审查)问题"排在第四位,超过1/3的样本选择了该选项,说明我国电影创作目前仍然给人一种"缺少创作自由"的印象,有关部门亟需对这一印象进行调研并加以改善。结论:国产电影在创作水平、表演水平、创作自由度、工业水平、艺术表现水平、跨文化交流能力、营销能力等方面存在较大提升空间;调查结果符合我国电影产业现实存在的问题。

上海文化消费调查：方法、数据和应用

```
思想深度              53.2%
讲故事的能力           51.26%
演员水平               38.25%
政府管制(审查)问题      37.67%
整体工业水平
(电影技术团队等)       27.77%
镜头语言与艺术风格     22.52%
走出国门问题           6.6%
不太清楚国产电影
存在什么问题          5.24%
市场营销问题          4.47%
其他                 1.94%
```

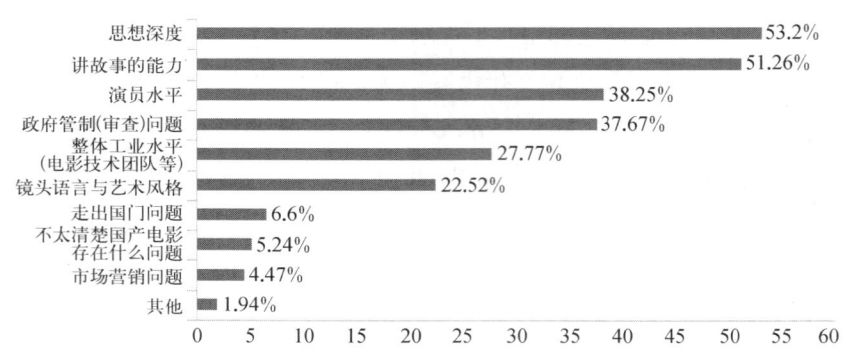

图表2-4-3　您感觉国产电影在以下哪几个方面存在的问题较突出（多选题，本题样本数为515人）

（五）对电影相关文化活动的认知与参与情况

1. 是否会参加电影映后谈活动

选择"会"的样本占比最高（40%，206人），其次为"有时会有时不会"（31.07%，160人）、"不会"（28.93%，149人）。交叉分析显示，性别因素对"是否会参加电影映后谈活动"影响不大；年龄因素体现为：排除"18岁以下"样本，18—60岁之间样本选择"会"参加的比例随年龄递增而递减（从42.86%递减到32.58%），但"60岁以上"样本选择"会"的比例骤增为43.33%，显示了闲暇时间增多，对样本参加映后谈活动意愿的正向影响。学历影响体现为：排除"初中及以下"样本，选择"不会"参加映后谈活动的样本比例随学历增加而增加，从"高中"学历样本的19.35%增加到"博士"学历样本的40.91%，说明学历对参加映后谈意愿有负相关影响。月收入影响体现为：随月收入增高，选择"不会"参加映后谈的比例升高，从"3 001—5 000

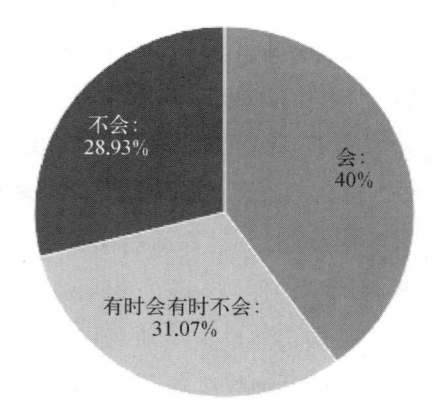

图表2-5-1　电影放映结束后如有导演、演员参加的映后谈，您通常会参加吗？（单选题，本题样本人数为515人）

上海居民电影消费调查分析报告

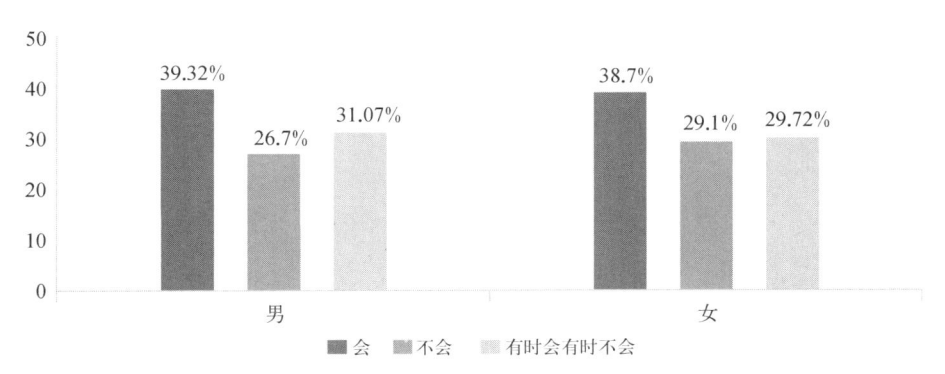

图表2-5-1A 性别对"是否会参加电影映后谈活动"的影响

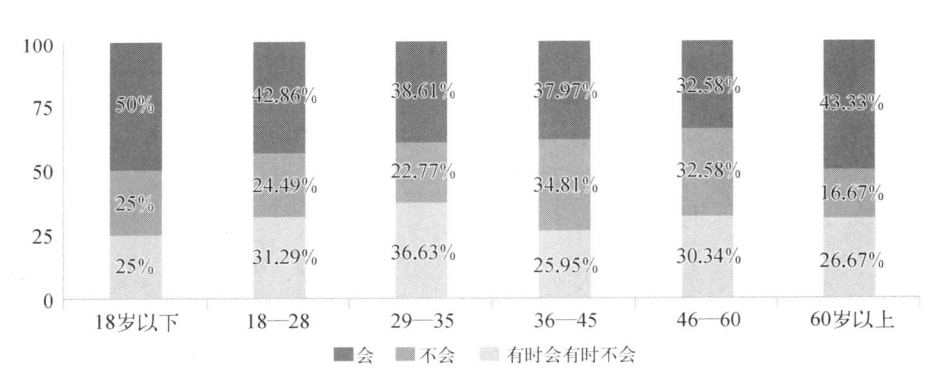

图表2-5-1B 年龄对"是否会参加电影映后谈活动"的影响

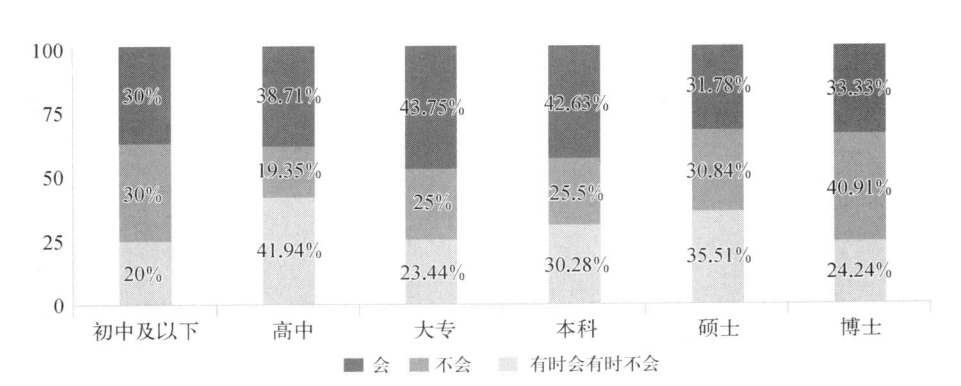

图表2-5-1C 学历对"是否会参加电影映后谈活动"的影响

215

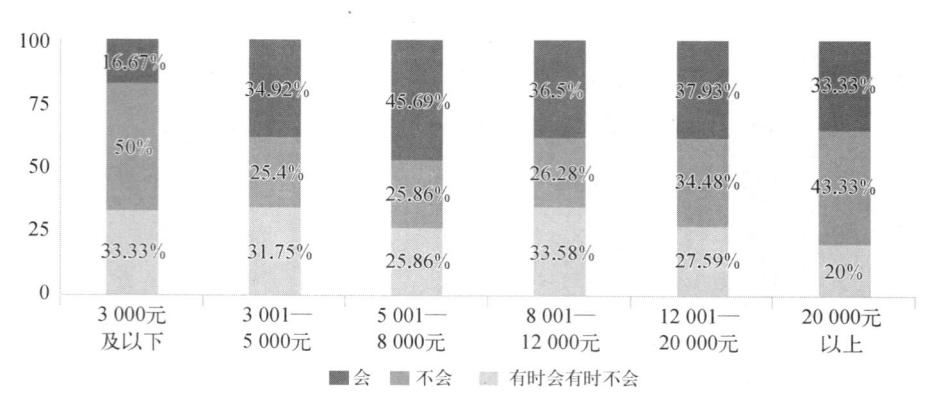

图表2-5-1D 月收入对"是否会参加电影映后谈活动"的影响

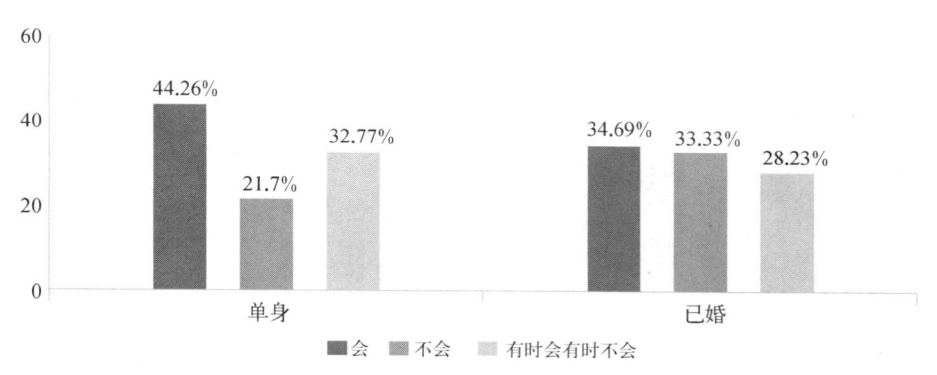

图表2-5-1E 婚姻状况对"是否会参加电影映后谈活动"的影响

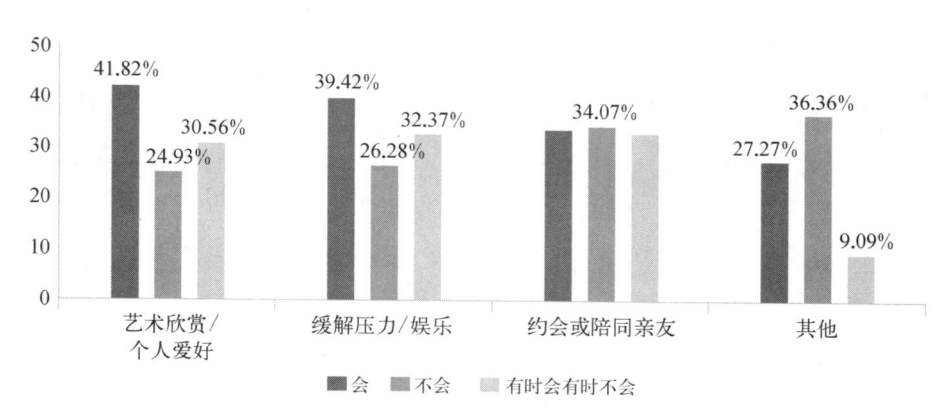

图表2-5-1F 看电影的最主要目的对"是否会参加电影映后谈活动"的影响

元"月收入样本25.4%的选择比例,逐步升高到"20 000元以上"样本43.33%的选择比例。单身者参加映后座谈会的意愿(44.26%的选择比例)高于"已婚者"(34.69%)。看电影最主要目的为"艺术欣赏/个人爱好"的样本,选择"会"的比例(41.82%)略高于主要目的为"缓解压力/娱乐"(39.42%)、"约会或陪同亲友"(33.33%)及"其他"(27.27%)的样本,但差异并不显著,说明映后谈的吸引力不仅仅在文化内容方面。

2. 是否自己买票观摩过上海国际电影节的展映影片

回答"没买过"的样本比例(290人,56.31%)超过"买过"的样本比例(225人,43.69%)。交叉分析显示,女性自己买票观摩过上海国际电影节展映影片的比例(43.96%)略高于男性(40.29%),年龄作为影响因素的趋势不明显,按购票观摩过的比例排列依次为:"46—60岁"(56.18%)、"29—35岁"(50.5%)、"60岁以上"(43.33%)、"36—45岁"(41.77%)、"18—28岁"(29.93%);学历因素影响基本体现为:排除"初中及以下"学历样本,"大专"学历样本购票观摩过的比例最高(51.56%),"高中"(45.16%)、"本科"(41.83%)、"硕士"(44.86%)样本购票观摩过的比例相差不大,"博士"学历样本购票观摩过的比例最低(34.85%)。月收入影响差异不明显,排除"3 000元及以下"样本,其余样本购票观摩过的比例从高到低依次为:"5 001—8 000元"(54.31%)、"8 001—12 000元"(47.45%)、"12 001—20 000元"(46.55%)、"20 000元以上"(43.33%)、"3 001—5 000元"(41.27%)。看电影主要目的为"艺术欣赏/个人爱好"的样本购票观摩过上海国际电影节展映影片的比例最高(48.26%),高于"缓解压力/娱乐"(39.1%)、"约会或陪同亲友"(36.3%)及"其他"(27.27%)样本,同时说明了,无论看电影的主要目的为哪种,样本中都有最低不少于1/4的比例自己买票观摩过上海国际电影节

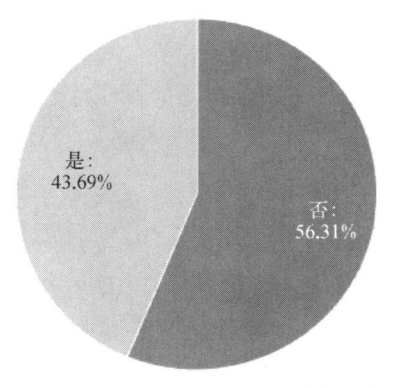

图表2-5-2 您是否自己买票观摩过上海国际电影节的展映影片?(单选题,本题样本人数为515人)

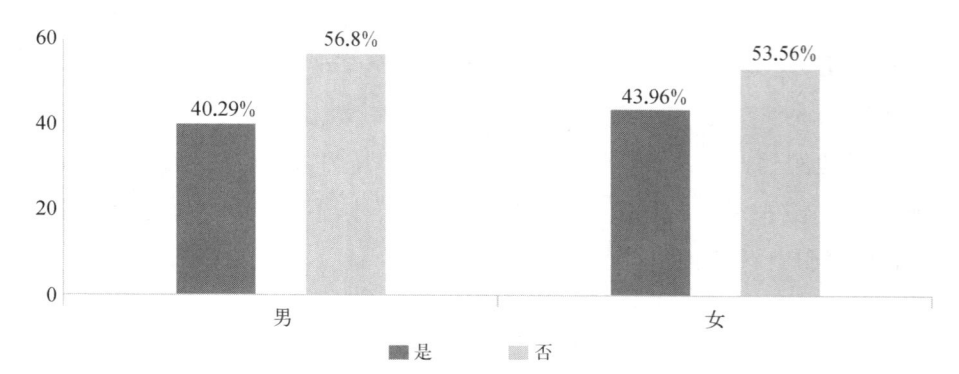

图表2-5-2A　性别对"是否自己买票观摩过上海国际电影节的展映影片"的影响

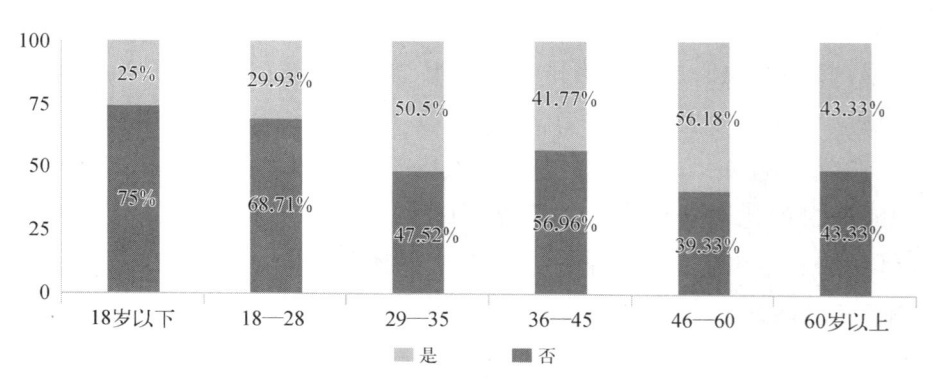

图表2-5-2B　年龄对"是否自己买票观摩过上海国际电影节的展映影片"的影响

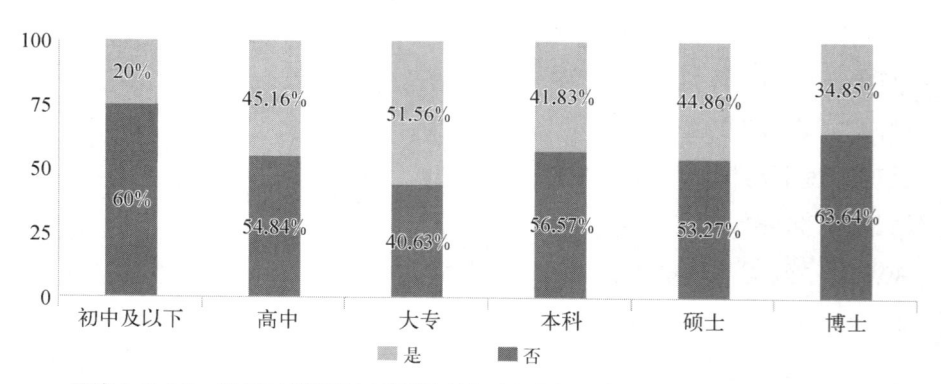

图表2-5-2C　学历对"是否自己买票观摩过上海国际电影节的展映影片"的影响

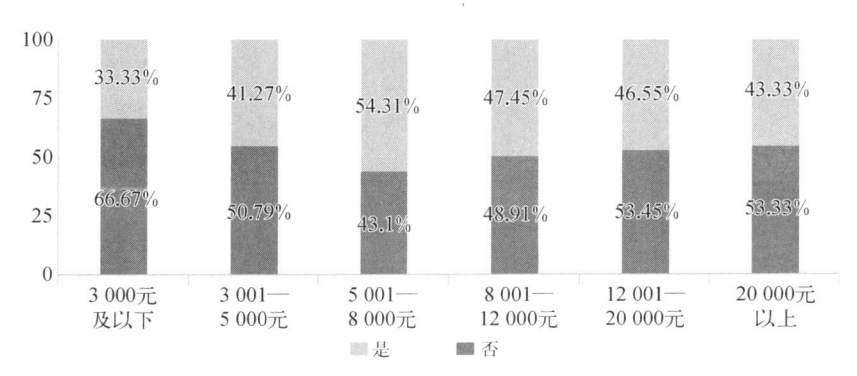

图表2-5-2D 收入对"是否自己买票观摩过上海国际电影节的展映影片"的影响

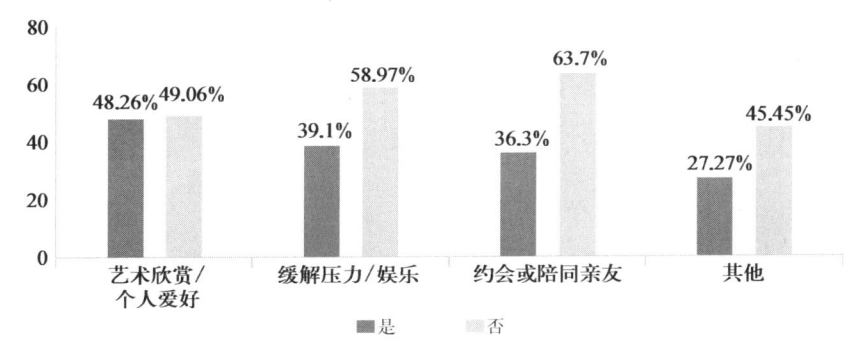

图表2-5-2E 看电影的主要目的对"是否买票观摩过上海国际电影节的展映影片"的影响

的展映影片,表明上海国际电影节的活动在上海观众中的认知度与接受度较高。

3. 是否知道上海艺术电影联盟及其放映活动

选择"不知道"上海艺术电影联盟及其放映活动的比例(55.15%)超过选择"知道"(44.85%)的比例,说明"上海艺术电影联盟"的知名度仍需加强推广。交叉分析显示,性别与年龄差异对该问题不具有显著影响意义。看电

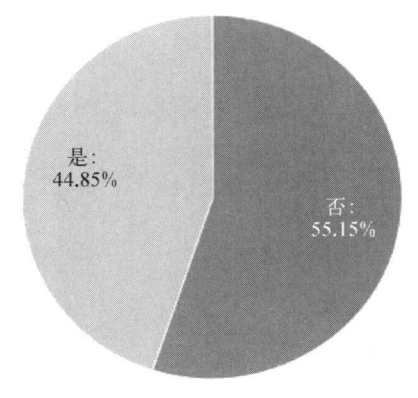

图表2-5-3 您是否知晓上海艺术电影联盟及其放映活动?(单选题,本题样本数量为515人)

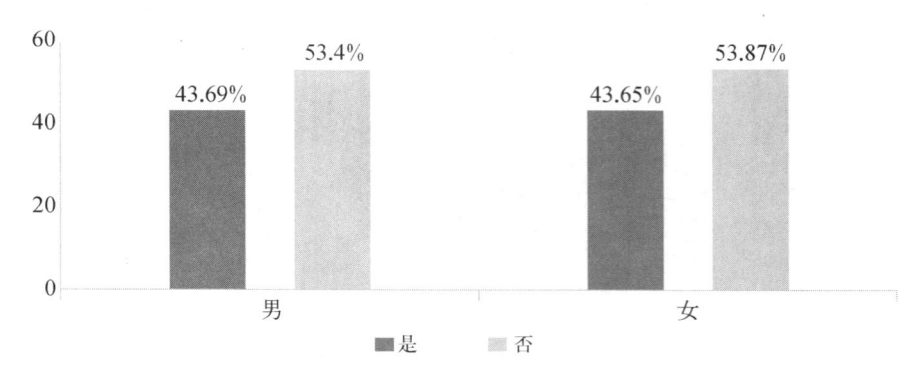

图表2-5-3A 性别对是否知道上海艺术电影联盟及其放映活动的影响

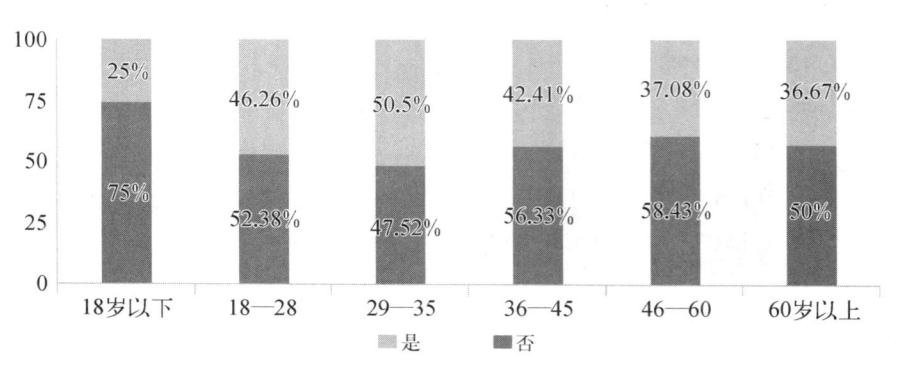

图表2-5-3B 年龄对是否知道上海艺术电影联盟及其放映活动的影响

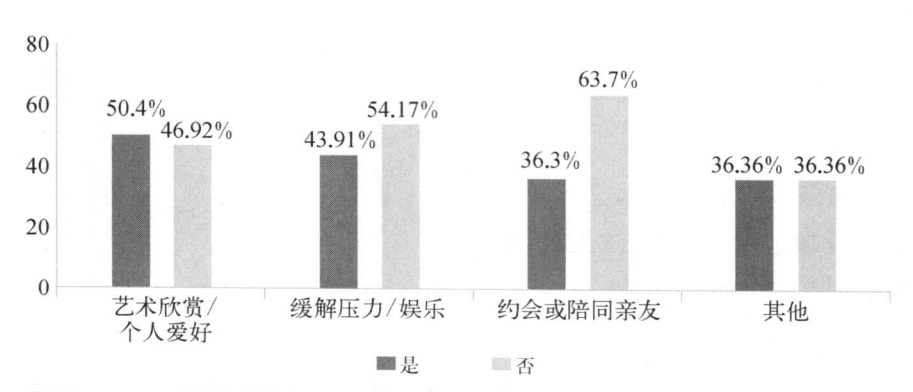

图表2-5-3C "看电影的主要目的"对是否知晓上海艺术电影联盟及其放映活动的影响

影的主要目的为"艺术欣赏/个人爱好"的样本知道上海艺术电影联盟的比例更高，为50.4%，高于主要目的为"缓解压力/娱乐"(43.91%)"约会或陪同亲友"(36.3%)及"其他"(36.36%)的样本，说明这部分样本更关注电影相关艺术活动，是上海艺术电影联盟及类似活动组织者开展活动的主要对象。

4. 是否自己买票观摩过上海艺术电影联盟放映的影片

在答案为"知道"上海艺术电影联盟的231位样本中，自己买票观摩过联盟放映影片的有135人，占比58.44%——说明在听说过上海艺术电影联盟的人中，买票看电影的比例超过一半以上，显示了就"看电影"而言，"知晓度"与"进行消费"的关联性。交叉分析显示，看电影的主要目的为"艺术欣赏/个人爱好"的样本买票观摩的比例最高(31.1%)，再次表明看电影的主要目的为"艺术欣赏/个人爱好"的人，对电影相关文化活动的知晓度与参与度都比较高。

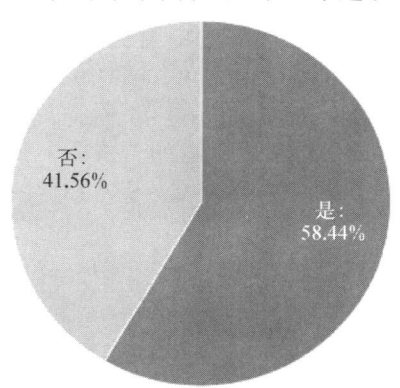

图表2-5-4　您是否自己买票观摩过上海艺术电影联盟放映的电影？（单选题，本题样本数量为231人）

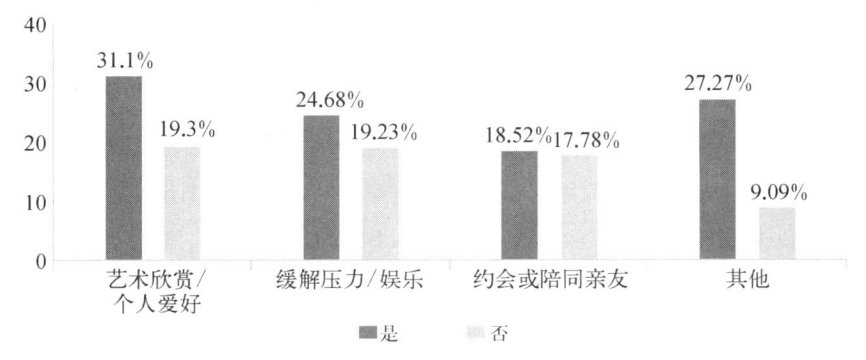

图表2-5-4A　看电影的主要目的对是否买票观摩过上海艺术电影联盟放映的电影的影响

5. 对我国电影审查制度的态度

选择比例排序依次为："不赞同"（232人，45.05%）、"赞同"（82人，15.92%）、"不反对"（72人，13.98%）、"不太清楚什么是审查制度"（67人，13.01%）、"无所谓"（62人，12.04%）。选择"不清楚什么是审查制度"的比例超过"无所谓"，说明我国电影审查制度在公众心目中的形象与地位仍很模糊，结合有近一半的样本（45.05%）选择"不赞同"审查制度这一选项，说明政府及相关部门对电影审查制度的必要性、审查原则及标准等问题需要做公开透明的公示与说明，避免公众因不明就里产生反感情绪。

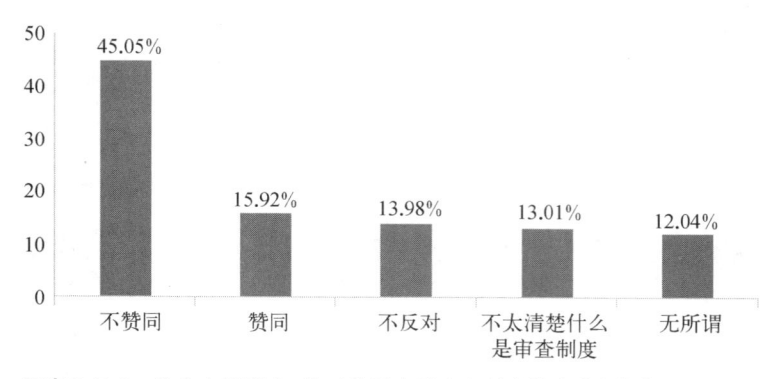

图表2-5-5 作为电影观众，您对我国电影审查制度的态度（单选题，本题样本数为515人）

6. 对自身电影消费情况的表述

选择比例从高到低依次为：对自己目前的电影消费情况感到满意，愿意这样保持下去"（52.04%）、"我感觉自己的电影欣赏水平还有较大提升空间"（33.59%）、"我希望电影院可以举办更多电影赏析活动，以满足我对进一步提升电影欣赏能力的需求"（32.43%）、"去电影院看电影目前基本上可以满足我对电影娱乐与消费的需求"（29.9%）、"我希望电影院可以举办各种交流活动，以满足我通过电影与他人交流、互动的需求"（22.33%）、"我希望上海的居民社区举办更多露天电影放映活动"（18.06%）。结论：超过一半以上的上海观众对自己目前的电影消费状况感到满意——这也意味着余下有近48%

的观众对自己目前的电影消费状况感到不满意,如能了解并满足这部分观众的需求,将进一步推动上海电影市场及文化的消费增长;不到1/3的样本认为去电影院看电影目前基本可以满足他们的观影需求,意味着超过2/3的样本认为目前的影院观影活动尚不能满足其观影需求,具体原因值得探索;上海观众对影院举办更多赏析与交流活动、在居民社区举办更多露天电影放映活动具有需求。

交叉分析显示,性别差异对各选项影响不明显,但女性希望影院举办更多电影赏析活动的比例(34.37%)高于男性(27.18%)。排除"18岁以下"年龄段样本,"对自己目前的电影消费情况感到满意,愿意这样保持下去"选项在"36—45岁"年龄段选择比例最高(55.7%),在"46—60岁"年龄段选择比例最低(42.7%);"我感觉自己的电影欣赏水平还有较大提升空间"选项在"18—28岁"及"60岁以上"年龄段选择比例最高(36.73%、36.67%),"46—60岁"选择比例最低(22.47%),说明"46—60岁"样本对自己目前的电影消费情况及电影欣赏水平满意度最低;"我希望电影院可以举办更多电影赏析活动,以满足我对进一步提升电影欣赏能力的需求",该选项在各年龄段选择比例相差不大(选择比例从30.60%到34.18%),"46—60岁"年龄段选择比例最低(28.09%)";"去电影院看电影目前基本上可以满足我对电影娱乐与消费的需求","36—45岁""46—60岁"样本对该项选择比例最高(33.54%、33.73%),其余年龄段选择比例相差不大(在23.33%到27.21%之间);"我希望电影院可以举办各种交流活动,以满足我通过电影与他人交流、互动的需求",该选项在"36—45岁"年龄段选择比例最高(24.68%),"60岁以上"年龄段选择比例最低(13.33%);"我希望上海的居民社区举办更多露天电影放映活动"——"35岁以下"样本对该项选择比例明显低于"35岁以上"样本,分别为"18—28岁"—11.56%、"29—35岁"—7.92%、"36—45岁"—24.05%、"46—60岁"—25.84%、"60岁以上"——23.33%。结论:位于年龄分布两端(较年轻及较年长)的观众希望提升电影欣赏水平的比例较高;与其他年龄段相比,60岁以上观众对电影赏析活动的兴趣远大于对通过电影展开的其他交流活动的兴趣；较年轻的观众对社区露天电影放映活动的兴趣要低于较年长的观众。月收入的影响体现为：月收入"3 000元以下"（6人）样本对自己目前电影消费情况满意度最低（16.67%），远低于其他月收入样本——从"3 001—5 000元"样本41.27%的选择比例逐步增长到"12 001—20 000元"样本58.62%的选择比例，说明经济收入确实影响电影消费情况及随之而来的满意度；对在居民社区举办露天电影放映活动的需求有随收入递增而递减的趋势，分别为"3 000元以下"—33.33%、"3 001—5 000元"—20.63%、

选项	比例
我对自己目前的电影消费情况感到满意，愿意这样保持下去	52.04%
我感觉自己的电影欣赏水平还有较大提升空间	33.59%
我希望电影院可以举办更多电影赏析活动，以满足我对进一步提升电影欣赏能力的需求	32.43%
去电影院看电影目前基本上可以满足我对电影娱乐与消费的需求	29.9%
我希望电影院可以举办各种交流活动，以满足我通过电影与他人交流、互动的需求	22.33%
我希望上海的居民社区举办更多露天电影放映活动	18.06%

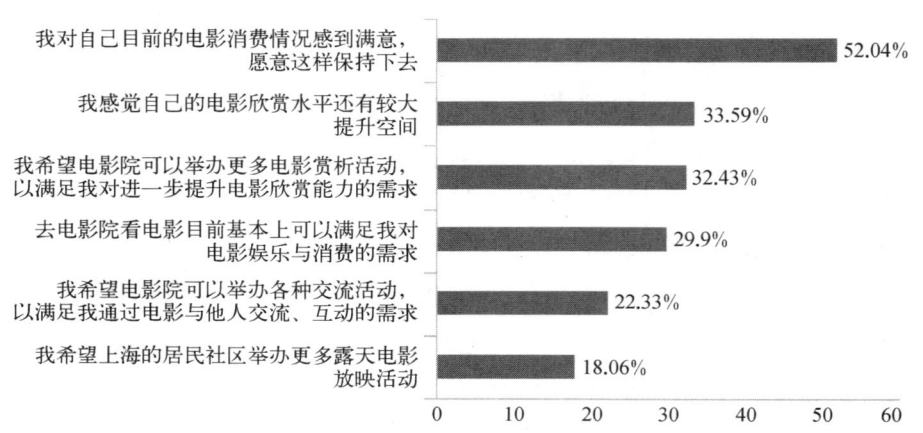

图表2-5-6　请选择符合您自身情况及您非常赞同的选项（多选题，本题样本人数为515人）

选项	男	女
我对自己目前的电影消费情况感到满意，愿意这样保持下去	52.91%	49.23%
我感觉自己的电影欣赏水平还有较大提升空间	33.98%	31.89%
去电影院看电影目前基本上可以满足我对电影娱乐与消费的需求	27.18%	34.37%
我希望电影院可以举办更多电影赏析活动，以满足我对进一步提升电影欣赏能力的需求		21.05%
我希望电影院可以举办各种交流活动，以满足我通过电影与他人交流、互动的需求	14.56%	
我希望上海的居民社区举办更多露天电影放映活动		

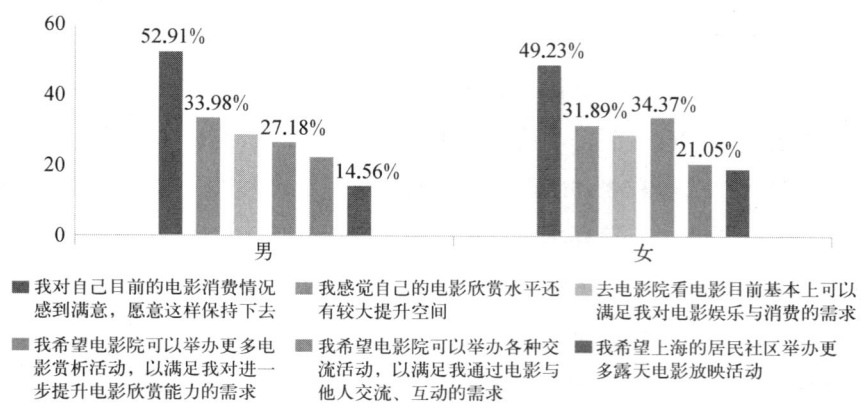

图表2-5-6A　性别对电影消费状况满意度的影响

上海居民电影消费调查分析报告

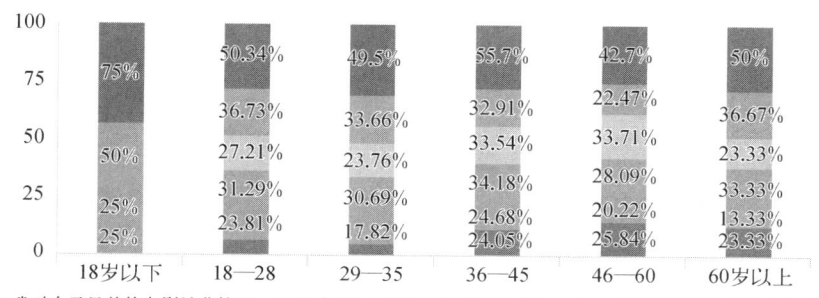

图表2-5-6B 年龄对电影消费状况满意度的影响

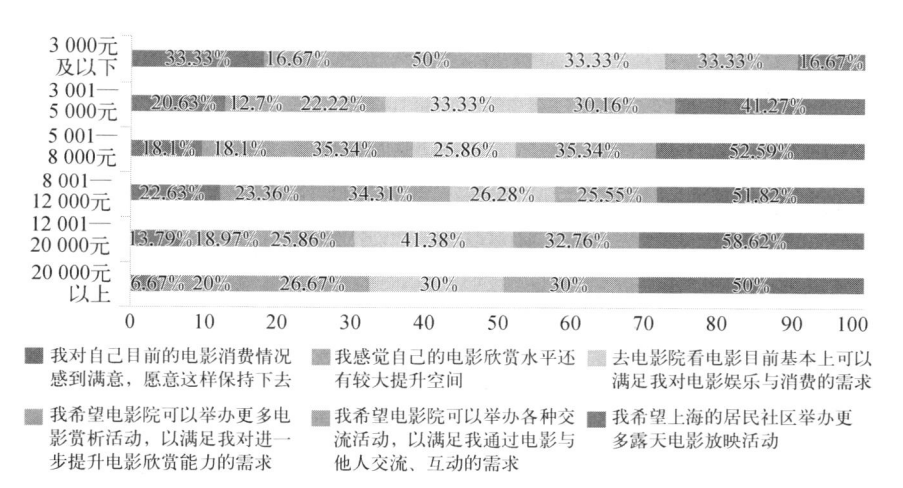

图表2-5-6C 月收入对电影消费状况满意度的影响

"5 001—8 000元"——18.1%、"8 001—12 000元"——22.63%、"12 001—20 000元"——13.79%、"20 000元以上"——6.67%，说明经济收入较高的群体对公共及免费文化活动的热衷程度要低于经济收入较低的群体。

（任明）

上海市公共文化服务机构文化产品消费调研数据

调研背景和调研方式介绍：

一、调 研 背 景

公共文化服务机构是满足上海市民追求物质与精神消费文化赋值的重要渠道。公共文化服务机构已经突破了传统的展示、查阅等功能，在城市生活中的教育、休闲、社交、生活体验等功能日益凸显，成为城市空间中的新型复合型文化消费空间。而"文化产品"既是实体消费的对象，也因其文化内涵成为符号、意义等概念型消费的载体。"文化产品"涵盖文化创意产品、展览、公共教育活动等。

"文化产品"是公共文化服务机构贴近公众生活的新连接点，是将公共文化服务机构的理念与服务"送出去"和将公众"引进来"的重要手段。"文化产品"既涵盖临时展览、公益讲座、专家导览等传统形式，更包括公共教育与体验课程、文化创意产品等新形态。一方面，公共文化服务机构的社会教育职能日益凸显，并且相关探索已经形成了良好的实践经验。另一方面，2016年国务院下发《关于推动文化文物单位文化创意产品开发的若干意见》，为公共文化服务机构，尤其是文化文物单位进一步全面贯彻落实"创新、协调、绿色、开放、共享"五大发展理念提供了新内容，为弘扬中华优秀文化、传承中华文明、传播社会主义核心价值观提供了新路径。2017年底，上海市人民政府印发《关于加快本市文化创意产业创新发展的若干意见》（简称"上海文创50条"），其中提到"推进文化领域有序开放，在互联网、文化、文物等专业服务业争取更多的扩大开放措施先行先试。"公共文化服务机构在突破固有经营管理模式的过程中,研发文化创意产品是新机遇和大趋势。

因此,提升上海公共文化服务机构文化产品生产与消费水平的意义主要包括:

(一)突破固有模式,与公众生活建立更紧密联系。释放文化供给侧改革的驱动力,推动公共文化机构打破以往单一的知识传播模式,促使其社会职能不断向贴合公众生活的方向转型。一方面提升公众对公共文化机构的参与程度,形成良好的学习生态体系;另一方面也将公共文化机构所提供的服务延伸至公众日常生活之中,帮助公众将机构文化资源和文化信息"带回家",这是后物质主义时代人民对美好生活的向往,以及文化消费转型的实际需求。

(二)创造新型方式,助力打响"上海文化"品牌。博物馆、美术馆、纪念馆和图书馆都是一座城市重要的文化地标,标志着城市的文化厚度,应当在打响"上海文化"品牌的过程中发挥更积极的作用。文化产品能够让公共文化机构散发更大的文化活力,并在供给端与需求端之间建立更有效的连接。文化产品本身就是很好的文化传播载体,在以人民为中心的发展理念的引领下,文化产品以市场需求为出发,能够形成具有上海特色、展现上海文化资源优势的品牌,彰显"上海文化"标识度,让文物说话,让历史说话,让文化说话。

提升机构收入,反哺公益性文化事业。公共文化服务机构开发文创产品,将一定程度上提升自我造血功能,是解决投入不足、发展乏力问题的补充手段,也是增强服务能力、提升服务水平、丰富服务内容的必然要求。公共文化服务机构应当以履行公益性服务为主体职能,将文化产品开发获得的收入反哺公益性文化事业。

以临时展览、教育活动、文化创意产品为主要研究对象。目前,上海市文化文物单位中以博物馆为引领,包括上海博物馆、上海科技馆、上海自然博物馆、上海玻璃博物馆等单位在文化产品的策划、生产和营销方面都探索出了初步的发展之路。生产方式主要包括自主设计与生产、与企业合作各自负责一部分环节、完全外包给外部企业、直接购买市场上已有产品等。上海博物馆作为文化产品生产营销较早的单位，如今更注重对观众消费偏好的研究，刚刚上线运行的上博数字化管理平台能够实时跟踪馆内观众客流、展区观众行为、文创产品销售等情况，利用大数据等信息技术更准确地把握市场动向，更精准地为文化产品研发提供思路。上海玻璃博物馆作为上海非国有博物馆的代表，在举办各类别具特色的主题教育活动的同时，还建立了自己的文创品牌"玻心璃语"，馆内自主研发文创产品，形成了较为成熟的品牌线，每月都会推出新的产品。根据上海文物局发布的《上海市博物馆年报2017》，2017年全市博物馆共设有临时展览和馆外巡展共462个，全年接待观众总量为2 268.32万人次，同比增长6.78%；接待青少年观众398.88万人次，占接待总量的17.58%；101座免费开放的博物馆共接待观众1 135万人次，同比增长13%。各博物馆为学生、青少年儿童举办教育互动活动形式丰富，主要有亲子体验、教育教学、主题夏令营、互动教育剧等。比如，上海博物馆暑期Smart Muse Kids平台夏令营；上海汽车博物馆策划的"学富五车"参观定向任务教育活动；上海玻璃博物馆的"玻玻璃璃学园""博物馆奇妙夜：亲子帐篷夜"系列活动等，都深受青少年和家长们欢迎。

截至2017年底，全市博物馆开发的文创产品总数已超1.2万种，全年新开发文创产品1 085种。文创产品年销售额4 921.84万元。上海博物馆配合"大英博物馆百物展"设计开发的文创产品再度成为年度热点。该馆与国内近10家社会机构合作，共同设计研发了160余种系列文创产品，涵盖了衣食住行等各方面，累计销售额达1 700万元，创下上海博物馆有史以来特展相关文创产品的销售新纪录。

此外，全市美术馆也呈现了良好的发展势头。截至2017年底，全市各级各类美术馆共有82家；2017年全年举办展览723场，吸引观众617万人次，举办馆外公共教育活动3 357场。

但与此同时，图书馆、档案馆等文献收藏机构的文化产品研发与销售尚处于起步阶段,主要仍以公共讲座为基本形式,缺乏形式新颖、内容丰实的文化活动和文化产品。随着图书馆、档案馆开始尝试举办临时展览和流动展览,文化产品如何获得形式内容的拓展和市场的认可亟待制度、理念和资源等方面予以突破。

二、调研对象及调研范围

此次调研对象主要包含上海市各类图书馆、博物馆、美术馆、纪念馆等机构及其相关受众人群。调研内容主要包括:1. 文化创意产品,包括不同公共文化服务机构文化创意产品的研发和营销情况——涉及研发和营销主体、媒介、产品形态等,以及消费者对文化创意产品的购买需求、喜好倾向和群体构成情况;2. 公共文化服务产品,包括不同公共文化服务机构文化服务产品的开发和宣传推广情况,例如临时展览、文化讲座、教育课程、文化活动等——涉及开发和推广主体、媒介、产品形态等,以及消费者对公共文化服务产品的购买需求、喜好倾向和群体构成情况。

除对相关机构进行实地调研和工作人员访谈之外,还进行了在线问卷调查,此次调查问卷共回收有效问卷395份。

通过供给端和需求端的两端调查,从上海公共文化服务机构和机构受众两个角度,调查并掌握上海公共文化服务机构文化产品生产与消费的现状及存在的问题,并对未来进一步在公共文化服务机构中开发文化产品,以满足不同受众的文化消费需求提供对策建议。

调查流程:

第一阶段:制定调查计划。对主要调查对象进行归类与划定,对调查内容进行明确,对样本数量进行把控。

第二阶段:采集公共文化服务机构相关数据。对上海图书馆、钱学森图书馆、上海博物馆、上海历史博物馆、上海自然博物馆、上海科技馆、上海玻璃博物馆、中华艺术宫和上海当代艺术博物馆等国有和非国有机构进行文化产品研发与营销的相关数据进行采集。

第三阶段：对机构受众进行调查问卷。对上述文化机构的主要受众群体进行调查，了解他们对公共文化服务机构文化产品的需求与消费意愿。

第四阶段：整理分析数据，提出对策建议。

三、此次调查的不足之处

一方面，在调查问卷的设置中没有将收入水平纳入问卷题目，使得公共文化服务机构文化产品的生产消费无法与收入水平进行相关性辨析。同时，问卷的样本数量有限，无法更全面地反映公众对上海公共文化服务机构文化产品的需求端情况。

另一方面，对上海公共文化服务机构的走访仍然有限，包括机构走访的总量和类型方面都有待进一步充实。

四、此次调查的初步结论

而从需求端来看，上海居民对上海公共文化服务机构文化产品的了解与消费水平也还有很大的提升空间。在参与调查问卷的395人中，有4成左右的受访者每年去市内公共文化服务机构的次数在1次及以下，每月一次及以上的不到3成。公共文化服务机构对公众的吸引度尚不够高，上海市民尚未将图书馆、博物馆、美术馆、文化馆等机构作为休闲文化生活的常去之处。

从参观临时展览的情况来看，有2成左右的受访者表示从未参观过博物馆的临时展览，有近4成的受访者表示从未参观过图书馆或文化馆的临时展览。近2成的受访者经常参观博物馆临时展览，1成左右的受访者经常参观美术馆或图书馆的临时展览，仅4.56%的受访者经常参观文化馆的临时展览。

就临时展览的票价而言，有近5成的观众表示可以接受临时展览出售门票，另有近2成的受访者表示无所谓。而在具体的票价上，大部分的受访者认为50元及以下的票价较为合理。

就受访者对参观过的上海公共文化服务机构临时展览后的总体评价而言,基本处于中等水平,其中展览的主题新颖度、内容与形式丰富度、布展精美度和现场秩序良好度等方面评分都相对较高,但是就展览的公众参与性和互动装置配合度方面则相对较低。

就教育活动而言,受访者的参与度普遍不高,其中近4成的受访者表示从未参与过博物馆的教育活动,近5成的受访者表示偶尔会参加,近7.85%的受访者表示会经常参加博物馆的教育活动。超过5成的受访者表示从未参加过美术馆或文化的教育活动,超过3成的受访者表示偶尔会参加,仅有3%左右的受访者会经常参加。另外有近5成的受访者表示从来没有参加过图书馆的教育活动,4成左右的受访者偶尔会参加图书馆的教育活动,仅5.57%的受访者会经常参加。

就社会教育活动的形式而言,讲座和演出或现场展示活动都有超过4成的受访者参与过,是公众参与上海公共文化服务机构社会教育活动的最主要形式。其次是公共教育课程、其他各种形式的教育活动、专家导览等。

在参与过社会教育活动的受访者中,他们所参与的活动近5成是免费的,另外4成左右的教育活动收费在100元及以下。所参与过的社会教育活动中有7.46%收费在201—300元之间,301—400元之间的有0.34%,500元以上的有1.02%。此外,有2成左右的受访者认为社会教育活动不应该收费,有4成左右受访者认为费用在50元及以下较为合理,15.95%的受访者认为51—100元之间的收费较为合理,此外有11.65%的受访者认为票价高低他们都可以接受。

就所参加过的社会教育活动的总体评价而言,受访者认为这些活动以5分为满分的话,总评分在3.44分左右,总体良好,但尚未达到出彩和优秀的程度。具体在"拓宽视野""活动现场安排""内容理解容易度""教具教材准备""丰富知识"等方面相对出色,但是在"内容新颖度""形式创新度""与日常生活的关联度"等方面仍相对薄弱。

从文化创意产品的情况来看,受访者中有8.35%的经常购买博物馆的文创产品,25.57%的从来没有购买过博物馆的文创产品;5.82%的经常购买美术馆的文创产品,29.62%的从来没有购买过美术馆的文创产品;3.54%的经常购买图书馆的文创产品,36.46%的从来没有买过图书馆的文创产品;3.29%的经常购买文化馆的文创产品,44.3%的从来没有购买过文化馆的文创产品。超过5成的文创产品是在场馆实地购买的,通过淘宝等第三方购买平台、机构官网或APP等途径购买的文创产品分别占2成左右,通过文化产品交易会等相关会展活动购买的文创产品有1成左右。

就受访者每年在文创产品上的花费而言,超过5成的受访者在200元及以下,近3成的受访者在201—500元之间,8.56%的受访者在501—1 000元之间,1.71%的受访者在1 001—2 000元之间,1.03%的受访者在2 000元以上。但认为50元及以下和51—100元区间较为合理的受访者分别占3成左右,有12.91%的受访者认为101—200元之间较为合理,18.73%的受访者认为"价格不重要,喜欢就好"。因而,从公众需求的角度,反映出文创产品的单价不宜超过200元,但是这也同文创产品本身的制作成本相关,而单价在200元以下的文创产品会有更好的销售额。

就文创产品的类型来看,受访者中较为偏好的类型是书本画册类、装饰类、家居用品类和办公用品类,其后是服饰类、数码周边类、玩具类、饮料食品类和化妆品类。

就公众偏好的风格而言,受访者中主要偏好简洁、复古和清新风格的文创产品,其次是可爱和搞怪风格。有超过5成的受访者认为"美观""创意""实用"是他们决定购买的主要因素,其次是"质量""收藏价值""有相关场馆或活动特色""时尚""性价比"等因素,"品牌"因素的决定性作用相对较低。

五、调查问卷内容及相关统计结果

1. 性别[单选题]

选　项	小计	比　例	
男	143		36.2%
女	250		63.29%
（空）	2		0.51%
本题有效填写人次	395		

2. 年龄［单选题］

选　项	小计	比　例	
18岁以下	14		3.54%
19—29岁	146		36.96%
30—39岁	117		29.62%
40—49岁	29		7.34%
50—59岁	64		16.2%
60岁以上	24		6.08%
（空）	1		0.25%
本题有效填写人次	395		

3. 您的受教育程度［单选题］

选　项	小计	比　例	
高中以下	32		8.1%
高中	55		13.92%
大专	28		7.09%
本科	104		26.33%
研究生及以上	142		35.95%

(续表)

选　项	小计	比　例
（空）	34	8.61%
本题有效填写人次	395	

4.您去上海的博物馆、美术馆、图书馆和文化馆的频率大约是多少？［单选题］

选　项	小计	比　例
每周一次及以上	27	6.84%
每月一次	86	21.77%
每半年一次	118	29.87%
每年一次或以下	161	40.76%
（空）	3	0.76%
本题有效填写人次	395	

5.您是否参观过上海这些场馆所举办的临时展览？［矩阵量表题］

该矩阵题平均分：1.81

题目/选项	从来没有	偶　尔	经　常	（空）	平均分
博物馆	75（18.99%）	239（60.51%）	71（17.97%）	10（2.53%）	1.99
美术馆	110（27.85%）	212（53.67%）	32（8.1%）	41（10.38%）	1.78
图书馆	109（27.59%）	211（53.42%）	46（11.65%）	29（7.34%）	1.83
文化馆	148（37.47%）	192（48.61%）	18（4.56%）	37（9.37%）	1.64

6.您对临时展览需要购买门票有什么看法？［单选题］

选项	小计	比例
公共文化服务机构是非营利性机构,不应当收售门票	120	30.38%
临时展览有较高的策展成本,可以接受购买门票	194	49.11%
无所谓	77	19.49%
(空)	4	1.01%
本题有效填写人次	395	

7. 您认为临时展览门票的合理价位是多少? [多选题]

选项	小计	比例
0元	38	9.62%
1—20元	157	39.75%
21—50元	161	40.76%
51—100元	47	11.9%
101—200元	5	1.27%
无所谓,根据展览内容定	74	18.73%
本题有效填写人次	395	

8. 您对参观过的临时展览总体评价如何?（5为最符合描述,1为最不符合描述）[矩阵量表题]

该矩阵题平均分:2.9

题目/选项	不了解	1	2	3	4	5	(空)	平均分
主题新颖	52 (13.16%)	22 (5.57%)	37 (9.37%)	100 (25.32%)	103 (26.08%)	63 (15.95%)	18 (4.56%)	2.98

（续表）

题目/选项	不了解	1	2	3	4	5	（空）	平均分
内容与形式丰富	45（11.39%）	21（5.32%）	48（12.15%）	113（28.61%）	77（19.49%）	61（15.44%）	30（7.59%）	2.93
布展精美，注重细节	47（11.9%）	15（3.8%）	47（11.9%）	106（26.84%）	101（25.57%）	54（13.67%）	25（6.33%）	2.98
公众参与性强，有许多互动装置	49（12.41%）	40（10.13%）	69（17.47%）	103（26.08%）	61（15.44%）	44（11.14%）	29（7.34%）	2.6
现场秩序良好	47（11.9%）	30（7.59%）	45（11.39%）	85（21.52%）	92（23.29%）	76（19.24%）	20（5.06%）	2.99

9. 您是否参与过上海的博物馆、美术馆、图书馆和文化馆的社会教育活动？［矩阵量表题］

该矩阵题平均分：1.53

题目/选项	从来没有	偶尔	经常	（空）	平均分
博物馆	157（39.75%）	197（49.87%）	31（7.85%）	10（2.53%）	1.67
美术馆	207（52.41%）	149（37.72%）	13（3.29%）	26（6.58%）	1.47
图书馆	190（48.1%）	162（41.01%）	22（5.57%）	21（5.32%）	1.55
文化馆	222（56.2%）	128（32.41%）	14（3.54%）	31（7.85%）	1.43

10. 您所参加的社会教育活动的主要形式是什么？［多选题］

选项	小计	比例
讲座	187	47.34%
专家导览	54	13.67%

上海市公共文化服务机构文化产品消费调研数据

（续表）

选项	小计	比例
公共教育课程	86	21.77%
演出或现场展示	177	44.81%
其他各种形式的教育活动	80	20.25%
没有参加过	99	25.06%
（空）	5	1.27%
本题有效填写人次	395	

11. 您参与过的这些社会教育活动是否需要收费？如果收费，那么单一项目的费用是多少？［单选题］

选项	小计	比例
0元	137	46.44%
1—100元	120	40.68%
101—200元	22	7.46%
201—300元	4	1.36%
301—400元	1	0.34%
401—500元	0	0%
500元以上	3	1.02%
（空）	8	2.71%
本题有效填写人次	295	

12. 您对所参加过的社会教育活动总体评价如何？（5为最符合描述，1为最不符合描述）［矩阵量表题］

该矩阵题平均分：3.44

题目/选项	1	2	3	4	5	（空）	平均分
内容新颖	17（5.76%）	37（12.54%）	107（36.27%）	80（27.12%）	41（13.9%）	13（4.41%）	3.32
形式富有创意	14（4.75%）	37（12.54%）	119（40.34%）	71（24.07%）	31（10.51%）	23（7.8%）	3.25
深入浅出，容易理解	11（3.73%）	25（8.47%）	96（32.54%）	94（31.86%）	46（15.59%）	23（7.8%）	3.51
能够获得丰富的知识	12（4.07%）	29（9.83%）	100（33.9%）	82（27.8%）	52（17.63%）	20（6.78%）	3.48
能够拓宽视野	9（3.05%）	24（8.14%）	91（30.85%）	92（31.19%）	60（20.34%）	19（6.44%）	3.62
与日常生活关联度高	13（4.41%）	40（13.56%）	121（41.02%）	66（22.37%）	33（11.19%）	22（7.46%）	3.24
策划方准备充分，有必要的演示文稿、教材和教具	10（3.39%）	32（10.85%）	93（31.53%）	87（29.49%）	47（15.93%）	26（8.81%）	3.48
观众安排合理，现场秩序良好	8（2.71%）	31（10.51%）	86（29.15%）	89（30.17%）	60（20.34%）	21（7.12%）	3.59

13. 您认为社会教育活动的合理收费是多少？［单选题］

选项	小计	比例
0元	90	22.78%
1—50元	162	41.01%
51—100元	63	15.95%
101—200元	17	4.3%
201—300元	10	2.53%
301—400元	0	0%

(续表)

选项	小计	比例
400元以上	1	0.25%
无所谓	46	11.65%
（空）	6	1.52%
本题有效填写人次	395	

14. 您有购买过博物馆、美术馆、图书馆或文化馆的文化创意产品吗？[矩阵量表题]

该矩阵题平均分：1.96

题目/选项	从来没有	不一定，主要看自己是否喜欢	偶尔购买	经常购买	（空）	平均分
博物馆	101（25.57%）	139（35.19%）	105（26.58%）	33（8.35%）	17（4.3%）	2.19
美术馆	117（29.62%）	136（34.43%）	84（21.27%）	23（5.82%）	35（8.86%）	2.04
图书馆	144（36.46%）	130（32.91%）	72（18.23%）	14（3.54%）	35（8.86%）	1.88
文化馆	175（44.3%）	110（27.85%）	58（14.68%）	13（3.29%）	39（9.87%）	1.74

15. 您是通过什么途径了解到这些场馆的文化创意产品的？[多选题]

选项	小计	比例
媒体宣传	187	47.34%
实地参观或观看展览	165	41.77%
朋友推荐	166	42.03%
机构官网、微信公众号、微博或APP	185	46.84%

(续表)

选　　项	小计	比　　例
其他途径	18	4.56%
不了解	36	9.11%
（空）	6	1.52%
本题有效填写人次	395	

16. 您是通过什么方式购买到的？［多选题］

选　　项	小计	比　　例
场馆实地	205	51.9%
这些场馆的官网或APP	90	22.78%
文化产品交易会等相关会展活动	50	12.66%
淘宝等第三方购买平台	104	26.33%
没有购买过	101	25.57%
（空）	10	2.53%
本题有效填写人次	395	

17. 您每年在上海这些场馆的文化创意产品上的支出约为多少？［单选题］

选　　项	小计	比　　例
200元以下	160	54.79%
201—500元	86	29.45%
501—1 000元	25	8.56%
1 001—2 000元	5	1.71%
2 000元以上	3	1.03%
（空）	13	4.45%
本题有效填写人次	292	

18. 您对目前上海的博物馆、美术馆、图书馆和文化馆文化创意产品的总体评价如何？（5为最符合描述，1为最不符合描述）[矩阵量表题]

该矩阵题平均分：3.24

题目/选项	1	2	3	4	5	（空）	平均分
性价比高	13 (4.45%)	51 (17.47%)	122 (41.78%)	54 (18.49%)	34 (11.64%)	18 (6.16%)	3.16
富有创意	11 (3.77%)	34 (11.64%)	106 (36.3%)	88 (30.14%)	32 (10.96%)	21 (7.19%)	3.35
制作精美	10 (3.42%)	35 (11.99%)	107 (36.64%)	82 (28.08%)	35 (11.99%)	23 (7.88%)	3.36
实用性强	13 (4.45%)	55 (18.84%)	120 (41.1%)	56 (19.18%)	23 (7.88%)	25 (8.56%)	3.08
种类丰富	14 (4.79%)	41 (14.04%)	114 (39.04%)	64 (21.92%)	37 (12.67%)	22 (7.53%)	3.26

19. 让您印象最深的一件文化创意产品是（请注明购买地）[填空题]

填空题数据请通过下载详细数据获取

20. 您对单一文化产品价格的可接受范围为[单选题]

选项	小计	比例
50元以下	122	30.89%
51—100元	115	29.11%
101—200元	51	12.91%
201—500元	14	3.54%
501—1 000元	1	0.25%
1 000元以上	4	1.01%
价格不重要，喜欢就好	74	18.73%

(续表)

选项	小计	比例
（空）	14	3.54%
本题有效填写人次	395	

21. 您更倾向于买哪一类文化创意产品？[多选题]

选项	小计	比例
书本画册类	207	52.41%
办公用品类	140	35.44%
装饰类	166	42.03%
家居用品类	169	42.78%
饮料食品类	43	10.89%
玩具类	66	16.71%
服饰类	82	20.76%
数码周边	70	17.72%
化妆品	29	7.34%
其他	26	6.58%
（空）	16	4.05%
本题有效填写人次	395	

22. 您喜欢什么样的文化创意产品设计风格？[多选题]

选项	小计	比例
搞怪	72	18.23%
可爱	123	31.14%

上海市公共文化服务机构文化产品消费调研数据

（续表）

选项	小计	比例	
简洁	245		62.03%
复古	202		51.14%
清新	191		48.35%
网络流行文化	38		9.62%
其他	24		6.08%
（空）	13		3.29%
本题有效填写人次	395		

23. 决定您购买的主要因素是：［多选题］

选项	小计	比例	
收藏价值	111		28.1%
美观	211		53.42%
创意	222		56.2%
时尚	84		21.27%
实用	210		53.16%
品牌	44		11.14%
质量	135		34.18%
有相关场馆或活动的特色	101		25.57%
性价比高	72		18.23%
（空）	11		2.78%
本题有效填写人次	395		

24. 您购买文化创意产品的主要目的是：［多选题］

选项	小计	比例	
馈赠他人	182		46.08%
自己欣赏	245		62.03%
自己使用	257		65.06%
（空）	10		2.53%
本题有效填写人次	395		

（张昱）

上海市农民工
文化消费状况调研数据

本问卷通过农民工群体的文化消费调查,旨在引导他们参与城市文化消费,丰富精神文化生活,为相关部门更好地开展外来常住人员公共文化服务提供参考。

1. 性别:[单选题]*

○ 男　　　　　　○ 女

2. 年龄:[单选题]*

○ 18岁以下　　　○ 18—25岁　　　○ 26—30岁　　　○ 31—40岁
○ 41—50岁　　　○ 51—60岁　　　○ 60岁以上

3. 户口所在地是哪里:[单选题]*

○ 安徽　　○ 北京　　○ 重庆　　○ 福建　　○ 甘肃　　○ 广东　　○ 广西
○ 贵州　　○ 海南　　○ 河北　　○ 黑龙江　○ 河南　　○ 浙江　　○ 湖北
○ 湖南　　○ 江苏　　○ 江西　　○ 吉林　　○ 辽宁　　○ 云南　　○ 内蒙古
○ 宁夏　　○ 青海　　○ 山东　　○ 上海　　○ 山西　　○ 陕西　　○ 四川
○ 西藏　　○ 天津　　○ 新疆　　○ 港澳台

4. 您是农业户口,还是非农户口?大约哪一年获得该户口(请在相应横线上注明年份)[单选题]*

○ 农业户口_____　　　○ 非农业户口_____

5. 目前居住在上海哪个区?[单选题]*

○ 徐汇　　　　　　○ 黄浦　　　　　　○ 虹口
○ 杨浦　　　　　　○ 静安　　　　　　○ 长宁
○ 普陀　　　　　　○ 浦东新区　　　　○ 宝山

○ 嘉定　　　　　　　　○ 闵行　　　　　　　　○ 其他郊区

6. 您在上海的住房类型 [单选题]*

○ 普通住宅小区　　　　○ 保障性住房　　　　　○ 工地
○ 村改居、村居合并　　○ 未经改造的老城区　　○ 高档住宅小区
○ 其他_____

7. 您在上海居住形式 [单选题]*

○ 合租　　　　　　　　○ 独租　　　　　　　　○ 群租
○ 自购房　　　　　　　○ 用人单位提供集体租住　○ 借住亲朋处
○ 其他_____

8. 是否已婚 [单选题]*

○ 是　　　　　　　　　○ 否

9. 受教育程度 [单选题]*

○ 未上学　　　　　　　○ 小学　　　　　　　　○ 初中
○ 高中　　　　　　　　○ 职高技校　　　　　　○ 大学专科
○ 大学本科　　　　　　○ 硕士及以上

10. 目前从事的行业: [单选题]*

○ 食品/饮料/化妆品　　　　○ 批发/零售　　　　　　○ 服装/纺织/皮革
○ 通信/电信运营/网络设备/增值服务　　　　　　　　○ 制造业
○ 汽车及零配件　　　　　　○ 餐饮/娱乐/旅游/酒店/生活服务
○ 机械/设备/重工　　　　　○ 住宿/餐饮　　　　　　○ 护理/保健/卫生
○ 出版/印刷/包装　　　　　○ 建筑工程/装潢/设计
○ 物业管理/商业中心　　　　○ 中介/咨询　　　　　　○ 交通/运输/物流
○ 园艺/环卫　　　　　　　　○ 教育培训/投资理财
○ 其他(请注明)_____

11. 每月收入 [单选题]*

○ 1 000—3 000　　　　　○ 3 001—5 000　　　　　○ 5 001—7 000
○ 7 001—9 000　　　　　○ 9 001—11 000　　　　○ 11 001—15 000

○ 15 001 以上

12. 每天在哪个时间段工作？[单选题]*

○ 8∶00—17∶00　　　　○ 8∶00—15∶00　　　　○ 10∶00—19∶00

○ 15∶00—22∶00　　　○ 其他（请注明）_____

13. 您平时选择哪些文化消费项目或场所 [多选题]*

☐ 电视　　　　　　　☐ 手机、电脑、Pad　　　☐ 电影院

☐ 参观景点　　　　　☐ 公园　　　　　　　　☐ 买书、看书

☐ 社区、居委文化活动室　☐ 文化广场　　　　　☐ 网吧等娱乐场所

☐ 游戏厅电玩城　　　☐ 儿童教育项目、场所　☐ 游乐场

☐ 图书馆　　　　　　☐ 博物馆、美术馆　　　☐ 体育馆、运动场馆

☐ 棋牌室　　　　　　☐ 文化馆、艺术馆　　　☐ 剧院

☐ 夜总会　　　　　　☐ 其他（请注明）_____

14. 多久进行一次以上文化消费（手机、电脑、电视除外）[单选题]*

○ 几乎不去　　　　　○ 半年一次　　　　　　○ 两月一次

○ 一月一次　　　　　○ 两周一次　　　　　　○ 一周一次

○ 其他（请注明）_____

15. 您偶尔或不去上述场所的原因是什么？[多选题]*

☐ 距离较远,不方便　　☐ 觉得没必要花这个钱　☐ 不了解

☐ 工作太忙　　　　　☐ 找不到同伴　　　　　☐ 不感兴趣

☐ 周边没有提供所需服务的场所　　　　　　　☐ 不适应

☐ 价格太贵　　　　　☐ 其他（请注明）_____

16. 现在居住的地方,有没有以下设备 [多选题]*

☐ 电脑、Pad　　　　　☐ 智能手机　　　　　　☐ 普通手机

☐ 数字电视　　　　　☐ 网络　　　　　　　　☐ 都没有

17. 每天花在以上文化消费的时间是多长 [单选题]*

○ 1小时以下　　　　　　　　　○ 2小时

○ 3小时　　　　　　　　　　　○ 4小时以上

18. 每月在以上文化消费上大约花多少钱 [单选题]*
   ○ 200元以下   ○ 200—500元   ○ 500—800元
   ○ 800—1 200元   ○ 1 200—1 800元   ○ 1 800—2 500元
   ○ 2 500—4 000元   ○ 4 000元以上

19. 通过哪些途径得知或购买文化消费项目 [多选题]*
   □ 手机、电视新闻   □ 手机APP   □ 地铁、室外广告
   □ 别人告知   □ 文化场馆官网
   □ 其他(请注明)_____

20. 选择文化消费项目时能接受多长时间车程？[单选题]*
   ○ 不会考虑距离   ○ 十分钟以内   ○ 二十分钟以内
   ○ 半小时以内   ○ 一小时左右

21. 您一般在哪个时间进行文化消费 [多选题]*
   □ 上午   □ 中午   □ 下午   □ 晚上   □ 深夜

22. 您会选择哪些同伴去文化消费？[多选题]*
   □ 随意   □ 同事   □ 家人   □ 朋友
   □ 同乡   □ 恋人   □ 其他

23. 您现在的非农户口/农业户口是通过何种途径获得的？[单选题]*
   ○ 出生就是   ○ 务工   ○ 购买住房   ○ 征地、拆迁
   ○ 升学   ○ 提干、转干、部队转业   ○ 婚姻嫁娶
   ○ 人才项目等   ○ 其他(请注明)_____

24. 与家乡要素相关的消费种类会不会更吸引你 [单选题]*
   ○ 会   ○ 不会

25. 您平时在手机、电视上关注什么内容？[多选题]*
   □ 新闻类   □ 休闲娱乐   □ 教育类
   □ 财经类   □ 体育类   □ 军事类
   □ 微信社交类   □ 购物类
   □ 其他(请注明)_____

26. 您是不是以下社会团体组织的成员 [多选题]*

☐ 音乐　　　　　　　　☐ 歌唱　　　　　　　　☐ 摄影

☐ 健身（包括跑步、瑜伽、广场舞等）　　　　　☐ 运动

☐ 绘画、手工艺等　　　☐ 旅游　　　　　　　　☐ 电影

☐ 舞蹈　　　　　　　　☐ 其他（请注明）_____　☐ 以上都没有

27. 请根据您的实际情况选择最符合的项：

	非常同意	比较同意	一般	不太同意	不同意
我的工资足够我放心进行文化消费	○	○	○	○	○
不同收入的人应当有不同文化消费品位	○	○	○	○	○
我想进行文化消费，但没有时间	○	○	○	○	○
我想进行文化消费，但周边没有合适设施	○	○	○	○	○

（陈云霞）

上海市外来常住人员文化消费状况调研

第1题 性别：[单选题]

选项	小计	比例
男	202	66.89%
女	100	33.11%
本题有效填写人次	302	

第2题 年龄：[单选题]

选项	小计	比例
18岁以下	8	2.65%
18—25岁	87	28.81%
26—30岁	107	35.43%
31—40岁	65	21.52%
41—50岁	25	8.28%
51—60岁	8	2.65%
60岁以上	2	0.66%
本题有效填写人次	302	

第3题 户口所在地是哪里：[单选题]

上海市外来常住人员文化消费状况调研

选项	小计	比例
安徽	102	33.77%
北京	0	0%
重庆	7	2.32%
福建	2	0.66%
甘肃	1	0.33%
广东	0	0%
广西	3	0.99%
贵州	5	1.66%
海南	0	0%
河北	4	1.32%
黑龙江	3	0.99%
河南	41	13.58%
香港	0	0%
湖北	9	2.98%
湖南	8	2.65%
江苏	39	12.91%
江西	5	1.66%
吉林	0	0%
辽宁	14	4.64%
澳门	0	0%
内蒙古	0	0%
宁夏	1	0.33%
青海	0	0%
山东	16	5.3%

(续表)

选项	小计	比例	
上海	0		0%
山西	10		3.31%
陕西	5		1.66%
四川	8		2.65%
台湾	0		0%
天津	0		0%
新疆	1		0.33%
西藏	0		0%
云南	3		0.99%
浙江	15		4.97%
本题有效填写人次	302		

第4题 您是农业户口,还是非农户口? 大约哪一年获得该户口(请在相应横线上注明年份)[单选题]

选项	小计	比例	
农业户口	273		90.4%
非农业户口	29		9.6%
本题有效填写人次	302		

第5题 目前居住在上海哪个区?[单选题]

选项	小计	比例	
徐汇	35		11.59%
黄浦	8		2.65%

(续表)

选项	小计	比例
虹口	4	1.32%
杨浦	86	28.48%
静安	9	2.98%
长宁	2	0.66%
普陀	2	0.66%
浦东新区	72	23.84%
宝山	14	4.64%
嘉定	47	15.56%
闵行	7	2.32%
其他郊区	16	5.3%
本题有效填写人次	302	

第6题 您在上海的住房类型 [单选题]

选项	小计	比例
普通住宅小区	216	71.52%
保障性住房	9	2.98%
工地	13	4.3%
村改居、村居合并	26	8.61%
未经改造的老城区	15	4.97%
高档住宅小区	2	0.66%
其他	21	6.95%
本题有效填写人次	302	

第7题　您在上海居住形式［单选题］

选　项	小计	比　例
合租	125	41.39%
独租	102	33.77%
群租	21	6.95%
自购房	15	4.97%
用人单位提供集体租住	24	7.95%
借住亲朋处	5	1.66%
其他	10	3.31%
本题有效填写人次	302	

第8题　是否已婚［单选题］

选　项	小计	比　例
是	169	55.96%
否	133	44.04%
本题有效填写人次	302	

第9题　受教育程度［单选题］

选　项	小计	比　例
未上学	2	0.66%
小学	9	2.98%
初中	69	22.85%
高中	85	28.15%
职高技校	35	11.59%

（续表）

选 项	小计	比 例
大学专科	51	16.89%
大学本科	37	12.25%
硕士及以上	14	4.64%
本题有效填写人次	302	

第10题　目前从事的行业：[单选题]

选 项	小计	比 例
食品/饮料/化妆品	13	4.3%
批发/零售	11	3.64%
服装/纺织/皮革	13	4.3%
通信/电信运营/网络设备/增值服务	14	4.64%
制造业	11	3.64%
汽车及零配件	48	15.89%
餐饮/娱乐/旅游/酒店/生活服务	37	12.25%
机械/设备/重工	11	3.64%
住宿/餐饮	19	6.29%
护理/保健/卫生	10	3.31%
出版/印刷/包装	4	1.32%
建筑工程/装潢/设计	32	10.6%
物业管理/商业中心	8	2.65%
中介/咨询	26	8.61%
交通/运输/物流	3	0.99%
园艺/环卫	1	0.33%

(续表)

选项	小计	比例
教育培训/投资理财	22	7.28%
其他（请注明）	19	6.29%
本题有效填写人次	302	

第11题　每月收入［单选题］

选项	小计	比例
1 000—3 000	24	7.95%
3 001—5 000	101	33.44%
5 001—7 000	68	22.52%
7 001—9 000	41	13.58%
9 001—11 000	29	9.6%
11 001—15 000	19	6.29%
15 001以上	20	6.62%
本题有效填写人次	302	

第12题　每天在哪个时间段工作？［单选题］

选项	小计	比例
8:00—17:00	146	48.34%
8:00—15:00	11	3.64%
10:00—19:00	74	24.5%
15:00—22:00	21	6.95%
其他（请注明）	50	16.56%
本题有效填写人次	302	

第13题 您平时选择哪些文化消费项目或场所［多选题］

选 项	小计	比 例
电视	78	25.83%
手机、电脑、Pad	230	76.16%
电影院	107	35.43%
参观景点	72	23.84%
公园	97	32.12%
买书、看书	53	17.55%
社区、居委文化活动室	6	1.99%
文化广场	29	9.6%
网吧等娱乐场所	30	9.93%
游戏厅电玩城	17	5.63%
儿童教育项目、场所	19	6.29%
游乐场	44	14.57%
图书馆	28	9.27%
博物馆、美术馆	25	8.28%
体育馆、运动场馆	43	14.24%
棋牌室	28	9.27%
文化馆、艺术馆	20	6.62%
剧院	7	2.32%
夜总会	14	4.64%
其他（请注明）	8	2.65%
本题有效填写人次	302	

第14题 多久进行一次以上文化消费（手机、电脑、电视除外）［单选题］

选 项	小计	比 例	
几乎不去	70		23.18%
半年一次	50		16.56%
两月一次	39		12.91%
一月一次	72		23.84%
两周一次	29		9.6%
一周一次	38		12.58%
其他(请注明)	4		1.32%
本题有效填写人次	302		

第15题　您偶尔或不去上述场所的原因是什么？[多选题]

选 项	小计	比 例	
距离较远,不方便	73		24.17%
觉得没必要花这个钱	61		20.2%
不了解	35		11.59%
工作太忙	150		49.67%
找不到同伴	54		17.88%
不感兴趣	80		26.49%
周边没有提供所需服务的场所	45		14.9%
不适应	14		4.64%
价格太贵	45		14.9%
其他(请注明)	5		1.66%
本题有效填写人次	302		

第16题　现在居住的地方,有没有以下设备[多选题]

（续表）

选项	小计	比例	
电脑、Pad	164		54.3%
智能手机	256		84.77%
普通手机	50		16.56%
数字电视	100		33.11%
网络	232		76.82%
都没有	5		1.66%
本题有效填写人次	302		

第17题　每天花在以上文化消费的时间是多长[单选题]

选项	小计	比例	
1小时以下	139		46.03%
2小时	110		36.42%
3小时	34		11.26%
4小时以上	19		6.29%
本题有效填写人次	302		

第18题　每月在以上文化消费上大约花多少钱[单选题]

选项	小计	比例	
200元以下	112		37.09%
200—500元	82		27.15%
500—800元	40		13.25%
800—1 200元	16		5.3%

(续表)

选项	小计	比例
1 200—1 800元	18	5.96%
1 800—2 500元	16	5.3%
2 500—4 000元	9	2.98%
4 000元以上	9	2.98%
本题有效填写人次	302	

第19题 通过哪些途径得知或购买文化消费项目 [多选题]

选项	小计	比例
手机、电视新闻	165	54.64%
手机APP	192	63.58%
地铁、室外广告	49	16.23%
别人告知	88	29.14%
文化场馆官网	25	8.28%
其他（请注明）	7	2.32%
本题有效填写人次	302	

第20题 选择文化消费项目时能接受多长时间车程？[单选题]

选项	小计	比例
不会考虑距离	63	20.86%
十分钟以内	50	16.56%
二十分钟以内	62	20.53%
半小时以内	76	25.17%

(续表)

选项	小计	比例
一小时左右	51	16.89%
本题有效填写人次	302	

第21题　您一般在哪个时间进行文化消费 [多选题]

选项	小计	比例
上午	46	15.23%
中午	43	14.24%
下午	75	24.83%
晚上	184	60.93%
深夜	58	19.21%
本题有效填写人次	302	

第22题　您会选择哪些同伴去文化消费？[多选题]

选项	小计	比例
随意	68	22.52%
同事	119	39.4%
家人	104	34.44%
朋友	131	43.38%
同乡	44	14.57%
恋人	56	18.54%
其他	5	1.66%
本题有效填写人次	302	

第23题　您现在的非农户口/农业户口是通过何种途径获得的？[单选题]

选项	小计	比例	
出生就是	235		77.81%
务工	21		6.95%
购买住房	24		7.95%
征地、拆迁	9		2.98%
升学	11		3.64%
提干、转干、部队转业	1		0.33%
婚姻嫁娶	0		0%
人才项目等	0		0%
其他（请注明）	1		0.33%
本题有效填写人次	302		

第24题　与家乡要素相关的消费种类会不会更吸引你[单选题]

选项	小计	比例	
会	239		79.14%
不会	63		20.86%
本题有效填写人次	302		

第25题　您平时在手机、电视上关注什么内容？[多选题]

选项	小计	比例	
新闻类	197		65.23%
休闲娱乐	182		60.26%

选　项	小计	比　例	
教育类	90		29.8%
财经类	59		19.54%
体育类	71		23.51%
军事类	67		22.19%
微信社交类	128		42.38%
购物类	90		29.8%
其他（请注明）	4		1.32%
本题有效填写人次	302		

第26题　您是不是以下社会团体组织的成员［多选题］

选　项	小计	比　例	
音乐	49		16.23%
歌唱	48		15.89%
摄影	15		4.97%
健身（包括跑步、瑜伽、广场舞等）	68		22.52%
运动	55		18.21%
绘画、手工艺等	10		3.31%
旅游	53		17.55%
电影	46		15.23%
舞蹈	5		1.66%
其他（请注明）	6		1.99%
以上都没有	118		39.07%
本题有效填写人次	302		

第27题 请根据您的实际情况选择最符合的项：1→5表示非常不满意→非常满意[矩阵量表题]

该矩阵题平均分：2.75

题目/选项	非常同意	比较同意	一般	不太同意	不同意	平均分
我的工资足够我放心进行文化消费	25（8.28%）	51（16.89%）	102（33.77%）	54（17.88%）	70（23.18%）	3.31
不同收入的人应当有不同文化消费品位	67（22.19%）	107（35.43%）	69（22.85%）	29（9.6%）	30（9.93%）	2.5
我想进行文化消费，但没有时间	70（23.18%）	83（27.48%）	100（33.11%）	21（6.95%）	28（9.27%）	2.52
我想进行文化消费，但周边没有合适设施	54（17.88%）	80（26.49%）	105（34.77%）	32（10.6%）	31（10.26%）	2.69

（陈云霞）

上海网络视听文化消费调研数据

本次上海网络视听文化消费调研的目的在于了解上海市居民在网络视听领域文化消费的现状,采取线上问卷调研形式,共设有24个问题,回收问卷总计302份,其中无效问卷2份,有效问卷300份。调研主要从网络视听产业网络音频、网络影视、网络直播和短视频等若干细分业态切入,旨在通过对受访者年龄、职业、性别、受教育程度等基本信息和各网络视听产业文化消费交叉数据,梳理上海市居民在网络视听文化消费方面的偏好取舍以及消费动向。由于问卷采用线上采集和回收方式,在数据的真实性和精确性上势必有所欠缺,仍有一定参考和借鉴意义,下一阶段课题组将结合入户调查数据对上海市居民网络视听文化消费做出更为准确的把握和预判。

您的年龄是?[填空题]

填空题数据请通过下载详细数据获取

您的性别是?[单选题]

选 项	小计	比 例
男	113	37.42%
女	189	62.58%
本题有效填写人次	302	

您的职业是?[单选题]

选 项	小计	比 例
专业人士	28	9.27%
服务业人员	10	3.31%

上海文化消费调查：方法、数据和应用

(续表)

选项	小计	比例	
自由职业者	17		5.63%
工人	2		0.66%
公司职员	82		27.15%
事业单位/公务员/政府工作人员	58		19.21%
学生	7		2.32%
家庭主妇	2		0.66%
退休	82		27.15%
失业人员	2		0.66%
其他	12		3.97%
本题有效填写人次	302		

您的受教育程度是？[单选题]

选项	小计	比例	
未上学	0		0%
小学	0		0%
初中	17		5.63%
高中	71		23.51%
中专/职高	14		4.64%
大学专科	49		16.23%
大学本科	80		26.49%
研究生	71		23.51%
本题有效填写人次	302		

您收听过网络移动音频节目吗？［单选题］

选项	小计	比例	
是	188		62.25%
否	114		37.75%
本题有效填写人次	302		

您最喜爱的网络移动音频平台是？［单选题］

选项	小计	比例	
喜马拉雅FM	95		50.53%
蜻蜓FM	14		7.45%
荔枝FM	6		3.19%
凤凰FM	29		15.43%
酷FM	9		4.79%
阿基米德FM	35		18.62%
本题有效填写人次	188		

您收听网络移动音频节目的大概频率是？［单选题］

选项	小计	比例	
每天都听	33		17.55%
一周听2—3次	54		28.72%
一周听1次	13		6.91%
偶尔听（长时间特殊场合）	88		46.81%
本题有效填写人次	188		

您是否曾付费购买网络移动音频节目吗？［单选题］

选项	小计	比例
有	41	21.81%
没有	147	78.19%
本题有效填写人次	188	

您在网络移动音频节目上的累计消费金额大约范围是？［单选题］

选项	小计	比例
50元以下	12	29.27%
50—200元	22	53.66%
200—500元	4	9.76%
500—1 000元	3	7.32%
1 000元以上	0	0%
本题有效填写人次	41	

您偏好的网络移动音频节目类别是？［多选题］

选项	小计	比例
商业财经类	43	22.87%
人文历史类	84	44.68%
外语学习类	34	18.09%
养生常识类	43	22.87%
情感心理类	34	18.09%
相声评书类	17	9.04%
有声读物类	44	23.4%

(续表)

选项	小计	比例
音乐曲艺类	66	35.11%
职场生活类	8	4.26%
主播电台类	30	15.96%
本题有效填写人次	188	

您倾向于为哪些网络移动音频节目类别付费？[多选题]

选项	小计	比例
商业财经类	52	27.66%
人文历史类	54	28.72%
外语学习类	53	28.19%
养生常识类	40	21.28%
情感心理类	15	7.98%
相声评书类	8	4.26%
有声读物类	30	15.96%
音乐曲艺类	44	23.4%
职场生活类	13	6.91%
主播电台类	12	6.38%
本题有效填写人次	188	

您是否下载过短视频类APP或观看过短视频类APP？[多选题]

选项	小计	比例
下载过短视频APP	127	42.05%
仅观看过,未下载过短视频APP	128	42.38%

(续表)

选项	小计	比例
没看过短视频APP	54	17.88%
本题有效填写人次	302	

您最喜爱的短视频APP是？[单选题]

选项	小计	比例
快手	7	5.51%
抖音	51	40.16%
火山小视频	3	2.36%
美拍	12	9.45%
一条	2	1.57%
VUE	6	4.72%
西瓜视频	19	14.96%
土豆视频	15	11.81%
梨视频	3	2.36%
小咖秀	1	0.79%
其他	8	6.3%
本题有效填写人次	127	

您下载短视频APP或观看过短视频APP的原因是？[单选题]

选项	小计	比例
周围朋友推荐或有在玩	63	25.2%
有自己感兴趣的内容	84	33.6%
打发时间	37	14.8%

(续表)

选项	小计	比例
分享或者围观个人生活	6	2.4%
了解社会风尚	40	16%
其他	20	8%
本题有效填写人次	250	

您是否下载过直播APP或观看过直播节目？［单选题］

选项	小计	比例
下载过直播APP	82	27.15%
未下载过直播APP，观看过直播节目	108	35.76%
未观看过直播节目	112	37.09%
本题有效填写人次	302	

您观看直播节目的原因是？［单选题］

选项	小计	比例
周围朋友推荐或有在玩	32	16.84%
有自己感兴趣的内容	92	48.42%
打发时间	28	14.74%
分享或者围观个人生活	5	2.63%
了解社会风尚	20	10.53%
其他	13	6.84%
本题有效填写人次	190	

您最喜欢的直播平台是？［单选题］

上海文化消费调查：方法、数据和应用

选项	小计	比例
斗鱼	26	13.68%
虎牙	3	1.58%
花椒	11	5.79%
映客	14	7.37%
全民	27	14.21%
熊猫	10	5.26%
YY	6	3.16%
战旗	1	0.53%
一直播	25	13.16%
其他	67	35.26%
本题有效填写人次	190	

您在直播平台经常观看的内容类别是？[多选题]

选项	小计	比例
网游竞技	21	25.61%
单机游戏	7	8.54%
手机游戏	13	15.85%
二次元	5	6.1%
美食	15	18.29%
户外	10	12.2%
音乐	27	32.93%
颜值	4	4.88%
星娱	12	14.63%

（续表）

选项	小计	比例	
体育军事	9		10.98%
脱口秀	8		9.76%
其他	10		12.2%
本题有效填写人次	82		

您在直播平台的累计花费是？［单选题］

选项	小计	比例	
0元	45		54.88%
0—50元	19		23.17%
50—200元	9		10.98%
200—500元	5		6.1%
500—1 000元	2		2.44%
1 000—5 000元	1		1.22%
5 000—10 000元	1		1.22%
10 000元以上	0		0%
本题有效填写人次	82		

您是否现在是或曾经是综合视频网站付费会员？［单选题］

选项	小计	比例	
是	101		33.44%
否	201		66.56%
本题有效填写人次	302		

您经常观看的综合视频网站是？［多选题］

选项	小计	比例
爱奇艺视频	182	60.26%
优酷土豆视频	135	44.7%
腾讯视频	152	50.33%
Bilibili	71	23.51%
搜狐视频	22	7.28%
PPTV	8	2.65%
乐视	18	5.96%
其他	21	6.95%
本题有效填写人次	302	

您曾是或目前是以下哪些综合视频网站的付费会员？[多选题]

选项	小计	比例
爱奇艺视频	68	67.33%
优酷土豆视频	48	47.52%
腾讯视频	57	56.44%
Bilibili	12	11.88%
搜狐视频	4	3.96%
其他	3	2.97%
本题有效填写人次	101	

您成为综合视频网站付费会员的主要原因是为了观看？[多选题]

选项	小计	比例
网络综艺	31	30.69%
网络大电影	39	38.61%

上海网络视听文化消费调研数据

（续表）

选项	小计	比例	
网络电视剧	68		67.33%
网络动漫	12		11.88%
网络原创娱乐视频	4		3.96%
资讯脱口秀类	9		8.91%
动漫及影视剧衍生内容	9		8.91%
其他	15		14.85%
本题有效填写人次	101		

您在综合视频网站收看的节目类别主要是？［多选题］

选项	小计	比例	
网络综艺	116		38.41%
网络大电影	86		28.48%
网络电视剧	178		58.94%
网络动漫	41		13.58%
网络原创娱乐视频	28		9.27%
资讯脱口秀类	30		9.93%
动漫及影视剧衍生内容	22		7.28%
其他	49		16.23%
本题有效填写人次	302		

（常方舟）

上海市文化消费
抽样调查·158坊调查问卷数据

您好!

我们是上海社会科学院的研究人员,此份问卷作为上海市文化消费调研的一部分,将会对您商铺的经营情况、特别是与文化消费相关的部分做一个小型调查,问卷采取匿名形式,所有的数据仅用于学术研究,非常感谢您的支持!

商户基本信息

店铺名称:

店铺面积:

主营项目:

营业时间:

消费高峰时段:

---

1. 您的年龄:

   A. 18—25　　　　B. 26—35　　　　C. 36—45　　　　D. 46岁以上

2. 您是否为本店的经营者?

   A. 是　　　　　　B. 否(跳至第11题)

3. 在经营本店之前,您是否有开店的经验?

   A. 是　　　　　　B. 否(跳至第6题)

4. 在经营本店之前,您的店铺

   A. 大致地址是?

B. 经营范围是?

C. 店铺面积是?

D. 月租金是?

E. 主要消费群体是?

F. 人均消费额大约为?

5. 在158坊开店,您店铺的经营整体状况?
   A. 比之前有所提升　　　B. 比之前有所下滑　　　C. 基本没有变化
6. 目前您的目标消费群体为?（可多选）
   A. 外籍人士　　　　　B. 中国消费者　　　　C. 青年群体
   D. 中年群体　　　　　E. 老年群体　　　　　F. 其他:
7. 目前您的店铺月租金为? ＿＿＿＿＿元
8. 目前您的月度营业额大致为? ＿＿＿＿＿元
9. 您觉得目前经营的利润
   A. 可观　　　B. 合理　　　C. 持平　　　D. 较差　　　E. 很差
10. 您有拓展分店的考虑吗?
    A. 有　　　　　　　B. 没有　　　　　　C. 已经开设了分店
11. 目前您店铺的人均消费额为? ＿＿＿＿＿元
12. 目前店铺实际的主要消费群体是?（可多选）
    A. 外籍人士　　　　　B. 中国消费者　　　　C. 青年群体
    D. 中年群体　　　　　E. 老年群体　　　　　F. 其他:
13. 您对158坊的总体消费人气评价（1至5打分,1为最不满意,5为最满意,请在对应的数字下面打钩）

1	2	3	4	5

14. 就目前的经营状况,您觉得本店还可以改善的方面有？（可多选）

A. 装修风格　　　　　　B. 店铺面积　　　　　　C. 员工管理

D. 广告宣传　　　　　　E. 其他：

15. 您一般通过何种渠道宣传自己的店？（可多选）

A. 亲戚朋友推荐　　　　B. 回头客推荐　　　　　C. 点评网站

D. 户外广告　　　　　　E. 其他：

16. 在158坊开店您认为目前最大的困难是？（可多选）

A. 停车位等配套不齐全　　　　　B. 区域商业竞争过于激烈

C. 商街空间布局不合理　　　　　D. 商街知名度不高

E. 商街特色不明显　　　　　　　F. 租金不合理

G. 管理不完善　　　　　　　　　H. 其他：

（曹晓华）

上海网络游戏产业之文化价值引导研究调研问卷设计方案及实施情况

一、调研背景及调研目的

2018年5月7日,上海市网络游戏行业协会发布了《2017上海网络游戏市场年度发展报告》。报告显示,2017年,上海网络游戏产值达569.3亿元,同比增长24.6%,占全国网络游戏产值的28.3%,占全球游戏产值1089亿美元的8.3%。但上海网络游戏产业的经济红利并未开辟更多的文化价值增值空间,暴力、血腥、色情、反华等不利于青少年群体价值观塑造的游戏设置以各种形态存在于网络游戏中。总体上看整个产业对中国优秀文化资源的挖掘深度不够,对正向价值观的引导意识和引导力度有待提升。

上海文化消费调查对深化落实上海"文创"五十条、加快推进全球电竞之都建设、巩固提升上海网络文化在国内的龙头地位具有重要意义。由于上海文化消费调查在实施过程中受到受访者年龄、游戏认知观念等客观因素的限制,对于网游电竞的有效样本收集较少。因此,作为对此次调查的补充研究,本单项调查以问卷发放、实地走访等形式展开,结合文化大数据综合分析网络游戏年轻用户群体中存在的文化价值观倾向,重点考察网络游戏文化需求供给的匹配程度。

二、问卷内容概述

本次问卷除了受访者基本信息外,包括如下三方面的主要内容——对上网习惯的考察(上网的频率、时长、原因等),对网络游戏的价值判断(总体态度、对青少年玩网游的态度等),网络游戏中的文化元素植入(对不同特色文化的选择倾向等)。

三、问卷数据初步采集结果

本次调研共计发放问卷323份,有效问卷319份。由于问卷通过网络渠道发放,填写问卷者的地域不受限制,其中上海地区有效问卷181份,占有效问卷总数的56.74%,因此本次问卷调查反映的数据对于反映上海网络游戏产业的实际发展情况仍具有效性。

四、后续调研方案调整

本次调研发现,网游电竞全球化趋势日益凸显。上海在打造电竞之都过程中,虽然有政策红利的优势,但仍受到互联网人口红利锐减、本土游戏开发乏力、场馆建设改造扎堆等负面因素的影响。后续调研方案将在总调研数据和单项问卷数据的基础上,对研究报告的重点进行调整。

附件1:"网络游戏产业的文化价值引导"调查问卷

网络游戏产业的文化价值引导

这份问卷旨在调查网络游戏中的价值引导现状,感谢您参与填写问卷!

1. 您的性别:[单选题]*
○ 男　　　　○ 女

上海网络游戏产业之文化价值引导研究调研问卷设计方案及实施情况

2. 您的年龄段：[单选题]*
○ 18岁以下　　○ 18—25　　○ 26—30　　○ 31—40　　○ 41—50
○ 51—60　　○ 60岁以上

3. 您常住的省份：[单选题]*

○ 安徽	○ 北京	○ 重庆	○ 福建	○ 甘肃	○ 广东	○ 广西
○ 贵州	○ 海南	○ 河北	○ 黑龙江	○ 河南	○ 香港	○ 湖北
○ 湖南	○ 江苏	○ 江西	○ 吉林	○ 辽宁	○ 澳门	○ 内蒙古
○ 宁夏	○ 青海	○ 山东	○ 上海	○ 山西	○ 陕西	○ 四川
○ 台湾	○ 天津	○ 新疆	○ 西藏	○ 云南	○ 浙江	○ 海外

4. 您目前从事的职业：[单选题]*

○ 全日制学生　　　　　○ 生产人员　　　　　○ 销售人员
○ 市场/公关人员　　　 ○ 客服人员　　　　　○ 行政/后勤人员
○ 人力资源　　　　　　○ 财务/审计人员　　　○ 文职/办事人员
○ 技术/研发人员　　　 ○ 管理人员　　　　　○ 教师
○ 顾问/咨询
○ 专业人士（如会计师、律师、建筑师、医护人员、记者等）
○ 其他

5. 您平时玩网络游戏吗？[单选题]*
○ 玩　　　　　　　　　○ 不玩　　　　　　　○ 偶尔玩

6. 您对网络游戏及网络游戏玩家怎么看？1为极为反感，5为极度认同，请选择合适的数值。[矩阵量表题]*

	极为反感	反感	一般	认同	极为认同
认同程度	○	○	○	○	○

*填写完该题，请跳至第24题。

7. 您是如何获知网络游戏信息的？[多选题]*
□ 与网游有关的书籍、影视剧　　　　□ 各类广告

☐ 家人朋友推荐　　　　　☐ 点评网站（包括公众号的推荐）

☐ 其他_____*

8. 您平时通过哪种途径打网络游戏？［多选题］*

　　☐ 手机　　　　　　　☐ 网游PC端　　　　　　☐ 网页游戏

　　☐ 家庭游戏机（微软的XBOX、Sony的PS、任天堂等）

9. 您一周花在玩网络游戏上的时间是多少？［单选题］*

　　○ 偶尔玩一下　　　　○ 一到两天　　　　　　○ 三到四天

　　○ 五到六天　　　　　○ 几乎每天都玩

10. 您最近三个月为玩网络游戏花过钱吗？［单选题］*

　　○ 是　　　　　　　　○ 否

11. 您平均一个月花费网络游戏上的费用是多少？［填空题］*

　　_____

12. 您偏好哪些类型的网游？［多选题］*

　　☐ 模拟经营　　　　　☐ 动作类　　　　　　　☐ 冒险类

　　☐ 角色扮演　　　　　☐ 休闲类（消除类、棋牌类）　　☐ 体育类

　　☐ 策略类　　　　　　☐ 其他

13. 影响您偏好这类游戏的因素？［多选题］*

　　☐ 游戏画面　　　　　☐ 游戏配音　　　　　　☐ 人物形象

　　☐ 情节设置　　　　　☐ 道具成本　　　　　　☐ 周围人是否玩

　　☐ 技术难度　　　　　☐ 其他_____*

14. 网络游戏中哪类文化元素更加吸引您？［多选题］*

　　☐ 中国风元素　　　　☐ 日韩文化元素　　　　☐ 欧美文化元素

　　☐ 综合性文化场景体验　　☐ 其他_____*

15. 您是否是一名家长？［单选题］*

　　○ 是　　　　　　　　○ 否

16. 您对孩子接触网络游戏的态度是什么？［单选题］*

　　○ 孩子应该以学业为重，不要玩网络游戏

○ 偶尔可以玩网络游戏,适当放松

○ 孩子想怎么玩就怎么玩

17. 如果孩子向您提出需要购买网络游戏道具,您会给予适度的资助吗?［单选题］*

○ 会　　　　　　　　○ 不会　　　　　　　　○ 看情况

18. 您了解网络游戏的防沉迷机制吗?［单选题］*

○ 了解　　　　　　　○ 不了解　　　　　　　○ 只是听说过

19. 您对现在网络游戏传达的价值观念怎么看?［单选题］*

○ 正面积极的价值导向依然是主流

○ 负面影响太大,亟需整治

○ 说不清,网络游戏中的价值观没有体现出来

20. 您在网络游戏中看到过以下哪种游戏设置?［多选题］*

□ 血腥暴力　　　　　□ 色情　　　　　　　　□ 赌博

□ 以上设置都未接触到

21. 对一款涉及血腥暴力/色情/赌博的网络游戏,您的态度是?［单选题］*

○ 根本没有意识到这些设置的负面影响

○ 意识到这些设置的负面影响,但继续玩这款游戏

○ 意识到这些设置的负面影响,不愿意继续玩这款游戏

22. 如果放弃这款网络游戏,您找到不包含血腥暴力/色情/赌博等负面设置的网络游戏了吗?［单选题］*

○ 找到了,但我不喜欢　　○ 找到了喜欢的游戏　　○ 没有找到

23. 吸引您继续玩这款游戏的原因是?［多选题］*

□ 觉得刺激　　　　　□ 觉得好奇　　　　　　□ 周围人都在玩

□ 没有更好的游戏供选择　　□ 为了放松　　　　□ 其他_____*

24. 您觉得正能量的网络游戏应该是怎么样的?［填空题］

_____

附件2:"网络游戏产业的文化价值引导"调查问卷统计数据

网络游戏产业的文化价值引导

第1题 您的性别:[单选题]

选项	小计	比例
男	114	35.74%
女	205	64.26%
本题有效填写人次	319	

第2题 您的年龄段:[单选题]

选项	小计	比例
18岁以下	20	6.27%
18—25	112	35.11%
26—30	58	18.18%
31—40	77	24.14%
41—50	33	10.34%
51—60	14	4.39%
60岁以上	5	1.57%
本题有效填写人次	319	

第3题 您常住的省份:[单选题]

上海网络游戏产业之文化价值引导研究调研问卷设计方案及实施情况

选　项	小计	比　例	
安徽	4		1.25%
北京	17		5.33%
重庆	4		1.25%
福建	6		1.88%
甘肃	1		0.31%
广东	14		4.39%
广西	0		0%
贵州	1		0.31%
海南	1		0.31%
河北	2		0.63%
黑龙江	1		0.31%
河南	3		0.94%
香港	1		0.31%
湖北	1		0.31%
湖南	3		0.94%
江苏	11		3.45%
江西	2		0.63%
吉林	0		0%
辽宁	4		1.25%
澳门	0		0%
内蒙古	0		0%
宁夏	0		0%
青海	0		0%

(续表)

选项	小计	比例	
山东	7		2.19%
上海	181		56.74%
山西	2		0.63%
陕西	3		0.94%
四川	11		3.45%
台湾	1		0.31%
天津	0		0%
新疆	0		0%
西藏	0		0%
云南	27		8.46%
浙江	8		2.51%
海外	3		0.94%
本题有效填写人次	319		

第4题 您目前从事的职业：[单选题]

选项	小计	比例	
全日制学生	128		40.13%
生产人员	6		1.88%
销售人员	8		2.51%
市场/公关人员	9		2.82%
客服人员	8		2.51%
行政/后勤人员	13		4.08%
人力资源	4		1.25%

上海网络游戏产业之文化价值引导研究调研问卷设计方案及实施情况

（续表）

选　　项	小计	比　　例	
财务/审计人员	6		1.88%
文职/办事人员	16		5.02%
技术/研发人员	15		4.7%
管理人员	11		3.45%
教师	58		18.18%
顾问/咨询	2		0.63%
专业人士（如会计师、律师、建筑师、医护人员、记者等）	18		5.64%
其他	17		5.33%
本题有效填写人次	319		

第5题　您平时玩网络游戏吗？［单选题］

选　　项	小计	比　　例	
玩	101		31.66%
不玩	125		39.18%
偶尔玩	93		29.15%
本题有效填写人次	319		

第6题　您对网络游戏及网络游戏玩家怎么看？1为极为反感，5为极度认同，请选择合适的数值。［矩阵量表题］

该矩阵题平均分：2.8

题目/选项	极为反感	反感	一般	认同	极为认同	平均分
认同程度	13（10.4%）	15（12%）	82（65.6%）	14（11.2%）	1（0.8%）	2.8

第7题　您是如何获知网络游戏信息的？［多选题］

选项	小计	比例	
与网游有关的书籍、影视剧	62		32.46%
各类广告	78		40.84%
家人朋友推荐	126		65.97%
点评网站（包括公众号的推荐）	54		28.27%
其他	14		7.33%
本题有效填写人次	191		

第8题　您平时通过哪种途径打网络游戏？［多选题］

选项	小计	比例	
手机	168		87.96%
网游PC端	67		35.08%
网页游戏	26		13.61%
家庭游戏机（微软的XBOX、Sony的PS、任天堂等）	23		12.04%
本题有效填写人次	191		

第9题　您一周花在玩网络游戏上的时间是多少？［单选题］

选项	小计	比例	
偶尔玩一下	94		49.21%
一到两天	29		15.18%
三到四天	22		11.52%
五到六天	3		1.57%

上海网络游戏产业之文化价值引导研究调研问卷设计方案及实施情况

（续表）

选项	小计	比例	
几乎每天都玩	43		22.51%
本题有效填写人次	191		

第10题　您最近三个月为玩网络游戏花过钱吗？［单选题］

选项	小计	比例	
是	66		34.55%
否	125		65.45%
本题有效填写人次	191		

第11题　您偏好哪些类型的网游？［多选题］

选项	小计	比例	
模拟经营	61		31.94%
动作类	76		39.79%
冒险类	57		29.84%
角色扮演	90		47.12%
休闲类（消除类、棋牌类）	90		47.12%
体育类	25		13.09%
策略类	67		35.08%
其他	19		9.95%
本题有效填写人次	191		

第12题　影响您偏好这类游戏的因素？［多选题］

选项	小计	比例	
游戏画面	129		67.54%
游戏配音	67		35.08%
人物形象	97		50.79%
情节设置	107		56.02%
道具成本	23		12.04%
周围人是否玩	63		32.98%
技术难度	89		46.6%
其他	2		1.05%
本题有效填写人次	191		

第13题　网络游戏中哪类文化元素更加吸引您？［多选题］

选项	小计	比例	
中国风元素	108		56.54%
日韩文化元素	49		25.65%
欧美文化元素	39		20.42%
综合性文化场景体验	111		58.12%
其他	3		1.57%
本题有效填写人次	191		

第14题　您是否是一名家长？［单选题］

选项	小计	比例	
是	51		26.7%
否	140		73.3%
本题有效填写人次	191		

上海网络游戏产业之文化价值引导研究调研问卷设计方案及实施情况

第15题 您对孩子接触网络游戏的态度是什么？[单选题]

选项	小计	比例
孩子应该以学业为重,不要玩网络游戏	13	25.49%
偶尔可以玩网络游戏,适当放松	37	72.55%
孩子想怎么玩就怎么玩	1	1.96%
本题有效填写人次	51	

第16题 如果孩子向您提出需要购买网络游戏道具,您会给予适度的资助吗？[单选题]

选项	小计	比例
会	15	29.41%
不会	20	39.22%
看情况	16	31.37%
本题有效填写人次	51	

第17题 您了解网络游戏的防沉迷机制吗？[单选题]

选项	小计	比例
了解	107	56.02%
不了解	45	23.56%
只是听说过	39	20.42%
本题有效填写人次	191	

第18题 您对现在网络游戏传达的价值观念怎么看？[单选题]

选项	小计	比例
正面积极的价值导向依然是主流	65	34.03%
负面影响太大,亟需整治	34	17.8%
说不清,网络游戏中的价值观没有体现出来	92	48.17%
本题有效填写人次	191	

第19题 您在网络游戏中看到过以下哪种游戏设置？[多选题]

选项	小计	比例
血腥暴力	91	47.64%
色情	58	30.37%
赌博	53	27.75%
以上设置都未接触到	82	42.93%
本题有效填写人次	191	

第20题 对一款涉及血腥暴力/色情/赌博的网络游戏,您的态度是？[单选题]

选项	小计	比例
根本没有意识到这些设置的负面影响	21	10.99%
意识到这些设置的负面影响,但继续玩这款游戏	50	26.18%
意识到这些设置的负面影响,不愿意继续玩这款游戏	120	62.83%
本题有效填写人次	191	

第21题 如果放弃这款网络游戏,您找到不包含血腥暴力/色情/赌博等

上海网络游戏产业之文化价值引导研究调研问卷设计方案及实施情况

负面设置的网络游戏了吗？[单选题]

选项	小计	比例
找到了，但我不喜欢	13	10.83%
找到了喜欢的游戏	87	72.5%
没有找到	20	16.67%
本题有效填写人次	120	

第22题　吸引您继续玩这款游戏的原因是？[多选题]

选项	小计	比例
觉得刺激	23	46%
觉得好奇	19	38%
周围人都在玩	18	36%
没有更好的游戏供选择	9	18%
为了放松	26	52%
其他	3	6%
本题有效填写人次	50	

（曹晓华）

图书在版编目(CIP)数据

上海文化消费调查:方法、数据和应用/荣跃明,包亚明主编. —— 上海:上海书店出版社,2020.4
ISBN 978-7-5458-1911-3

Ⅰ.①上… Ⅱ.①荣…②包… Ⅲ.①文化生活-消费-调查报告-上海 Ⅳ.①G127.51

中国版本图书馆CIP数据核字(2020)第056028号

责任编辑 王 郡
封面设计 郦书径

上海文化消费调查:方法、数据和应用
主 编 荣跃明 包亚明

出 版	上海书店出版社
	(200001 上海福建中路193号)
发 行	上海人民出版社发行中心
印 刷	上海叶大印务发展有限公司
开 本	710×1000 1/16
印 张	18.5
版 次	2020年4月第1版
印 次	2020年4月第1次印刷

ISBN 978-7-5458-1911-3/G·154
定 价 88.00元